W0072063

DER FALL HORST WESSEL

IMRE LAZAR

Der Fall Horst Wessel

BELSER VERLAG
STUTTGART UND ZÜRICH

© 1980 by Belser AG für Verlagsgeschäfte & Co. KG,
Stuttgart und Zürich
Alle Rechte vorbehalten
Satz: Hermann Weyhing, Stuttgart
Gesamtherstellung: May & Co., Darmstadt
Printed in Germany
ISBN 3-7630-1194-3

INHALT

Dem großartigen Menschen,
Jurist und Politiker,
Senator Gerhard Kramer
In memoriam

WESSEL, Horst * Bielefeld, 9. 10. 1907, † Berlin 23. 2. 1930 (an den Folgen eines Überfalles), Student, seit 1926 Mitglied der NSDAP. Das von ihm verfaßte Horst-Wessel-Lied (»Die Fahne hoch . . .«) wurde von Nationalsozialisten neben dem Deutschlandlied zur Nationalhymne erhoben.

Der Neue Brockhaus 1960

VORWORT

Die europäische Geschichte in den 20er Jahren ist unendlich reich an dramatischen Ereignissen. Selbstverständlich ist gerade Deutschland, wo diese Ereignisse stattfanden, voller positiver und negativer dramatischer Momente, und hier befanden sich auch die Figuren, die ihre historische Rolle gut oder schlecht gespielt haben. Horst Wessel ist bestimmt eine bleibende Figur dieser exaltierten Zeiten. Er lebte 23 Jahre. Stammte aus einer Pastorenfamilie, besuchte die besten Schulen des damaligen Berlins, ging auf die Universität »Jus« studieren und verlebte seine letzten Jahre in mit Sünden und Not überhäuften Proletarier-Vorstädten. Er schrieb einige Gedichtzeilen zu alten deutschen Melodien. Unter anderem: »Die Fahne hoch, die Reihen dicht geschlossen, SA marschiert mit mutig festem Schritt. Kameraden, die Rotfront und Reaktion erschossen, marschier'n im Geist in unseren Reihen mit.« Daraus wurde die Hymne der Nazi-Bewegung. Kurz vor seinem Tode verlobte er sich mit einer Prostituierten und am 14. Januar 1930 wurde er in seiner Wohnung niedergeschossen.

Lastwagen der Kommunisten und Nationalsozialisten rasen auf den Straßen der großen deutschen Städte wie Hamburg, München und Berlin. Frauen, Männer und Kinder werden auf die Straße getrieben und haßerfüllte Schlagworte werden in die

Massen geschleudert: »Tod der Kommune«, »Juda verrecke, Deutschland erwache«, »Schlag' die Faschisten tot, wo Du sie erreichst«. Schlägereien, Straßenkämpfe mit Revolvern, Messern und Handgranaten. Totschlag, Meuchelmord sind an der Tagesordnung. Wie in Chicago oder New York. Aber hier wird nicht um Whisky gekämpft, sondern um die Macht für den Lebenden, den besser und schöner leben wollenden Menschen. Idealisten und Vertreter der Unterwelt ringen zusammen. Das besiegte deutsche Volk nach 1918 wurde in den tiefsten moralischen Sumpf getrieben. Und beladen mit diesen Umständen und mit diesem historischen Hintergrund lebt Horst Wessel. Wo waren noch die Drahtverhaue der Konzentrationslager, der grausame sibirische Winter und die Hitze Afrikas? Deutschland will sich aufrichten, weil Millionen und Abermillionen sich danach sehnen. Und das »Gespenst« des Kommunismus war kein Gespenst mehr, sondern wühlte im Herzen und trieb die Menschen ebenso auf die Straßen, wie dies Hitler und seine Genossen taten. Horst Wessel war einer von denen, die ihr eigenes Leben auf das Spiel setzten für politische Ideale. Wie hat Hitler gesagt: »Vergessen Sie alles, Stand, Beruf, Herkunft, vergessen Sie Konfession und Erziehung, nur vergessen Sie nie: Deutschland!« Das ist Aufruf zur Revolution und Tausende und Abertausende handeln danach und 55 Millionen Menschen sterben für diese Worte. Man ahnt ja noch nichts? Oder will man nichts ahnen? Wie auch Staatsmänner des demokratischen Westen und die des kommunistischen Osten nicht ahnen oder nicht ahnen wollten, welch schrecklichem Ende sie zusteuerten?!

Dieser Horst Wessel interessierte mich. Diese Horst Wessels! Nur der Propagandazauberer der späteren Diktatur, Goebbels, macht aus ihm einen »Märtyrer der Bewegung«, einen auf Knopfdruck heraufbeschwörbaren, besingbaren Toten, der an der Spitze der jungen Kohorten steht. Einer, der auch als Toter ein Ideal ist. Ob Horst Wessel Idealist war oder

Taugenichts, Held oder Werkzeug, Zuhälter oder Student, von Kommunisten ermordet, aus politischen Gründen oder einfach, weil er die Miete für seine Braut nicht zahlen wollte, tut nicht viel zu der Sache.

Er und seine Geschichte ist untrennbar von der Geschichte des Nationalsozialismus und damit von der Geschichte Deutschlands.

Es gibt wohl kaum ein Buch, einen Film oder eine TV-Dokumentation über das Nazi-Deutschland, wo der Name Horst Wessel nicht vorkommt bzw. sein »Lied« nicht gespielt wird. Es gibt wohl kaum irgend jemand in Europa, vor allem in Deutschland, Österreich oder in der Schweiz, jung oder alt, der von Horst Wessel nichts gehört hätte bzw. sein »Lied« nicht singen kann, wenn auch nur stückweise. Er nimmt auch seinen Platz im Brockhaus-Lexikon ein. Wer kann dieser Mann gewesen sein? Diese Frage hat mich immer wieder beschäftigt, und als die Deutsche Presse-Agentur einmal über mein »Horst-Wessel-Filmprojekt« einige Zeilen gebracht hat, war die Hölle los. Riesen-Schlagzeilen wie: »Waghalsiger Plan«, »Kühnes Projekt«, »Idealist oder Taugenichts«, »Nicht Held, sondern Werkzeug der Nazi«, »Zuhälter als Held« etc. Ein sonderbares Echo über ein Projekt, von dem man noch gar nichts weiß, das aber in den westlichen wie östlichen Zeitungen derartig vehement kommentiert, verteufelt oder bewundert wird. Das war eigentlich der Grund, warum ich gezwungenermaßen der Geschichte nachgegangen bin.

Die Wahrheit und nichts als die Wahrheit habe ich gesucht. Viele prominente und nicht prominente Leute habe ich aufgesucht und interviewt, Bücher und Broschüren gelesen. Viele Bibliotheken und Zeitungsarchive haben mir mit Fotomaterial und Originaldokumenten geholfen, vor allem in Wien und Berlin. Nur zwei offizielle Stellen haben mir ihre Hilfe versagt: die Staatliche Archivverwaltung in Potsdam in der DDR (Ostdeutschland) und das Bundesarchiv in Koblenz in der BRD (Westdeutschland). »Wie der Schelm ist, so denkt er.« Die alte Weisheit. Und folgerichtig hat mir »The Hoover Institution on War, Revolution and Peace, Stanford University«, USA, auf die herrlichste Art und Weise geholfen und ermöglicht, in dem NSDAP-Geheimarchiv nachzusuchen und die wichtigsten Dokumente zur Verfügung gestellt. Herzlichsten Dank dafür.

New York, Juli 1979 Imre Lazar

I

DIE TAGE VOM
14. JANUAR – 1. MÄRZ 1930

Überfall auf Horst Wessel – Zeitungsmeldungen – Zweierlei Wahrheiten – Ermittlungen der Polizei – Einiges über die Täter und Mitwisser – Erste Verhaftungen

1. Überfall auf Horst Wessel

14. Januar 1930, Berlin, gegen 9 Uhr abends. Zwei Frauengestalten, die Gesichter mit Schals verhüllt, eilen in Richtung Dragonerstraße. Eine Großstadtgegend, in der Elend, Arbeitslosigkeit und Verbrechen nebeneinander leben. Die Häuser schauen alle gleich aus: graue Steinmauern, von denen der Putz herabbröckelt. Üble Gasthäuser und Bars: die Unterkunft von Huren und Zuhältern. Ein paar dieser Lokale dienen Kommunisten und Nationalsozialisten als Stammkneipen, in denen sie ihre Versammlungen abhalten. Ein solches Lokal ist der »Bär«, Dragonerstraße 48, auf das die beiden Frauen zusteuern. Eine der beiden bleibt öfter stehen, um Luft zu schnappen, während die andere sich immer wieder umschaut, ob ihnen niemand folgt.

Im Hinterzimmer des Lokals »Bär« wird gerade eine Sitzung kommunistischer Funktionäre abgehalten. Das schwache, vom Rauch verdüsterte Licht läßt kaum die Gesichter erkennen. Es herrscht niedergeschlagene Stimmung.

Vor einer Stunde wurde ein junger Rotfront-Führer namens Camillo Ross in der Nähe des Lokals niedergeschossen. Einer der Funktionäre schildert mit pathetischen Worten im üblichen Parteijargon den Hergang des Überfalls: »Genosse

Camillo Ross ging allein die Joachimstraße in Richtung Linienstraße hinunter, als plötzlich aus einer dunklen Straße ein Schuß fiel. Blutüberströmt brach er zusammen. Arbeiter, die im Lokal Freh waren, wurden durch den Schuß alarmiert. Sie konnten noch zwei der faschistischen Mordgesellen bis in die Wohnung von Becker, Joachimstraße 11, Quergebäude, 2. Treppe rechts, verfolgen. Dort wurden sie von der Polizei verhaftet. Täglich häufen sich die feigen mörderischen Überfälle der Hakenkreuzler auf unsere Genossen und auf unsere revolutionären Arbeiter. Und in dieser Situation wagt es der Polizeipräsident Zörgiebel, die Demonstration des roten Berlin anläßlich der Lenin-Liebknecht-Luxemburg-Feier, die gleichzeitig eine Protestkundgebung gegen die faschistischen Mordgesellen sein soll, wegen ›Gefahr für die öffentliche Sicherheit‹ zu verbieten! Gebt dem Pack die Anwort!« Dem Redner wird heftig applaudiert.

»Das kann nur einer der Horst-Wessel-Leute vom Sturm 5 gewesen sein!«

»Du meinst der Hurenbock . . .?«

»Ja, der Wessel!«

»Wenn man nur wüßte, wo er zu erwischen ist . . .!«

Während die kommunistischen Funktionäre beraten, was man unternehmen könne, um sich zu rächen, betreten die zwei Frauen das Lokal. Es sind kaum noch Gäste hier. Nur zwei bullige junge Männer, die Billard spielen, fallen auf. Ihre Aufgabe ist es, die Versammlung im Hinterzimmer zu schützen. Sie mustern kurz die beiden Frauen und spielen dann weiter. Die Frauen stärken sich mit Schnaps und Bier, dann spricht eine der beiden die Billardspieler an.

»Wir kennen uns ja . . .«

Einer der Spieler schaut sie an.

»Möglich . . .« und spielt weiter.

»Mein Name ist Salm . . . mein Mann ist hier öfter gewesen . . . er war in der Partei . . .«

Jetzt horchen die beiden Männer auf.

»Sie sind die Frau?«

Sie nickt eifrig.

»Salm ... vor kurzem ist er gestorben ...«

»Ja, ich weiß ...« sagt einer der Spieler. »Um was handelt es sich?«

»Ich wohne in der Großen Frankfurter Straße Nr. 62. Wissen Sie ... es war so ... als mein Mann gestorben ist, mußte ich einen Untermieter suchen ... Man muß halt leben. Und jetzt habe ich Schwierigkeiten. Er zahlt nämlich keine Miete. Ich meine ... Er hat schon was gezahlt. Aber jetzt hat er seine Braut in die Wohnung geholt. Jetzt wohnen die zu zweit. ›Das geht nicht‹, habe ich ihm gesagt. Darauf hat er mich beschimpft. Die Braut auch! Die hat zum Beispiel heute in der Küche einen Krach geschlagen. Wie ein Papagei hat sie geschrien ...«

Unwillig hören die beiden Burschen auf zu spielen.

»So?! Und warum gehen Sie nicht zur Polizei?«

»Ich war schon dort, aber die haben mir gesagt: ›In Ihrer Wohnung sind Sie selbst Schutzmann.‹ Das haben die mir gesagt. Sie können nichts machen. Deswegen bin ich hier!«

»Na gut. Ich werde mal nachfragen.«

Er geht nach hinten ins Versammlungszimmer. Die Frauen bestellen Schnaps und Bier. Kurz darauf kommt der Mann zurück. Ohne sie anzuschauen geht er an den Billardtisch und setzt sein Spiel fort.

»Der Chef hat gesagt, daß wir dafür nicht zuständig sind.« Der Alkohol lockert die Zunge der beiden und sie fangen an, die Männer zu beschimpfen, daß sie nicht bereit wären, einer so armen Proletenfrau, die in Not ist, zu helfen. Wo bleibt da die Solidarität der Arbeiter?! Schöne Kommunisten wären sie!

Die Burschen versuchen die beiden Frauen zu besänftigen. Außerdem sind sie verärgert, weil ihr Spiel immer wieder unterbrochen wird.

»Halten Sie die Luft an ...!«

»Ich soll die Luft anhalten? Siehst du!« sagt Frau Salm zu ihrer Schwiegermutter.

»Ja, du hast recht. Die reden auch nur so ›Nazi verrecke‹!«

»Aber wenn wir was brauchen gegen so einen Faschistenhund, da hilft dir keiner!«

»Wer ist ein Faschistenhund?« fragt einer der Männer.

»Wer? . . . Mein Untermieter! . . . Wer? . . . Ein Führer ist er! Er hat dauernd Besuche. Andere Nazis. Sie reden bis in die Nacht hinein. So laut, daß die Wände zittern . . . ja . . . und singen tun sie auch . . . ›Die Fahne hoooch, die Reihen . . .!‹« Sie versucht es mit ihrer dünnen Stimme zu singen.

»Das haben Sie uns nicht gesagt!« sagt einer der Billardspieler.

»Und wissen Sie was? Er hat auch Waffen im Schrank – versteckt natürlich.«

»Woher wissen Sie das?«

»Die Sache ist so. Einmal, als er nicht da war, habe ich seinen Schrank aufgemacht. Der Küchenschlüssel paßt zufällig. Na, und da war auch ein Buch drinnen . . . vollgeschrieben mit Namen und Adressen.«

»Das ist aber allerhand!«

»Wie heißt der Knabe?«

»Wessel – Horst Wessel.«

Augenblicklich herrscht große Aufregung in der Kneipe. Horst Wessel, der verhaßte Nazi-Sturmführer. Die Witwe Salm muß nun alles noch einmal detailliert im Hinterzimmer erzählen.

»Er war für eine Zeit verschwunden. Heute ist er wieder aufgetaucht. Es sind jetzt gerade zwei Frauenzimmer bei ihm. Die Erna, seine Braut und noch so ein Saustück . . .«

»Die Sache wird gleich erledigt, wir kommen mit einem Rollkommando bei Ihnen vorbei; wir geben diesem Jungen eine proletarische Abreibung und setzen ihn an die frische Luft!«

»Aber Sie müssen vorsichtig sein. Bei den Nazis ballert's ja immer gleich«, warnt sie noch im Hinausgehen die Männer.

Nun beraten diese, was zu unternehmen ist. Für alle Fälle entschließt man sich, Verstärkung zu holen. Bald ist diese aus der Mulackstraße 13 eingetroffen. Dort befindet sich das Stammlokal der anderen Bereitschaft. Knapp ein Dutzend Leute haben sich versammelt und wollen der Witwe Salm helfen, zu ihrem Recht zu kommen. Gegen 10 Uhr ziehen sie los, nachdem einige ihre Pistolen »zur Sicherheit« geladen haben.

Vor dem Haus Große Frankfurter Straße 62 machen sie halt, beraten sich noch einmal. Die drei, die Pistolen tragen, gehen unter der Führung einer Arbeiterin in die Wohnung der Witwe Salm. Die anderen stehen »Schmiere« im Treppenhaus und auf der Straße.

Wieder findet eine Beratung in der Küche statt. Soll man Wessel unter irgendeinem Vorwand in die Küche locken? Nein. Sie entschließen sich, in Wessels Zimmer zu gehen. Die Pistolen werden kontrolliert. »Vorsicht! Der schießt gleich!« flüstert die Witwe Salm.

Auf Zehenspitzen schleichen sich die Männer an Wessels Zimmertür heran. Sie klopfen, es rührt sich nichts. Da läutet Frau Salm dreimal an die Türglocke; das ist das Zeichen für den Untermieter Horst Wessel, daß Besuch zu ihm will.

»Das ist Richard!« hört man eine Frauenstimme aus Wessels Zimmer. Dann Schritte. Kurz darauf öffnet Horst Wessel die Tür. Er sieht sich drei Männern gegenüber. Eine Pistole ist auf sein Gesicht gerichtet.

»Hände hoch!«

Und fast gleichzeitig fällt ein Schuß. Wessel bricht getroffen zu Boden. Die Männer stürmen ins Zimmer. Der Mann, der geschossen hat, hält die zwei Frauen, Wessels Braut und deren Freundin, mit der Pistole in Schach, während die beiden anderen den Kleiderschrank aufreißen und alles durchwühlen.

»Wenn du nicht die Schnauze hältst, geht's dir so wie dem

da!« Die Stimme des Pistolenschützen klingt drohend und nervös. Er erkennt eine der beiden Frauen. Die Erna, ein Mädchen aus dem »Milljöh«, eine Prostituierte. Damit hatte er nicht gerechnet.

»Alles raus hier!« schreit er seinen Freunden zu und stößt im Hinauslaufen mit dem Fuß gegen Wessels Kopf, dessen Gesicht blutverschmiert ist; aber er ist bei Bewußtsein. »Du weißt ja, wofür du das bekommen hast!«

2. Aerzte-Meldung. Ein Journalist

Der Arzt Dr. Conti schreibt in seinem Bericht: »Oberarzt fährt ab 22.30 Uhr, ist in der Frankfurter Straße um 22.45 Uhr, Wessel vor fünf Minuten zum Krankenhaus Friedrichshain gebracht durch Rettungswagen. Oberarzt im Friedrichshain um 22.50 Uhr, kommt hinzu, als Wessel gerade in den Aufnahmeraum der Station 7 gebracht wird. – Schuß in den Mund gegen den Oberkiefer, etwas nach links, Nebenader der linken Halsschlagader zerrissen. Wo die Kugel steckt, ist noch unbekannt. Anscheinend am Halswirbel und nicht im Gehirn, Zunge dreiviertel, Zäpfchen ganz fortgerissen. Schlimme Verwüstung des Gaumens, obere Vorderzähne (ein oder zwei) weggeschossen. Wessel erkennt Oberarzt. Verlangt (durch Gesten) Bleistift und Papier, ist aber zu schwach, um zu schreiben. Wird sofort zum Operationshaus 6 gefahren. Oberarzt ist bei der Operation von Anfang an zugegen. – Unaufhörliche Blutungen! Zwei Meter Tamponade, schließlich operative Abknebelung der linken Halsschlagader (Operation selbstverständlich ohne Narkose). Blutung endlich mit Gewalt zum vorläufigen Stillstand gebracht.«

Ein Journalist, der kurz nach dem Anschlag auf Wessel in die Große Frankfurter Straße eilt, berichtet: »Frankfurter Straße 62 . . . In wenigen Minuten war ich vor dem Haus. Ein paar junge Burschen stehen davor und blicken mich von der Seite an, stecken die Hände noch tiefer in die Taschen und drücken sich. Im Hausflur treffe ich ein paar klatschende Frauen. ›Wo? Wer?‹ Mehr brauche ich nicht zu fragen. ›Oben bei der Salm . . . der Student Wessel!‹

›Wessel!‹ hat die Frau gesagt. Ein Schupo kommt die Treppe herunter. Ich rase an ihm vorbei, bin endlich oben. Da, das Türschild: Salm. Ich klingle, immer wieder. Dann schlage ich an die Tür. Endlich ruft eine Frauenstimme: ›Wer ist denn da, ich darf nicht aufmachen!‹ Schließlich hat sie doch aufgemacht. Geradeaus geht's in die Küche, wo sich die Mörder aufgehalten haben. Rechts ist das Zimmer von Wessel, wo die Tat geschah. Rechts das Sofa, gegenüber der Schrank und der Arbeitstisch Wessels, vor dem Sofa Blut.

Die Frau, die in der Wohnung ist, steht mit verschränkten Armen in der Tür und sagt: ›Wenn Sie Genaues wissen wollen, gehen Sie doch zur Braut des Studenten, die war mit dabei.‹ In wenigen Minuten bin ich bei der Genannten. Sie wohnt bei einer Familie Schulz, keine zehn Minuten vom Mordhaus entfernt.

Zunächst ist sie mißtrauisch, will nicht mit der Sprache heraus. Dann aber nennt sie zum ersten Mal den Namen . . . ›Ali‹. Sie bittet mich, ihn noch nicht zu veröffentlichen, die Polizei habe das angeordnet . . . ja, ja, den Albrecht Höhler, den sie im ›Milljöh‹ ›Ali‹ nennen, kenne sie gut. Er habe sie auch bedroht, als er auf Wessel geschossen hatte. ›Wenn du etwas sagst, geht es dir ebenso . . .‹ Dann sind die Mörder aus dem Zimmer gelaufen. ›Jetzt habe ich einen Revolver‹, sie zeigte ihn mir. ›Und die Polizei weiß davon, daß ich den Revolver habe. Ali will mir ja auch ans Leben, ich gebe den Revolver nicht her . . .!‹«

Die politische Polizei arbeitet auf Hochtouren. Ganz Berlin wird nach dem 32jährigen arbeitslosen Albrecht Höhler genannt »Ali« durchsucht. Ali ist eingeschriebenes Mitglied der KPD. Seit dem 14. Januar ist er aus seiner Wohnung verschwunden. Für seine Ergreifung sind 500 Mark Belohnung ausgesetzt. Er ist 1,77 Meter groß, schlank, dunkelblond, hat graue Augen und an der linken Wange, von einem Messerstich herrührend, eine fünf Zentimeter lange Narbe.

3. Pressemeldungen. Fahndung. Die Täter

Am nächsten Morgen bringen die Zeitungen Berichte über den Überfall.

Berliner Tagblatt: »Revolveranschlag auf einen Studenten! Eine blutige Szene, die zunächst als politisches Verbrechen bezeichnet wurde, spielte sich gestern spät abends in dem Haus Große Frankfurter Straße 62 ab. Dort wohnt bei der Witwe Salm der Student der Rechtswissenschaften, Ludwig (?) Wessel, der Führer einer nationalsozialistischen Gruppe, zusammen mit seiner Braut . . . Der Student wurde nach dem Krankenhaus Friedrichshain gebracht, wo die Ärzte einen lebensgefährlichen Mundschuß feststellten. Kriminalkommissar Teichmann von der Abteilung IA nahm noch in der Nacht mit seinen Beamten die Verfolgung der Flüchtigen auf. Dabei konnte festgestellt werden, daß die Bluttat nicht auf politische Motive zurückzuführen ist . . .«

Frankfurter Zeitung: »Schlag auf einen nationalsozialistischen Studenten. Die Abteilung IA des Berliner Polizeipräsidiums beschäftigt sich mit einem gestern abend in der Großen Frankfurter Straße verübten Anschlag auf den Studenten Horst Wessel, einen nationalsozialistischen Führer. Da eine genaue Beschreibung einer der drei Burschen vorliegt und zwar gerade desjenigen, der Revolverschüsse (?) auf den nationalsozialistischen Sturmführer abgefeuert hat, hofft man, im Laufe des heutigen Tages den Haupttäter verhaften zu können. Nach Ansicht der Polizei dürften politische Motive für die Tat kaum in Frage kommen. Es soll sich um persönliche Differenzen zwischen Täter und ihrem Opfer handeln, wobei auch eine Frau eine Rolle spielt . . .«

Westfälische Neueste Nachrichten: »Die Rache der Wirtin! Der Anschlag auf den Studenten Wessel. Die bisherigen Ermittlungen der Polizei haben die Vermutung bestätigt, daß es sich bei dem schweren Anschlag auf den Studenten der Rechte, Ludwig (?) Wessel, um einen persönlichen Racheakt handelt. Die äußerst rohe Tat ist von drei Männern ausgeführt worden. Wegen der Küchenbenützung durch das Paar – Wessel lebte mit seiner Braut in Untermiete – war es in letzter Zeit zu Streitigkeiten mit der Wirtin gekommen, wobei die Frau geäußert haben soll, daß sie davon ›einem guten Freund in Weißensee Mitteilung machen werde‹. Nach dieser Drohung verschwand die Frau und kehrte erst am späten Abend zurück. Kurz darauf erschienen in Wessels Zimmer drei Männer, zwei hielten die Braut fest und der dritte gab auf Wessel einen Schuß ab, der den Studenten lebensgefährlich verletzte. Die Kugel traf ihn in den Mund, durchschlug die Zunge und den Hals, so daß Wessel, wenn er mit dem Leben davonkommen soll, die Sprache verlieren wird. Die Polizei hat Frau Salm bereits vernommen, die weiteren Ermittlungen werden ergeben, ob sie in Haft bleiben wird.«

Arbeiter-Zeitung (Wien): »Überfall auf einen Studenten! Heute nacht wurde in der Frankfurter Straße in Berlin-Ost der Student Wessel in Gegenwart seiner Braut und einer anderen Frau von drei Burschen, die in sein Zimmer eingedrungen waren, niedergeschossen. Sie flüchteten in einem vor dem Haus wartenden Automobil. Da Wessel Führer einer nationalsozialistischen Gruppe ist, verbreitet sich das Gerücht, daß es sich um ein kommunistisches Attentat handle . . . Die Frau, die sich rächen wollte, weil sie einen Streit mit Wessels Braut gehabt hatte, war ins Zigeunerlager (?) in Weißensee gegangen, wo sie drei junge Zigeuner (?) für den Überfall anwarb.«

Politische Meuchelmorde, Totschlag, Überfälle, Steckschüsse, zerschlagene Schädel, Stiche in Rücken und Bauch, eingehämmerte Gesichter, mißhandelte Körper. Die Zahl der Toten beträgt über 300. Zehntausende Schwerverletzte. Die Zeitungen wimmeln von Schlagzeilen: »Der Schrei nach Blut«, »Politischer Mord in Köln«, »Kommunistische Hetze mit Todesfolge«, »Hakenkreuz mordet Sozialdemokraten«, »Blut muß fließen«, »Schwere Bluttat der Nazis«, »Ein Faschist niedergeschossen«, »Wie Naziburschen morden«, »Organisierte Radaukolonnen«, »Blut, Blut, Blut«.

Das Schicksal Horst Wessels ist für die Zeitungsleser in Deutschland nichts Neues, eher etwas Alltägliches. Doch nun geschieht etwas Seltsames, etwas Unerwartetes. Das Zentralorgan der Kommunistischen Partei Deutschland bringt eine Meldung mit folgendem Wortlaut:

Rote Fahne: »SA-Führer aus Eifersucht umgelegt! In der Nacht vom Dienstag zum Mittwoch wurde der Nationalsozialist und SA-Führer, der Student Horst Wessel, in seiner Wohnung im Hause Große Frankfurter Straße 62 niedergeschossen. Trotzdem von Anfang an nicht der geringste Anhaltspunkt vorhanden war, daß diese Tat irgendwelche politischen Hintergründe hat, ließ der Polizeibericht durchblicken, daß es sich um einen ›kommunistischen Mord‹ handle. Prompt begann auch die gesamte Presse eine groß angelegte Hetze gegen die kommunistische Partei. Nach den neuesten Feststellungen, die zu dem Überfall auf Horst Wessel gemacht wurden, handelt es sich hier anscheinend um einen persönlichen Racheakt, bei dem auch eine Frau mitspielt. Der Student Wessel bewohnt mit einem 18jährigen Mädchen gemeinsam ein Zimmer bei einer Frau Salm. Mit der Vermieterin war die Küchenbenützung ausgemacht worden. Wegen der Küchenbenützung ist es zwischen der Freundin des Wessel und der Frau Salm des öfteren zu Differenzen gekommen. Am Abend der Tat kam es wieder zu einem Zwischenfall. Die Wirtin verließ daraufhin die Wohnung, um ›gute Freunde‹ von dem Vorfall zu verständigen. Um

10.30 Uhr abends klopfte es plötzlich an der Tür und drei Leute verlangten Wessel zu sprechen. Sie drangen dann in das Zimmer ein und schossen Wessel nieder. Wessel bekam einen Schuß in den Mund. Er wurde ins Krankenhaus gebracht. Trotzdem von Anfang an feststand, daß diese Tat keinesfalls politische Hintergründe hat, wurde in dem Polizeibericht der Verdacht ausgesprochen, daß Kommunisten beteiligt sind. Ein neuer Beweis dafür, in welchem Maße durch offizielle Polizeiberichte Kommunistenhetze getrieben wird.«

So weit der Bericht der *Roten Fahne.* Es wäre besser gewesen, den Fall Horst Wessel zu vergessen – wie man viele andere auch vergißt. Betrachtet man nämlich diese Meldung näher, wird einiges auffallen. Erstens: »SA-Führer aus Eifersucht umgelegt!« Wer war auf wen eifersüchtig?! Aus dem Artikel erfährt der Leser darüber absolut nichts; nur Dinge, die schon andere Zeitungen gemeldet hatten. ». . . persönliche Differenzen zwischen Wirtin und Wessel bzw. dessen Braut.« Wozu dann diese eher bürgerliche Aufmachung: »aus Eifersucht umgelegt«. Zweitens: ». . . ließ der Polizeibericht durchblicken, daß es sich um einen ›kommunistischen Mord‹ handle.« Der Polizeibericht hatte aber eindeutig festgestellt, daß es hier um persönliche Differenzen ging. Drittens: daß ». . . die gesamte Presse eine groß angelegte Hetze gegen die kommunistische Partei« begonnen hat. Keine der zitierten Zeitungen hatte die Kommunistische Partei auch nur mit einem Wort erwähnt oder beschuldigt. Sogar das Zentralorgan der Nazi-Partei, sonst mit Wahrheiten nicht zimperlich, meldet folgendes:

Völkischer Beobachter: »Revolverattentat auf einen SA-Führer! Am gestrigen Abend wurde der SA-Führer Horst Wessel auf tragische und zur Stunde noch nicht völlig geklärte Weise von politischen, vielleicht auch von persönlichen Gegnern durch Überfall in seiner Wohnung lebensgefährlich verletzt. Unter dem Vorwand, ihn sprechen zu wollen, drangen drei Männer überraschend bei Wessel ein, worauf sofort der eine eine Pistole zog und Wessel mit mehreren Revolverschüssen niederstreckte. Die polizeiliche Untersuchung des unerhörten Vorfalles ist zur Stunde noch in vollem Gange.«

»... von politischen, vielleicht auch von persönlichen Gegnern ...«, schreibt die Nazi-Zeitung! Keine Spur von Kommunisten, von einem politischen Attentat. Keine Hetze, nichts dergleichen. Es heißt nur: »Die polizeiliche Untersuchung ... in vollem Gange.« Aber die Redakteure der *Roten Fahne* behaupten, daß »... von Anfang an feststand, daß diese Tat keinesfalls politische Hintergründe hat!« Eine Fehlleistung der *Roten Fahne,* für die, Jahre später, völlig unschuldige Menschen ihr Leben lassen müssen.

»SA-Führer aus Eifersucht umgelegt!« Mit diesem lapidaren Satz hat die *Rote Fahne* dafür gesorgt, daß der Fall Horst Wessel in der deutschen Geschichte einen sehr bedeutenden Platz einnehmen wird. Plötzlich beginnt man, sich für den Fall zu interessieren und folgerichtig rückt der Fall Horst Wessel einen Tag später auf die Titelseite des *Völkischen Beobachters.*

Völkischer Beobachter: »Der Kommunistische Mordanschlag auf Parteigenosse Wessel! Mißglückte Irreführungsversuche. (Eigene Drahtmeldung.) Der Mordanschlag auf den Nationalsozialisten Horst Wessel hat in der gesamten Berliner Presse starkes Aufsehen erregt. Die Polizei versucht zwar, eine Darstellung zu geben, derzufolge lediglich persönliche Motive dabei maßgebend gewesen seien. Jedoch muß selbst der *Vorwärts* zugeben (SPD-Zentralblatt), daß sich diese Darstellung nicht aufrecht erhalten läßt, sondern der Ausgangspunkt der Bluttat politischer Natur ist, mindestens insofern, als die Täter in kommunistischen Kreisen zu suchen sind. Wessel war bei den Kommunisten außerordentlich verhaßt und schon öfter bedroht worden. Die einzige Möglichkeit in der von der Polizei angedeuteten Richtung besteht darin, daß das politische Motiv durch einen persönlichen Racheakt noch verstärkt worden ist. Dem Schwerverwundeten selbst geht es den Umständen entsprechend etwas besser und die Ärzte haben eine gewisse Hoffnung, ihn am Leben zu erhalten. Wessel erhielt einen Schuß in den Mund, der den Oberkiefer, die Zunge und das Zungenbein zerriß, vor dem kleinen Gehirn steckenblieb und eine Seitenader der Halsschlagader verletzte, so daß lange Zeit die Gefahr einer inneren Verblutung bestand. Wessel hat über zwei Liter Blut verloren. Die Suche nach dem Mörder wird von verschiedenen Seiten aus unternommen und die Polizei hofft, ihn noch im Laufe des heutigen Tages dingfest zu machen. Gestern nachmittag hat die Polizei die Wirtin Wessels festgenommen unter dem Verdacht, daß sie von dem Mordanschlag gewußt und die Tat begünstigt hat. Auch in diesem Fall wurden politische Motive angenommen, da die Wirtin kommunistisch gesinnt ist.«

Selbstverständlich bleiben die Redakteure der Nazi-Zeitung *Völkischer Beobachter* mit selbst erdachten Behauptungen der *Roten Fahne* nichts schuldig: »daß . . . der Ausgangspunkt der Bluttat politischer Natur ist, mindestens insofern, als die Täter in kommunistischen Kreisen zu suchen sind!« Oder: ». . . die Wirtin kommunistisch gesinnt ist!«, sind Anschuldigungen, für die auch den Nazis völlig die Beweise fehlen.

Die *Volkswacht,* ein Blatt der Sozialdemokraten, welches sich bisher bei Wiedergaben von kommunistischen und nationalsozialistischen Kämpfen neutral verhielt, meldete am Sonnabend, dem 18. Januar: »Aufklärung eines politischen Verbrechens. Die Frucht der Kommunistenhetze – Der Täter ein berüchtigter Verbrecher, Mitglied des Rotfrontkämpferbundes.

Das auf den Berliner Studenten Horst Wessel in der Großen Frankfurter Straße verübte Revolverattentat ist nunmehr von der Polizei in seinen Einzelheiten und Motiven aufgeklärt worden. Es handelt sich um einen politischen Mordversuch, als dessen Haupttäter der zur Zeit flüchtige und arbeitslose Tischler Albrecht Höhler aus Berlin gesucht wird. Höhler ist bereits wegen schwerer Eigentumsdelikte, Zuhälterei und Meineides mit Zuchthaus vorbestraft. Bei der Durchsuchung seiner Wohnung wurden nach Polizeiberichten eine Fahne der kommunistischen Sturmabteilung Mitte, Schärpen, Armbinden und eine Uniform des Rotfrontkämpferbundes beschlagnahmt. Wessel zog sich den besonderen Haß Höhlers zu, weil er eine gewisse führende Rolle in der nationalistischen Bewegung gespielt hatte. Mehrfach hat sich Wessels politische Aktivität insbesondere gegen die Kommunisten gerichtet, die ihn ingrimmig verfolgten. Nachdem sie seine Wohnung in der Großen Frankfurter Straße festgestellt hatten, beeilten sie sich, an seine Haustür ein Hakenkreuz mit der Unterschrift: ›Hier wohnt Horst Wessel‹ zu malen. Zwei Mitglieder des Rotfrontkämpferbundes wurden von Wessel bei dieser Tätigkeit überrascht.

Die Tat selbst hat sich so abgespielt, daß Höhler und seine beiden Komplizen ein junges Mädchen in die Wohnung Wessels hinaufschickten, um durch sie feststellen zu lassen, ob er zu Hause ist. Nachdem das junge Mädchen ein entsprechendes Signal gegeben hatte, stiegen sie nach oben, drangen in die Wohnung ein und gaben den fast tödlich wirkenden Schuß ab. Frau Salm, die Wirtin, und die Braut des Studenten erkannten den Schützen als den in der Mulackstraße als berüchtigt bekannten Ali. Polizisten nahmen eine Prostituierte fest, die allgemein als Alis Braut gilt. Ali selbst war schon geflohen. Die Polizei hat indessen umfangreiche Maßnahmen getroffen, um seine Verhaftung zu ermöglichen. Wie verlautet, soll er jedoch von den Kommunisten bereits nach Rußland abgeschoben worden sein. Für seine Ermittlung und Ergreifung ist eine Belohnung von 500 RM ausgesetzt.

In den beiden letzten Tagen hat sich das Befinden des Wessel gebessert. Wenn keine Komplikationen eintreten, wird es nach Ansicht der Ärzte möglich sein, ihn am Leben zu erhalten.«

Die Reaktion der *Roten Fahne* ist unglaublich. Wenig später meldet sie: »Nazistudent Wessel war ein Zuhälter. Der

Überfall auf Wessel ein Eifersuchtsattentat. Eine durchsichtige Lügenhetze der Polizeipresse . . . Da die Polizei vollständig unfähig ist, kriminelle Verbrechen aufzuklären und lediglich als Organ zur Sammlung von Argumenten zum Verbot der kommunistischen Partei existiert, haben wir selber Feststellungen getroffen, die klar und eindeutig diesen Überfall als ein Eifersuchtsattentat darstellen. Was der Polizei in mehreren Tagen nicht gelang, stellten wir in wenigen Stunden fest (!). Wir lassen die Tatsachen sprechen: Die Geliebte des Studenten Wessel ist eine Prostituierte namens Erna Jänicke, die in der Gegend des Alexanderplatzes ihr ›Gewerbe‹ betreibt. Sie verkehrt in der Münzstraße in der Alexanderquelle und in der Brenzlauer Straße im Lokal Mexico. Bevor sich Wessel mit der Erna Jänicke anfreundete, war sie die Freundin eines Ali Höhler. Höhler war darüber erbost, daß Wessel ihm seine Liebste abgejagt hatte, mit ihr zusammenzog und daß sie jetzt ihren ›Verdienst‹ an Wessel ablieferte. Bemerkenswert ist auch die Tatsache, daß die Jänicke seit gestern verschwunden und unauffindbar ist. Aus diesem Zusammenhang geht ganz klar und eindeutig hervor, daß Höhler nur aus Eifersucht den Nationalsozialisten Wessel niederschoß. Außerdem wird in dem Polizeibericht behauptet, daß Höhler Mitglied der Kommunistischen Partei ist. Auch das entspricht nicht den Tatsachen. Höhler ist nicht Mitglied der KPD. Die Kommunistische Partei hat mit solchen Taten nichts gemein. Nach diesen Feststellungen, die von uns getroffen worden sind (!) und die wir noch ergänzen werden, erweist sich die ganze Unverschämtheit und Verlogenheit der Polizeiberichte. Wenn man die Rolle der Polizei und die der bürgerlichen Presse betrachtet, so erkennt man klar und eindeutig, daß dieser Fall nur benutzt wurde, um eine unverschämte und lügnerische Hetze gegen die Kommunistische Partei zu entfalten, um dem verhängten Belagerungszustand eine neue Begründung geben zu können. Das ist auch in diesem Fall danebengelungen. Arbeiter, sorgt dafür, daß diese Lügenpropaganda zunichte wird und werft die Lügenpresse aus Euren Wohnungen!«

Am folgenden Tag, nach Erscheinen dieses Artikels meldete sich das Zentralorgan der Nazipartei, der *Völkische Beobachter* aus München:

»Zuhälter und Mörder als Fahnenträger der Rotfront. Der Mordanschlag auf Pg. Wessel – Was sagt der deutsche Arbeiter zu solchen ›Führern‹?

In den bisherigen Ermittlungen über den Mordanschlag auf unseren Pg. Wessel sind einwandfreie Beweise erbracht worden, daß der Anschlag seit längerer Zeit planmäßig vorbereitet worden ist. Die Persönlichkeit des Täters konnte jedoch nicht ermittelt werden. Der Hauptverdacht richtet sich nach wie vor auf den 32jährigen Tischler Albrecht Höhler aus der Mulackstraße 13, der in Verbrecher- und Zuhälterkreisen unter dem Namen ›Ali‹ bekannt ist. Seit dem Tage des Attentats auf Wessel ist Höhler unauffindbar. Bei der Durchsuchung seiner Wohnung wurde eine Uniform des Rotfrontkämpferbundes gefunden, weiter eine Fahne der kommunistischen Sturmabteilung Mitte. Für die Ergreifung Höhlers wird die Polizei eine Prämie aussetzen. Das Befinden des schwerverletzten Horst Wessel hat sich gebessert. Er ist jedoch noch immer nicht vernehmungsfähig. Aus diesen bisherigen Erhebungen ist erneut die Zusammenarbeit zwischen Rotfrontführern und Zuhältern ersichtlich. Was sagen die ehrlichen deutschen Arbeiter der KPD dazu, daß ihre rote Fahne von kriminellen Verbrechern und ›Männern‹ getragen wird, die von Hurengeld ihr ›Dasein‹ fristen?«

Eigene Drahtmeldung, Berlin, 18 Januar. »Der Mordversuch an dem Pg. Wessel kann nunmehr als aufgeklärt gelten. Es steht einwandfrei fest, daß der Überfall von Angehörigen der Kommunistischen Partei planmäßig vorbereitet worden ist. Eine diesbezügliche Mitteilung ist noch gestern abend an die Berliner Zeitungen durch das Polizeipräsidium übermittelt worden. Als Haupttäter unter den Mordbuben wurde der 32 Jahre alte arbeitslose Albrecht Höhler festgestellt, der flüchtig ist und nach dem zur Zeit gefahndet wird.

Höhler ist 16mal vorbestraft, darunter einmal mit 2½ Jahren Zuchthaus wegen schwerer Kuppelei. Während der Verbüßung dieser Zuchthausstrafe gelang es Höhler auszubrechen. All dies hinderte aber nicht, daß Höhler in seinem Bezirk Fahnenträger des Rotfrontkämpferbundes war. Dieser Fall ist wieder einmal typisch dafür, wie eng die Verbindungen zwischen KPD und Verbrechertum in manchen Fällen ist ...

Die Grenze nach Polen ist bereits seit gestern gesperrt. Die Polizei hat eine Belohnung von 500 RM auf die Ergreifung des Täters ausgesetzt. Wie in diesem Zusammenhang mitgeteilt werden kann, hat sich das Befinden des schwerverletzten Pg. Wessel abermals gebessert, so daß die Hoffnung, ihn am Leben zu erhalten, in erfreulichem Wachsen begriffen ist.«

Parallel mit dem offiziellen polizeilichen Fahndungsbrief veröffentlicht die Berliner Nazi-Zeitung *Angriff* – eine Zeitung, die Goebbels herausgibt und die wegen Geldmangel (!) nur periodisch erscheinen kann – einen eigenen Fahndungsbrief mit folgendem Inhalt:

»500 Mark Belohnung hat die Polizei für die Ergreifung des Täters bei dem Mordüberfall auf den Nationalsozialisten und Sturmführer Horst Wessel ausgesetzt. Es handelt sich um einen berüchtigten Zuhälter und Zuchthäusler, der außerdem wegen Diebstahls und Meineides vorbestraft ist: den 32jährigen Tischler und Fahnenträger des R.F.B. Personalbeschreibung: Größe: 1,77 Meter. Haar: dunkelbraun. Stirn: niedrig (!). Breite Backenknochen (!). Platte, flache Nase (!). Besondere Kennzeichen: eine scharfe und tiefe Narbe auf der linken Gesichtsseite, die sich vom Nasenflügel zum Mundwinkel herabzieht in einer Länge von etwa 5 cm.

Die Gauleitung Groß-Berlin der Nationalsozialistischen Deutschen Arbeiterpartei hat die Belohnung von sich aus um weitere 500 Mark, also auf insgesamt 1000 Mark erhöht. Wer kann zur Ergreifung des Täters beitragen?«

4. Goebbels besucht Horst Wessel im Spital

Hitler schickte Dr. Joseph Goebbels vor genau drei Jahren nach Berlin, setzte ihn dort als Gauleiter ein, um die Hauptstadt für die Bewegung zu gewinnen.

In der kommunistischen Parteizentrale, dem »Karl-Liebknecht-Haus«, wird der kleine, hinkende Mann zunächst gar nicht beachtet.

»Behandelt eure lieben Mitmenschen so, wie sie es gewohnt sind. Packt ihre Wut und ihren Zorn an, lenkt sie in die richtige Bahn ... Es muß eine Generalabmachung mit dem System werden. Wir werden ihnen das Lügenmaul stopfen, wie sie es noch nie erlebt haben. Das ist unsere Rache, ein Gericht, das wir morgen kalt genießen wollen.«

Goebbels Stärke ist, Sentimentalität wirksam einzusetzen, aber ebenso giftigen Zynismus. Er appelliert an hohe Gefühle wie an niedrige Instinkte.

»Wollen wir die Partei intakt halten, dann müssen wir jetzt wieder an die primitiven Masseninstinkte appellieren.«

Er hat die Situation um Horst Wessel erkannt, den Wert einer Märtyrerlegende für die Partei begriffen. Der im Krankenhaus liegende Horst Wessel liefert ihm dazu reichliches Material. Daß die Hintergründe fragwürdig sind, die genauen Motive weder erforscht sind noch feststehen, stört Goebbels nicht im geringsten. Er hat sich entschlossen, aus der Tragödie Horst Wessel politisches Kapital zu schlagen. Es versteht sich von selbst, daß die gesamte Partei stärkstes Mitgefühl für Wessels Notlage zeigt, und Goebbels tut sein übriges dazu: er veröffentlicht nun in seinem *Angriff* Bulletins über Wessel und sein Befinden.

Am 20. Januar 1930 schreibt er: »Horst Wessel und die Giftbrut im Liebknecht-Haus. Horst Wessel, man kann ihn noch nicht besuchen; er darf noch niemand sehen und hören. Aber seine Mutter sagte mir, daß er um meinen Besuch gebeten hatte, und sie sollte mir mitteilen, sie ständen alle *so!* Dabei hat er den Arm gehoben mit der geballten Faust.

Essen darf er nichts, trinken darf er nichts. Die Kugel steckt noch vor dem kleinen Gehirn. Sie hat ihm den Mund aufgerissen, Gaumen und Zunge durchschlagen, ist durch die Nebenader gegangen bis an die Stelle, wo sie enden mußte, wenn es nicht gleich enden sollte.

Die Ärzte flößen ihm morgens und abends etwas Milch und Fleischbrühe ein, damit er bei Kräften bleibt. Dieser junge Mann hat zwei Liter Blut verloren. Seit dem verhängnisvollen Schuß ist er immer noch bei Bewußtsein. Auch die ganze Operation machte er bei vollem Bewußtsein durch. Man hörte von ihm nicht ein Wort der Klage.« (Wie sollte er sich eigentlich beklagen, wenn die Zunge zertrümmert war?! – I. L.)

»Wir gehen den Weg durch den weitgestreckten Garten bis zum Pavillon 7. Nur ein kleines Veilchensträußchen möchten wir ihm aufs Bett legen. Er soll wissen, daß wir alle zu ihm stehen.

Nur widerwillig und nach langem Drängen gibt die Schwester uns die Erlaubnis zum Eintritt.

Da liegt er, aufgerichtet in den Kissen, das Gesicht zerrissen. Aber man erkennt ihn gleich wieder. Die Augen sind dieselben, groß, starr, graublau. Mühsam hebt er die Hand, gibt sie mir und sagt (!) in einer lastenden Stille nichts als diese drei Sätze:

›Wir müssen aushalten!‹ Pause. Er schaut mich lange an; und dann beginnen seine Augen zu zucken:

›Wir sind, glaube ich, noch nötig!‹ Pause. Und voll unendlicher Dankbarkeit: ›Ich freue mich.‹

Ich kann gar nichts erwidern, ich gebe ihm noch einmal die

Hand, lege ihm dieses kleine Veilchensträußchen aufs Bett und gehe dann wieder hinaus.

Das ganze dauerte vielleicht nur eine Minute. Aber es war einer der erschütterndsten Momente, die ich je erlebte. Ich werde das nie vergessen; und ich meinte, ich müßte das auch alles sagen. Darum schreibe ich diese Zeilen.«

Sie klingen wie ein Kitschroman aus dem 19. Jahrhundert. Veilchenstrauß, der Schwerverletzte, der nicht reden kann, aber drei Sätze bringt er gerade noch heraus: »Wir müssen aushalten.« Wie hatte Goebbels noch geschrieben: ». . . an die primitiven Masseninstinkte appellieren.«

»Das ist unsere Rache, ein Gericht, das wir morgen kalt genießen wollen . . .« Diese Sätze werden umgesetzt und auf den Fall Horst Wessel abgestimmt. »Die Mörder? Sie müssen zu Brei und Brühe geschlagen werden. Dagegen gibt's keine Argumente mehr! Das ist das einzige, was ich den ganzen Nachmittag nur denken kann. Und dazwischen schmettern dann immer wieder die mitreißenden Verse:

›Kameraden, die Rotfront und Reaktion erschossen, marschieren im Geist in unseren Reihen mit!‹

Horst Wessel hat sie gedichtet – und er macht sie wahr. Wird er uns erhalten bleiben? Ich glaube es, wir hoffen es, wir zittern darum. Das andere würde uns einfach unfaßbar sein . . . Die *Rote Fahne* entblödet sich nicht, das unglückliche Opfer eines Zuhälters und kommunistischen Führers in völliger Umkehrung der Tatsachen selbst als Zuhälter zu bezeichnen.

Jeder, der Horst Wessel kennt, weiß, daß es sich hier um einen Menschen von seltenem Edelsinn handelt, den höchstens ein übergroßer Idealismus manchmal verleitete, auch dort nach verschüttetem Menschentum zu suchen, wo nur noch die gemeine Bestie übriggeblieben war.«

Meinte Goebbels mit dem »verschütteten Menschentum« die Braut Horst Wessels? Wo ist sie eigentlich? Darf sie Wessel im Krankenhaus besuchen? Sie ist die Braut Horst Wessels.

Nun ist sie wieder die Prostituierte, die »Bestie«! Am liebsten würde man sie aus der Welt schaffen. Aber sie ist Zeugin. Sie kennt sich in diesem »Milljöh« aus. Doch sie muß eben am besten ferngehalten werden. Fern von der Familie und fern von dem einzigen Menschen, den sie geliebt hat und von dem sie gehofft hatte, mit seiner Hilfe dem »Milljöh« zu entkommen.

Der *Angriff* schreibt weiter: »Selbstverständlich wird den Verleumdern Gelegenheit gegeben, ihre Schurkerei vor Gericht zu verantworten. Aber es kann sich ja gar nicht darum handeln, diesem Gegeifer irgendwie fachlich entgegenzutreten. Hier gibt es nur eines: Macht sammeln, um diese Gift-Brut im Karl-Liebknecht-Haus, an der nichts Menschliches mehr ist, dereinst mit Stumpf und Stiel auszurotten. Auf legale Weise. So wie man Ratten oder Wanzen vertilgt. Daß die Kommunistenpresse den Verbrecher Albrecht Höhler gerne abschütteln möchte, ist selbstverständlich. Aber es ist ein vergebliches Bemühen. Abgesehen davon, daß die Ausrüstungsstücke und die Sturmfahne des R.F.B. in der Wohnung Höhlers gefunden wurden, ist er auch als Kranzträger bei der Beerdigung des Kommunisten Neumann aufgetreten. Bei dieser Beerdigung kam es bekanntlich zu kommunistischen Ausschreitungen, in deren Verlauf auch Höhler festgenommen wurde. Dabei hat Höhler selbst angegeben, seit bereits fünf Jahren Mitglied der KPD zu sein. Die KPD hat sich damit einen ihrer würdigen Kranzträger und Fahnenträger ausgesucht. Zuhälter, Dieb und Mörder. Einen besseren konnten sie für ihre Sache nicht finden.«

5. Die Täter und Mitwisser verhaftet

Die polizeilichen Erhebungen während des haßerfüllten Zeitungskrieges, der um Horst Wessel entbrannt ist, laufen auf Hochtouren weiter. Wo ist »Ali« Höhler? Diese Frage beschäftigt Kommissar Teichmann Tag und Nacht. Sein Eifer bei den Nachforschungen wird durch die Angriffe der kommunistischen Presse, die ihn ununterbrochen attackiert, angefeuert. Dasselbe gilt natürlich auch für die Nazi-Zeitungen, die der Polizei immer wieder Parteilichkeit zugunsten der Kommunisten vorwerfen. Fast drei Wochen vergehen. Am 3. Februar 1930 meldet sich auf dem Polizeirevier 5 ein Mann, der verrät, wo »Ali« sich versteckt hält. So gelingt es der Polizei, den Haupttäter zu verhaften. Die Zeitung *Angriff* meldet:

»Ali festgenommen! Nachdem vor kurzem einer der Mitglieder bei dem Mordanschlag auf unseren Sturmführer Horst Wessel, der Kohlenarbeiter Ernst Lange, verhaftet worden ist, gelang es nun, auch den Haupttäter Albrecht Höhler, genannt ›Ali‹ dingfest zu machen. Sein Kumpan Lange hat ihn verraten und alle Schuld auf ihn geschoben. Kriminalbeamte spürten nun Höhler in einer Spelunke auf und nahmen ihn mit solcher Raschheit und Gewandtheit fest, daß der gewiegte Verbrecher vollkommen verblüfft war und in seiner Bestürzung sofort zugab, die Schüsse auf Wessel abgefeuert zu haben.

Nach seinem Geständnis, in dem er zugab, aus politischen Motiven gehandelt zu haben, brach Höhler vollständig zusammen, so daß die Vernehmung vorerst abgebrochen werden mußte. Der dritte an dem Überfall beteiligte Kommunist wird noch gesucht.

Im Befinden des Pg. Wessel ist eine weitere, leichte Besserung zu verzeichnen, doch er ist immer noch nicht vernehmungsfähig.«

Albrecht Höhler gibt bei seiner Verhaftung folgendes an: Er wollte nur der Zimmervermieterin, der Witwe Salm, helfen, Wessel aus der Wohnung »herauszuschmeißen«, da Wessel und seine Braut trotz mehrmaliger Aufforderung nicht ausziehen wollten. Wessel sollte nur eine »proletarische Abreibung« erhalten. Das heißt: ihn spitalreif zu verprügeln. Der Schuß sei gefallen, nachdem Wessel »Anstalten« gemacht hatte, aus der

Gesäßtasche eine Waffe zu ziehen. Er hätte gewissermaßen in vermeintlicher Notwehr gehandelt. Persönlich hätte er Horst Wessel nicht gekannt. Er war nämlich kurz zuvor aus dem Zuchthaus entlassen worden, in dem er 2½ Jahre gesessen hatte. Die Erna Jänicke, Wessels Braut, kannte er nur flüchtig aus früheren Zeiten. Am 15. Januar abends fand eine Besprechung mit dem Führer der Sturmabteilung, Genosse Kupferstein, statt. Dieser brachte Höhler und Rückert zum Funktionär der »Roten Hilfe«, Schmidt, der total betrunken war als sie ankamen. Schmidts Tochter Käthe bat ihren Chef, den Kaufmann Will, Mitinhaber eines Inseratenbüros für Arbeiterzeitungen, um Hilfe. Will setzte sich mit seinem Kompagnon Sander in Verbindung. Im Landhaus des Letzteren, in Glienicke, erhielten er und Rückert Unterkunft. Dort blieben sie acht Tage. Man hatte ihm seinen Parteiausweis abgenommen und verbrannt. Man besprach einen Fluchtplan und verabredete, daß im Falle einer Festnahme eine Eifersuchtshandlung vorzutäuschen sei. Er wurde neu eingekleidet und photographiert, da man einen falschen tschechischen Paß benötigte. Danach fand eine Abschiedsfeier statt; es wurde sogar Champagner getrunken. Am nächsten Morgen wurde er mit einer grauen Limousine, Marke Buick, mit Chauffeur, an die tschechische Grenze, nach Philippsdorf-Georgwalde, gebracht. Außer dem Fahrer fuhr Will, der Autobesitzer, mit. Unterwegs nahm man den ständigen Kurier der KPD, Viktor Drewnitzki, mit auf, der ihn nach Prag brachte. Er wurde durch die tschechische »Rote Hilfe« empfangen und untergebracht und zwar bei einer kinderreichen Arbeiterfamilie. Dort kam er bald in Geldschwierigkeiten, weil Drewnitzki das für ihn bestimmte Geld für sich behalten hatte. So kehrte er auf eigene Faust mit einem Mädchen, das er in Prag kennengelernt hatte, nach Berlin zurück.

Am 4. Februar 1930 wird der Besitzer des grauen Buicks, Theodor Will und Willi Sander, der Inhaber einer luxuriösen Villa in Glienicke ist, festgenommen.

Am 5. Februar wird in den frühen Morgenstunden der KPD-Parteisekretär und ständige Kurier der KPD, Viktor Drewnitzki, in seiner Wohnung in Spandau, Frobenstraße 4, festgenommen.

In Flugschriften des ehemaligen Bezirksvertreters der Anzeigenabteilung der *Roten Fahne,* Rudolf Kindt in Berlin, findet man eine ausführliche Beschreibung der bis jetzt verhafteten Kommunisten Sander, Will, Biermann, Behrendt und König sowie ihren Geschäftsbetrieb, die Anzeigenannahme der »Arbeiter-Zeitung GmbH«.

»Geschäftsinhaber der GmbH, Kaufmann Theodor Biermann aus Essen, z. Z. wohnhaft Berlin S. W. 61, Belle Alliance Straße 82, Telefon Bergmann 30 45, hat während der Kriegszeit hauptberuflich sich als Hamsterer und Schmugglerfahrer auf der Strecke Essen – Holland betätigt. Des nachts trieb er sich in den Spielklubs herum und war selbst Mitinhaber eines solchen. Diese und andere dunkle Tätigkeiten führten zu seiner seinerzeitigen Verhaftung und Bestrafung. Mit gefälschten und auf zwei Jahren vordatierten Ausweisen kam er im Herbst 1924 zwecks Übernahme der ominösen vorbenannten GmbH nach Berlin.

Für Kaufmann Willi Sander aus Essen, z. Zt. wohnhaft Berlin S. W. 11, Schönberger Straße 19, Telefon Lützow 48 00, treffen dieselben Voraussetzungen, nur im verstärktem Maße zu. Wie mir außerdem von seinem ehemaligen Freund mitgeteilt wurde, steht Sander in dem dringenden Verdacht eines schweren, noch ungesühnten Sittlichkeitsverbrechens, begangen im Frühjahr 1924 an der Tochter eines Kollegen (Genossen), bei dem er logierte. Zeugen vorhanden!

Kaufmann Theodor Will aus Frechen bei Köln, z. Zt. wohnhaft in einer Villa in Glienicke bei Hermsdorf an der Nordbahn, Prinz-Eitel-Straße 7/9, Telefon Amt Tegel 17 16, ist wegen seiner Gewalttätigkeiten und sonstigen dunklen Machenschaften im Ruhrgebiet besonders stark berüchtigt. Einer seiner besten Vertrauten äußerte sich u. a. dahingehend, daß Will in dringendem Verdacht eines ungesühnten Mordes und Meineides stehe!

Alfred Behrendt von der Berko-Inseratenzentrale, Schleiermacherstraße, unterschlug größere Geldsummen. Als er entlassen und zur Rechenschaft gezogen wurde, wollte er sich erschießen. Aus Mitleid wurde er weiterbeschäftigt, wurde Inhaber vorgenannter ominöser Berko-Inseratenzentrale und soll bei seinem Ausscheiden betrügerischerweise eine Summe von 45 000 RM Schulden hinterlassen haben.

Arthur König aus dem Ruhrgebiet soll einen Schaden von zirka 500 000 RM angerichtet haben. Mit dem Rest seines Raubes wurde er Inhaber der berüchtigten Raveg-Inseratenzentrale, Bürohaus Börse. Auch in diesem Fall sind für die inserierende Geschäftswelt und Vertreter die allergrößten Unzuträglichkeiten der schwindelhaften Werbungs-Betrugsmanöver entstanden!«

Achtzehn Männer und Frauen, die meisten davon Mitglieder der KPD, stehen unter dringendem Verdacht, an dem Anschlag auf Horst Wessel beteiligt gewesen zu sein, bzw. die Tat begünstigt zu haben.

Während die »Rote Hilfe« unglaubliche Anstrengungen unternommen hat, die am Wessel-Überfall Beteiligten dem Zugriff der Polizei zu entziehen, beschimpft die *Rote Fahne* Ali Höhler und seine Freunde, und versucht sie abzuschütteln.

Ein rätselhaftes innerparteiliches Verhalten; ein groteskes Schauspiel, dessen Ausgang das Schicksal Berlins und damit der Weimarer Republik entschieden hat!

II

DIE JAHRE VON
1907 – 1930

Kindheit – Der Vater – Berlin 1918 – Gymnasium – Organisationen – Universität – Eintritt in die NSDAP – Erste Aktivitäten – Nach Wien – Wessel wird SA-Führer – Kampf um die Strassen

6. Lebenslauf Horst Wessels. NSDAP

Wer ist dieser Horst Wessel, für dessen »Rausschmiß« aus seinem im voraus bezahlten Zimmer sich 18 Männer und Frauen zusammengefunden haben, um ihm eine »proletarische Abreibung« zu verpassen? Eine Abreibung, die mit einem Pistolenschuß endete.

Mitten im westfälischen Land, im Teutoburgerwald, wird Horst Ludwig Wessel am 9. Oktober 1907 als erster Sohn des Pfarrers Dr. Ludwig Wessel in Bielefeld geboren. Es folgen noch zwei Geschwister: Ingeborg und Werner Wessel. 1908 geht die Familie nach Mühlheim an der Ruhr. 1913 wird der Vater an die berühmte Berliner St. Nikolai-Kirche berufen.

Als sie nach Berlin umziehen, ist Horst Wessel sechs Jahre alt. Die Familie wohnt in der Jüdenstraße Nr. 51/52, mitten im ältesten Berlin. Die Jüdenstraße war vor 500 Jahren das Getto gewesen. Nun gibt es dort keine Juden mehr. Sie haben »freiwillig« ein neues Getto gewählt: Die Münzstraße, die Grenadierstraße, die Dragonerstraße, die dicht beim Alexanderplatz liegt. Ganz nah beim Elternhaus befindet sich der Jüdenhof. Abseits von der Straße, ein totenstiller Platz, umringt von Akazienbäumen. Das Elternhaus selbst war früher ein jüdisches Patrizierhaus. Welche Ironie des Schicksals. Für die Kinder ist die Jüdenstraße und auch der Jüdenhof mit vielen Geheimnissen umgeben. Es ist die Bühne für Horst Wessels Straßenjungenleben.

Als im Jahre 1914 der Erste Weltkrieg ausbricht, zieht der Vater, als erster freiwilliger Feldgeistlicher der deutschen Armee, mit ins Feld. Als Gouvernementpfarrer leistet er zuerst in Berlin Dienst, später in Kowno, Rußland, wo sich das Hauptquartier des Generalfeldmarschalls von Hindenburg befand. Hindenburg und Pfarrer Wessel freunden sich in dieser Zeit an und Wessel bekommt mehrere Auszeichnungen, u. a. das Eiserne Kreuz I. Klasse. Er kehrt aus dem Krieg zurück und arbeitet als literarischer Leiter der *Neuen Illustrierten Zeitung*. Er ist ein beliebter Prediger und zu dieser Zeit werden auch seine Predigten als Buch herausgegeben. Diese Predigten drücken seine beinahe kritiklose Vaterlandsliebe aus; Krieg und Opfertod werden verherrlicht.

Zitat aus einer Predigt Dr. Ludwig Wessels:

»Er war seiner Eltern einziges Kind. Beim Sturm auf den feindlichen Graben zerriß ihm das glühende Eisen die junge Brust. Im Zusammenbrechen röchelte er noch eine Bitte: ›Bruder, schau doch, ob wir siegen.‹ Der bettet ihn in seine Arme: ›Ja, sei ruhig, Kamerad, sie fliehen.‹ Da verklärte sich das vom Tode gezeichnete Jünglingsantlitz in letztem, seligem Lächeln, und erblassende Lippen flüstern: ›Gott sei Dank, nicht umsonst.‹ Kameraden, ich weiß nur einen Dank der Lebenden an unsere verewigten Helden – das Gelübde der Kameradentreue: Ihr sollt nicht umsonst gestorben sein. Wir wollen vollenden, was ihr begonnen. Und ob es währt bis in die Nacht und wieder an den Morgen. Dazu klingt alte deutsche Landsknechtsweise in unserem Herzen:

›Kein schön'er Tod ist die Welt,
Als wer vorm Feind erschlagen,
auf grüner Au, auf weitem Feld
darf nicht hör'n groß Wehklagen.‹«

Ja: »Kein schön'er Tod ist der Welt, als wer vorm Feind erschlagen . . .« Der Vater ahnt nicht, daß der eigene Sohn acht Jahre später demselben Schicksal in die Hände fallen wird: vom Feind erschlagen.

Pfarrer Wessel stirbt im Jahre 1922.

1918 erlebt der zehnjährige Horst Wessel in Berlin die Revolution in greifbarer Nähe. Maschinengewehre rattern, Granaten fliegen täglich über die Gassen, die für die rings umliegenden Gebäude, das Rathaus, das Stadthaus, das Polizeipräsidium, das Landgericht bestimmt sind. Die Kinder sammeln Patronen und Stahlhelme. Handgranaten werden gestohlen; damit kann man in der Schule einen schwunghaften Handel betreiben. Unter Horst Wessels Kopfkissen liegt stets ein geladener Revolver.

Nun geht er ins Gymnasium, aber die Schulen werden immer wieder geschlossen oder neue Lehrpläne unterbrechen den Unterricht. Er beginnt auf dem Köllnischen Gymnasium, dann folgt das Graue Kloster, eine der besten Schulen Berlins, die schon Bismarck besucht hatte, die letzte Schule ist das Luisenstädtische Gymnasium. Er ist ein guter Schüler, zeigt jedoch mehr Interesse für Waffen und militärische Dinge als fürs Studium. Und Berlin zu Beginn der 20er Jahre bietet genug Gründe, Militär zu spielen, sich mit Waffen zu beschäftigen. Die Monarchie ist gestürzt worden; nach blutigen Kämpfen wird die kommunistische Revolte niedergeschlagen. Als 1925 der sozialdemokratische Reichspräsident Ebert stirbt, wählt das Volk im 2. Wahlgang einen Freund der Familie Wessel, Generalfeldmarschall von Hindenburg, zum Staatspräsidenten.

Die Regierungen stürzten von einer Krise in die andere. Wahlparolen, Lebensmittelknappheit, Geldentwertung, Aufruhr in den Straßen. Ein Trommelfeuer politischer Schlagworte trifft die Jugend. Neben politischen Parteiorganisationen bilden sich verschiedene militärische Bünde. Eine dieser Organisationen ist der »Bismarck-Bund«.

»Nach der Erschießung Rathenaus«, berichtet Wessel in seinem Tagebuch, »wurde vom Ministerium angeordnet, daß sämtliche Schüler, die irgendwelchen Vereinigungen angehörten, die Satzungen der Vereinigung vorlegen müßten. Der Direktor wird dann entscheiden, ob der Schüler in dem betreffenden Verein bleiben dürfe oder nicht. Bei dieser Gelegenheit hörte ich zum ersten Male den Namen ›Bismarck-Bund‹. Mein Interesse war geweckt . . .«

Er erzählt weiter, daß sich in seiner Klasse mehrere Bismärckler befanden, die ihn kurze Zeit später in den Bund einführten. Die Bismarckgruppen waren alle verschieden, gemeinsam hatten sie nur den sogenannten »nationalen« Gedanken.

Wessel wird zunächst Mitglied der Ortsgruppe 47 »Prinz Oskar von Preußen«. Anfang 1924 tritt er zusammen mit sechzehn jungen Burschen, die in Wessel von Anfang an ihren Führer sahen, in die Ortsgruppe 21 »Kronprinzessin« ein. Sein Ausweis lautete: »Bundesbruder Horst Wessel ist zum militärischen Leiter der Gruppe 21 ›Kronprinzessin‹ ernannt worden. Er leitet die wehrhafte Ausbildung der Gruppe. Seinen Befehlen ist unbedingt zu entsprechen.« Er ist gerade sechzehn Jahre alt geworden.

Über seine Tätigkeit berichtet er: »Der Dienst in der Turnhalle wurde trotz der regen Geländetätigkeit nicht vernachlässigt. Die sportliche Ausbildung bestand in Boxen, Jiu-Jitsu und Freiübungen. Jiu-Jitsu-Unterricht erteilte ich selbst, da ich gerade einen Kursus bei dem deutschen Meister Erich Rahn absolviert hatte . . .«

Eine andere Eintragung: »Der Bismarck-Bund bildet für uns ein unerschöpfliches Reservoir an neuen Leuten, ein richtiges Rekrutendepot . . . Bei dem Stiftungsfest der Ortsgruppe 21, an dem Willi Plage und ich das Silberne Bundesabzeichnen erhielten, war denn auch aus propagandistischen Gründen die Fahne unserer Kompanie anwesend. Im allgemeinen waren wir aber nicht sehr für Fahnenaufmärsche und dergleichen zu haben.« . . . »Alle Übungen, die ich mitmachte, und es waren eine ganze Anzahl, zeichneten sich dadurch aus, daß der angelegte Plan niemals erfüllt wurde . . . es handelte sich vorzugsweise um Nachtübungen, die meistens erst gegen 10 Uhr vormittags beendet waren. Dann zog man gemeinschaftlich in ein vorher ausgemachtes Gartenlokal, wo die Jungmädchen für uns schon Kaffee gekocht hatten. Mit den Mädchen waren denn auch, gut ausgeschlafen, die Drückeberger erschienen, die sich in ihren Sonntagsanzügen, ›Jimmy-Schuhen‹ und sauberen Kragen sonderbar genug neben uns erschöpften und verdreckten Nachtwandlern ausnahmen.«

Dann wieder beklagt sich Wessel in einem Brief bei einem seiner Vorgesetzten:

»Sehr geehrter Herr Leutnant!

Leider muß ich Sie mit einem nicht gerade erfreulichen Schreiben belästigen. Ich darf die Bitte aussprechen, dieses Schreiben privat aufzufassen. Es handelt sich kurz um folgendes: Sie, Herr Leutnant, fehlen überall. Herr Leutnant Hennig ist beruflich oft am Erscheinen verhindert und dann gleicht der Dienstabend mehr einer Spielschule als einer Ehrhardtkompanie. Der erste Zug ist einem Betriebsrat nicht ganz unähnlich. Das Programm der Abende ist immer das gleiche. Marschübungen, Griffe. Unter diesen Umständen läßt auch der Eifer der Leute sehr nach. Feldwebel Lehrmann muß sich Unbotmäßigkeiten sagen lassen, die sonst unmöglich wären. Seit einiger Zeit hat sich überhaupt die Disziplin stark gelockert. Die Leute vom zweiten Zug beklagen sich, daß sie den weiten Weg machen, um den laschen Betrieb hier mitmachen zu müssen. Die meisten von ihnen haben mich gebeten, an sie so lange inaktiv zu schreiben bis Sie, Herr Leutnant, wieder selbst die Abteilung führen. Ich bringe Ihnen das zur Kenntnis. Die Beteiligung ist auch sehr schwach. Neulich erschienen zu Dienst sieben Unteroffiziere und neun Mann! Es fehlt uns der Organisator. Mit der Hoffnung, daß Sie mir meinen Bericht nicht übel auslegen, möchte ich schließen. Es ist wohl überflüssig, zu versichern, daß ich mit meinen Leuten nach wie vor zur Fahne stehe.

Bei dieser Gelegenheit möchte ich um Urlaub bis 11. 1. 25 einkommen, da ich den Winter über verreisen will.

Mit vorzüglicher Hochachtung
verbleibe ich Ihr sehr ergebener
Horst Wessel«

Am 12. Februar 1925 erklärte er jedoch seinen Austritt. Veranlassung zu diesem Schritt war das Verhandlungsprotokoll des Bundesschiedsgerichts und der in diesem Protokoll festgehaltene Satz: ». . . zum Schluß habe sich Wessel bei Gelegenheit des Stiftungsfestes in Hitler-Uniform hervorgetan und geäußert, er würde sich den Zutritt mit dem Gummiknüppel erzwingen, falls ihm der Eintritt verwehrt werden sollte . . .«

Er schreibt dazu folgendes:

»Dem Kernpunkt einer jeden Organisation, der Führerfrage . . . Als Landesverbandführer fungierte ein Oberregierungsrat, der kein Führer revolutionärer Jugend sein konnte. Denn im Anfang war die Bismarck-Jugend tatsächlich revolutionär. Was zuerst revolutionärer Geist, d. h. Opposition gegen Weimar, war, das verwandelte sich bald in finstere Reaktion, die nur die Vergangenheit guthieß und vor allen Dingen an der Arbeiter-Frage verständnislos vorbeiging.«

Damals, im Jahre 1925, kannte man in der Reichshauptstadt Berlin den Namen Hitler nur durch die Presse. Die meisten Zeitungen bezeichneten ihn als einen »staatenlosen Abenteurer«. Jetzt ist ein Zusammenhang zwischen Wessels Auftreten in Hitler-Uniform und seiner Unzufriedenheit mit dem Bismarck-Bund zu sehen.

Am 19. April 1926 läßt er sich an der Friedrich-Wilhelm-Universität in Berlin immatrikulieren. Er hat sich für das juristische Studium entschlossen und tritt in das Korps Normannia ein. Er trägt Kappe und Band und ficht für seine Ehre. Bei dieser Gelegenheit bricht er sich zum vierten Male den rechten Arm.

Die Versuche, sich in einen dieser Vereine einzufügen, scheitern seiner Ansicht nach am Fehlen politischen Radikalismus, und vor allem auch am Fehlen von »Führer-Persönlichkeiten«.

Am 23. März 1926 schreibt Horst Wessel, kaum neunzehn Jahre alt, einen Brief an den Leiter des »Deutschbanners«, einer monarchistisch-militärische Organisation, kurz vor seinem Eintritt in die SA der NSDAP:

»Sie fragen mich nach meiner endgültigen Entscheidung und so kann ich nicht umhin, sie Ihnen gleich eingangs mitzuteilen, und zwar muß ich meinen Entschluß aufrecht erhalten, den ich seinerzeit gefaßt habe, nämlich nicht dem ›Deutschbanner‹ beizutreten. Es wäre mir ein leichtes, mich mit meiner Aktivität bei einem hiesigen Korps oder mit Studienüberlastung herauszureden. Ich verschmähe aber diesen Weg und will Ihnen, weil ich Sie, verehrter Herr Hauptmann, zu sehr schätze, mit voller Offenheit meine Bedenken mitteilen. Diese sind die Folgenden: Mit dem Ausscheiden des Kapitäns Erhardt aus dem Deutschbanner hat dieses die Verbindung mit dem Reich (Wiking) verloren, so daß ihm heute nur noch lokale Macht zukommt.

Infolgedessen wird seine Einwirkung auf irgendwelche politische Geschehnisse gleich Null sein. Zum zweiten: Ich persönlich halte es in der heutigen Zeit für politisch unklug, den monarchischen Gedanken in aller Öffentlichkeit zu propagieren, wie es in den Kammersälen tatsächlich geschehen ist. Soweit ich mich entsinne, ist doch wohl eine der Hauptfragen, die sich das Deutschbanner gesteckt hat: die Eroberung des roten Berlins. Auf die oben angeführte Weise ist das meines Erachtens nicht möglich. Meine persönliche Einstellung zu dieser

Frage setze ich als bekannt voraus. Das letztgenannte Ziel des Deutschbanners erkenne ich in seiner weittragenden Bedeutung voll an, halte es sogar für eine Hauptaufgabe der gesamten vaterländischen Bewegung, wenn sie nicht unaufhaltsam weiter in die Bedeutungslosigkeit versinken soll. Und diesen Weg haben bisher eigentlich nur allein die Nationalsozialisten beschritten und dabei achtbare Erfolge erzielt. Damit ist eigentlich der Weg für alle aktivistischen Kreise schon eindeutig gewiesen. Wir brauchen uns deshalb heute gar nicht mehr zu wundern, wenn uns die Leute, vor allem die aktivistischen, zur NSDAP davonlaufen.

Von sechzehn Mann, die ich hatte, sind bereits sechs Mann zu einer SA übergetreten, als Folge des Erhardt-Vortrages. Daß der Rest folgen wird, wenigstens die Leute bis 21 Jahre, ist mir sehr wahrscheinlich, besuchen sie doch jetzt schon die Sprechabende. Ich persönlich bin mir noch nicht im klaren, weil ich in jeder Hinsicht vorher klar sehen möchte, doch wahrscheinlich ist meine Zeit auch nicht mehr allzu ferne. Wie gesagt, den 19 Millionen, die heute sagen, sie kennten kein Vaterland, das Deutschland heißt, denen den Schrecken vor dem Begriff ›national‹ zu nehmen, halte ich heute für die brennendste Zeitaufgabe, und wo ich tatsächlich Erfolg sehe, da bin ich einer der ersten dabei.

Ich bin ein bißchen ausführlich geworden, aber um der nötigen Klarheit sei's mir verziehen. Ich will hoffen, daß Sie aus diesem Prinzipienstreit keinen Groll gegen mich hegen wollen. Seit etwa dreieinhalb Jahren gehörte ich dem Wiking an, und vor allem an Ihre Leitung und Führung werde ich stets gerne zurückdenken. Wenn ich heute den entscheidenden Schritt tue, so tue ich ihn nach reiflicher und eingehender Überlegung, und wie ich Sie kenne, werden Sie mir deshalb nicht gram sein.«

Am 7. Dezember 1926 wurde Horst Wessel Mitglied der NSDAP.

7. Der SA-Mann. Goebbels nach Berlin. Kampf um Berlin

In einem kleinen Hinterzimmer, dem »Leiberzimmer« des Sterneckerbräus in München, versammelten sich etwa 20 bis 25 Menschen, um einem wirtschaftspolitischen Vortrag zuzuhören. Von einer »Partei« kann keine Rede sein. Es ist mehr ein politischer »Debattier-Klub«. Der Fragwürdigkeit der Idee und Existenz dieses Klubs hat die allgemeine Unzufriedenheit von 1919 ihren Stempel aufgedrückt. Das ist deutlich zu spüren.

Hier taucht Adolf Hitler als Zuhörer auf. Er bekommt beim Eingang des Lokals eine Broschüre in die Hand gedrückt: »Mein politisches Erwachen«. Das Heft stammt von einem gewissen Anton Drexler, dem Führer der »Deutschen Arbeiterpartei«. Hitler nimmt Kontakt mit den Leuten auf und einige Tage später bekommt er die Nachricht, daß er in die »Partei« aufgenommen worden ist. Und zwar mit dem Mitgliedsschein Nr. 7. Kein Mensch kennt die »Deutsche Arbeiter-Partei«, die glücklich ist, wenn sie von irgendwoher ein paar Briefe bekommt. Über die Beantwortung dieser Schreiben wird dann meistens stundenlang diskutiert.

Jeden Mittwoch findet im Café Gasteig eine sogenannte Ausschußsitzung statt, einmal in der Woche ein »Sprechabend«. Da aber die ganze Bewegung nur aus sieben Männern besteht, treffen sich immer dieselben Leute, wenn auch in Abgeschiedenheit, so doch in Einmütigkeit. Mit der Hand werden Einladungen zu Versammlungen geschrieben. Hitler trägt achtzig von ihnen persönlich aus. Aber am Versammlungsabend sind wieder nur die selben alten sieben beisammen.

So geht Hitler dazu über, die Einladungen mit der Schreibmaschine schreiben zu lassen. Das Ergebnis wird etwas besser. Die Zahl der Zuhörer steigt schon auf elf an, dann auf dreizehn und weiter auf vierunddreißig. Eine Geldsammlung bei einer dieser Zusammenkünfte gibt die Möglichkeit, die nächste Versammlung in einem rechtsstehenden Blatt, dem *Münchner Beobachter* anzukündigen. 111 Personen erscheinen – ein »riesiger« Erfolg. Zum ersten Mal fühlt Hitler, daß er die Gabe besitzt, auch vor größeren Kreisen zu sprechen. Hitlers Appell an die Opferwilligkeit der Anwesenden bringt der Partei 300 Mark ein – für sie ein Vermögen. Man mietet ein finsteres Zimmer. Später haben sie elektrisches Licht, dann kommt Telephon hinzu. Ein paar Stühle werden entliehen, ein Tisch. Schließlich findet sich ein Mann namens Schüssler, der die Geschäftsführung übernimmt. Nach Dienstschluß kommt er von 6 bis 8 Uhr zum Versammlungsquartier, um die notwendigen Arbeiten zu erledigen. Eine kleine Adler-Schreibmaschine wird in langen Ratenzahlungen von der Partei erworben. Auch ein Kassenschrank wird beschafft, um die Mitgliedskartothek zu verwahren.

Der 24. Februar wird als Termin für die Abhaltung der ersten Großen Versammlung der noch unbekannten »Bewegung« bestimmt.

In Hitlers Buch »Mein Kampf« steht darüber:

»Um 7.15 Uhr betrat ich den Festsaal des Hofbräuhauses am Platzl in München, und das Herz wollte mir fast vor Freude zerspringen. Der gewaltige Raum, denn gewaltig kam er mir damals vor, war mit Menschen überfüllt. Nachdem der erste Redner geendet hatte, ergriff ich das Wort. Wenige Minuten später hagelte es Zwischenrufe, im Saal kam es zu heftigen Zusammenstößen, eine handvoll treuester Kriegskameraden und sonstiger Anhänger schlugen sich mit den Störenfrieden und vermochten erst nach und nach einige Ruhe wieder herzustellen. Ich konnte weitersprechen . . . Und als ich endlich die 25 Thesen Punkt für Punkt der Masse vorlegte und sie bat, selber das Urteil über sie zu sprechen, da wurden sie nun eine nach der anderen, unter immer mehr sich erhebenden Jubel angenommen, einstimmig und immer wieder einstimmig, und als die letzte These so den Weg zum Herzen der Masse gefunden hatte, stand ein Saal von Menschen vor mir, zusammengeschlossen von einer neuen Überzeugung, einem neuen Glauben, von einem neuen Willen.

Als sich nach fast vier Stunden der Raum zu leeren begann und die Massen Kopf an Kopf wie ein langer Strom dem Ausgang zuwälzte, zuschob und zudrängte, da wußte ich, daß nun die Grundsätze einer Bewegung in das deutsche Volk hinauswanderten, die nicht mehr zum Vergessen zu bringen waren. Ein Feuer war entzündet, aus dessen Glut dereinst das Schwert kommen muß, das dem germanischen Siegfried die Freiheit, der deutschen Nation das Leben wiedergeben soll . . .

So leerte sich langsam der Saal.

Die Bewegung nahm ihren Lauf.«

Programm der NSDAP:

Das Programm der Nationalsozialistischen Deutschen Arbeiterpartei ist ein Zeitprogramm. Die Führer lehnen es ab, nach Erreichung der im Programm aufgestellten Ziele neue aufzustellen, nur zu dem Zweck, um durch künstlich gesteigerte Unzufriedenheit der Massen das Fortbestehen der Partei zu ermöglichen.

1. Wir fordern den Zusammenschluß aller Deutschen auf Grund des Selbstbestimmungsrechtes der Völker zu einem Großdeutschland.

2. Wir fordern die Gleichberechtigung des deutschen Volkes gegenüber den anderen Nationen, Aufhebung der Friedensverträge von Versailles und St. Germain.

3. Wir fordern Land und Boden (Kolonien) zur Ernährung unseres Volkes und Ansiedlung unseres Bevölkerungsüberschusses.

4. Staatsbürger kann nur sein, wer Volksgenosse ist. Volksgenosse kann nur sein, wer deutschen Blutes ist, ohne Rücksichtnahme auf Konfession. Kein Jude kann daher Volksgenosse sein.

5. Wer nicht Staatsbürger ist, soll nur als Gast in Deutschland leben können und muß unter Fremdengesetzgebung stehen.

6. Das Recht, über Führung und Gesetze des Staates zu bestimmen, darf nur dem Staatsbürger zustehen. Daher fordern wir, daß jedes öffentliche Amt, gleichgültig welcher Art, gleich, ob im Reich, Land oder Gemeinde, nur von Staatsbürgern bekleidet werden darf. Wir bekämpfen die korrumpierende Parlamentswirtschaft, eine Stellenbesetzung nur nach Parteigesichtspunkten ohne Rücksichten auf Charakter und Fähigkeiten.

7. Wir fordern, daß sich der Staat verpflichtet, in erster Linie für die Erwerbs- und Lebensmöglichkeit der Staatsbürger zu sorgen. Wenn es nicht möglich ist, die Gesamtbevölkerung des Staates zu ernähren, so sind die Angehörigen fremder Nationen (Nichtstaatsbürger) aus dem Reich auszuweisen.

8. Jede weitere Einwanderung Nichtdeutscher ist zu verhindern. Wir fordern, daß alle Nichtdeutschen, die seit 2. August 1914 in Deutschland eingewandert sind, sofort zum Verlassen des Reiches gezwungen werden.

9. Alle Staatsbürger müssen gleiche Rechte und Pflichten besitzen.

10. Erste Pflicht jedes Staatsbürgers muß sein, geistig und körperlich zu schaffen. Die Tätigkeit des einzelnen darf nicht gegen die Interessen der Allgemeinheit verstoßen, sondern muß im Rahmen des gesamten und zum Nutzen aller erfolgen.

Daher fordern wir:

11. Abschaffung des arbeits- und mühelosen Einkommens. Brechung der Zinsknechtschaft.

12. Im Hinblick auf die ungeheuren Opfer an Gut und Blut, die jeder Krieg vom Volke fordert, muß die persönliche Bereicherung durch den Krieg als Verbrechen am Volke bezeichnet werden. Wir fordern daher restlose Einziehung aller Kriegsgewinne.

13. Wir fordern die Verstaatlichung aller (bisher) bereits vergesellschafteten Betriebe.

14. Wir fordern Gewinnbeteiligung an Großbetrieben.

15. Wir fordern einen großzügigen Ausbau der Altersversorgung.

16. Wir fordern die Schaffung eines gesunden Mittelstandes und seine Erhaltung. Sofortige Kommunalisierung der Großwarenhäuser und ihre Vermietung zu billigen Preisen an kleine Gewerbetreibende bei Lieferungen an den Staat, die Länder oder Gemeinden.

17. Wir fordern eine unseren nationalen Bedürfnissen angepaßte Bodenreform, Schaffung eines Gesetzes zur unentgeltlichen Enteignung von Boden für gemeinnützige Zwecke. Abschaffung des Bodenzinses und Verhinderung jeder Bodenspekulation.

18. Wir fordern den rücksichtslosen Kampf gegen diejenigen, die durch ihre Tätigkeit das Gemeininteresse schädigen. Gemeine Volksverbrecher, Wucherer, Schieber usw. sind mit dem Tode zu bestrafen, ohne Rücksicht auf Konfessionen und Rasse.

19. Wir fordern Ersatz für das der materialistischen Weltordnung dienende Römische Recht durch ein deutsches Gemeinrecht.

20. Um jedem fähigen und fleißigen Deutschen das Erreichen höherer Bildung und damit das Einrücken in führende Stellungen zu ermöglichen, hat der Staat für einen gründlichen Ausbau unseres gesamten Volksbildungswesens Sorge zu tragen. Die Lehrpläne aller Bildungsanstalten sind den Erfordernissen des praktischen Lebens anzupassen. Das Erfassen des Staatsgedankens muß bereits mit dem Beginn des Verständnisses durch die Schule (Staatsbürgerkunde) erzielt werden. Wir fordern die Ausbildung geistig besonders veranlagter Kinder armer Eltern ohne Rücksicht auf deren Stand oder Beruf auf Staatskosten.

21. Der Staat hat für die Hebung der Volksgesundheit zu sorgen durch den Schutz der Mutter und des Kindes, durch Verbot der Jugendarbeit, durch Herbeiführung der körperlichen Ertüchtigung mittels gesetzlicher Festlegung einer Turn- und Sportpflicht, durch größte Unterstützung aller sich mit körperlicher Jugendausbildung beschäftigenden Vereine.

22. Wir fordern die Abschaffung der Söldnertruppe und die Bildung eines Volksheeres.

23. Wir fordern den gesetzlichen Kampf gegen die bewußte politische Lüge und ihre Verbreitung durch die Presse. Um die Schaffung einer deutschen Presse zu ermöglichen, fordern wir, daß:

a) sämtliche Schriftleiter und Mitarbeiter von Zeitungen, die in deutscher Sprache erscheinen, Volksgenossen sein müssen;

b) nichtdeutsche Zeitungen zu ihrem Erscheinen der ausdrücklichen Genehmigung des Staates bedürfen. Sie dürfen nicht in deutscher Sprache gedruckt werden;

c) jede finanzielle Beteiligung an deutschen Zeitungen oder deren Beeinflussung durch Nichtdeutsche gesetzlich verboten wird und als Strafe für Übertretungen die Schließung einer solchen Zeitung sowie die sofortige Ausweisung der daran beteiligten Nichtdeutschen aus dem Reich. Zeitungen, die gegen das Gemeinwohl verstoßen, sind zu verbieten. Wir fordern den gesetzlichen Kampf gegen die Kunst- und Literaturrichtung, die einen zersetzenden Einfluß auf unser Volksleben ausübt, und die Schließung von Veranstaltungen, die gegen vorstehende Forderungen verstoßen.

24. Wir fordern die Freiheit aller religiösen Bekenntnisse im Staat, soweit sie nicht dessen Bestand gefährden oder gegen das Sittlichkeits- und Moralgefühl der germanischen Rasse verstoßen. Die Partei als solche vertritt den Standpunkt eines positiven Christentums, ohne sich konfessionell an ein bestimmtes Bekenntnis zu binden. Sie bekämpft den jüdisch-ma-

terialistischen Geist in und außer uns und ist überzeugt, daß eine dauernde Genesung unseres Volkes nur erfolgen kann von innen heraus auf der Grundlage Gemeinnutz vor Eigennutz.

25. Zur Durchführung alles dessen fordern wir die Schaffung einer starken Zentralgewalt des Reiches. Unbedingte Autorität des politischen Zentralparlaments über das gesamte Reich und seine Organisationen im allgemeinen. Die Bildung von Stände- und Berufskammern zur Durchführung der vom Reich erlassenen Rahmengesetze in den einzelnen Bundesstaaten. Die Führer der Partei versprechen, wenn nötig unter Einsatz des eigenen Lebens, für die Durchführung der vorstehenden Punkte rücksichtslos einzutreten.

München, den 24. Februar 1920«

In vollster Überlegung hat die Generalmitgliederversammlung am 22. Mai 1926 beschlossen: »Dieses Programm ist unabänderlich.«

Dieser Satz wird jedoch bald ignoriert und von der NSDAP-Führung abgeändert. Es waren nämlich Stimmen aus den Kreisen der Industrie und dem Großgrundbesitz laut geworden, die das »Parteiprogramm« als »marxistisch« und »national-bolschewistisch« auslegten. Hitler aber ist auf diese Kreise wegen der materiellen und moralischen Unterstützung angewiesen. So sieht man ihn immer häufiger wieder in braver Zivilkleidung, er vergißt seine Reitpeitsche und er bringt seine Umgebung dazu, dem »Unabänderlichen« einen Zusatzpunkt hinzuzufügen, der zwar das »revolutionäre« Gesicht zu wahren versucht, aber gleichzeitig die unruhig gewordenen »Gönner« beruhigt.

»Anmerkung

Gegenüber den verlogenen Ausführungen zu Punkt 17 des Programms der NSDAP von Seiten unserer Gegner ist folgende Feststellung notwendig:

Da die NSDAP auf dem Boden des Privateigentums steht, ergibt sich von selbst, daß der Passus ›Unentgeltliche Enteig-

nung‹ nur auf die Schaffung gesetzlicher Möglichkeiten Bezug hat, Boden, der auf unrechtmäßige Weise erworben wurde oder nicht nach den Gesichtspunkten des Volkswohls verwaltet wird, wenn nötig, zu enteignen. Dies richtet sich demgemäß in erster Linie gegen die jüdische Grundstücksspekulationsgesellschaften.
München, den 13. April 1928
gez. Adolf Hitler«

Eine meisterhafte demagogische Kehrtwendung, mit deren Schlußfolgerung: »Die Juden sind an allem schuld!« Hitler hat die gewünschte Beruhigung erreicht. So glaubt man auch in den späteren Jahren, Hitler unter Druck setzen zu können, was sich aber als tragische Fehleinschätzung Adolf Hitlers und seiner Helfershelfer erweisen sollte.
Im Dezember 1920 gründet Hitler das Zentralorgan der NSDAP, die Tageszeitung *Völkischer Beobachter.* Und jede Woche findet eine Versammlung im Hofbräuhaus statt. Bald laufen die ersten Mitglieder in Windjacken herum, dazu eine rote Armbinde, auf der im weißen Feld ein schwarzes Hakenkreuz zu sehen ist. Das ist der Saalschutz: junge verwegene Burschen, denen vor derben Zugriffen nicht »bange« ist und die »Ruhe und Ordnung« garantieren.

Im Februar 1921 wagt es die NSDAP zum ersten Mal, eine Riesenveranstaltung im Münchner Zirkus abzuhalten. Etwa anderthalb Stunden lang läuft die Versammlung ohne wesentliche Störungen. Plötzlich springt ein Kommunist auf einen Tisch und schreit »Freiheit«. Im nächsten Augenblick ist die Versammlung ein Haufen brüllender, schreiender und kämpfender Menschen. Am Saalausgang kommt es sogar zu einer Schießerei. Hitler verleiht an diesem Abend dem Saalschutz den »Ehrennamen« Sturmabteilung (SA). Die SA beginnt sich zu entwickeln. Unter ihrem Schutz marschiert künftig die »Bewegung« von Versammlung zu Versammlung, von Aufmarsch zu Aufmarsch.

»Was wir brauchten und brauchen, waren und sind nicht hundert oder zweihundert verwegene Verschwörer, sondern hunderttausend und aber hunderttausend fanatische Kämpfer für unsere Weltanschauung. Nicht in geheimen Konventikeln soll gearbeitet werden, sondern in gewaltigen Massenaufzügen, und nicht durch Dolch und Gift oder Pistole kann der Bewegung die Bahn frei gemacht werden, sondern durch die Eroberung der Straße! Wir haben dem Marxismus beizubringen, daß der künftige Herr der Straße der Nationalsozialismus ist, genau so, wie er einst Herr des Staates sein wird!«

Hinsichtlich der SA-Versammlungen schreibt Goebbels folgendes: »Die Versammlung ist kein Saufabend. Es ist daher im offiziellen Teil das Trinken im Schankraum und das Rauchen im Versammlungsraum verboten. Während der Versammlung hat größte Ruhe zu herrschen. Es spricht nur, wer gefragt wird, oder wem das Wort von dem SA-Führer erteilt wird. Der SA-Abend ist kein Diskussionsabend! Jede SA-Zusammenkunft schließt mit dem Rufe: ›Heil Hitler!‹ und ›Deutschland erwache!‹.«

Es werden Verhaltensmaßregeln gegenüber der Polizei ausgegeben: »Halt's Maul! Stell' dich auf alle an dich gerichteten, die SA betreffenden Fragen noch dümmer als du bist! Schimpfereien überhöre, so lange es geht, aber wehre dich kräftig mit harter Faust, wenn du tätlich angegriffen wirst! Stehst du im Glied, so schalte alles eigene Wollen aus und warte darauf, was dein Führer anordnet – und dann handle danach! Also durchbeißen – und nicht knurren!«

Goebbels über den Mann in der SA:

»Das Gesicht mit den scharfen Kerben in den Wangen und um den Mund kennen wir: es ist das Gesicht des Frontsoldaten des Weltkrieges. Es ist das Gesicht der Krieger des ewigen soldatischen Deutschen, der nun zum politischen Soldaten Adolf Hitlers, zum SA-Mann geworden ist.«

». . . Wir haben dem Marxismus beizubringen, daß der

künftige Herr der Straße der Nationalsozialismus ist, genauso, wie er einst Herr des Staates sein wird.« Betrachtet man die Situation der NSDAP in Berlin 1926/27 näher, so besteht nicht die leiseste Hoffnung für die Nazis, in der Hauptstadt Deutschlands »Herr der Straße« zu werden.

Aus den monatlich herausgegebenen streng geheimgehaltenen Situationsberichten der NSDAP kann man die Ausweglosigkeit erkennen: »Situationsbericht September 1926: Die innerparteiliche Lage in diesem Monat ist keine gute gewesen. Es haben sich im Gau Zustände herausgebildet, die sich diesmal derartig zuspitzten, daß mit einer vollständigen Zerrüttung der Berliner Organisation gerechnet wurde. Es ist die Tragik des Gaues gewesen, daß er nie einen richtigen Führer besessen hatte, der doch gerade hier in dieser Millionenstadt so ungeheuer notwendig gewesen wäre. Die Folge davon war, daß die Opposition neue Nahrung bekam, die Ortsgruppenführersitzungen, die der sachlichen Arbeit gewidmet sein sollten, wurden jetzt durchwegs die Tummelplätze zweier fast gleich starker Richtungen, und die Abende wurden mit leidenschaftlichen Debatten, deren Inhalt zumindest 75% aus persönlichen Argumenten bestand, ausgefüllt. Diese Selbstzerfleischung, gewiß ein warnendes Beispiel, was Führertum bedeutet, blieb nicht ohne Einwirkung auf die Parteigenossen und die Öffentlichkeit. Die Schlagkraft der Partei sank auf Null. Angesichts dieser innerparteilichen Lage war von einem öffentlichen Auftreten der NSDAP in Berlin keine Rede.«

Die Lage des Gegeners wird im gleichen Situationsbericht wie folgt dargestellt:

»In der Münzstraße zu Berlin, einer winkeligen, aber durch den Verkehr sehr lebhaft gewordenen Straße im Zentrum, liegt die Zentrale der KPD. Hier gehen von morgens bis abends die Kuriere aus und ein mit ihren Instruktionen und Anweisungen, um die Macht des Judentums, in dem man die Benebelung der Massen durch das marxistische Narkotikum mit System betreibt, fester und unerschütterlicher zu gestalten. Man muß als Gegner ehrlich den Methoden der KPD, wie sie es bewußt versteht, jede Bevölkerungsklasse und jede augenblickliche Situation geschickt für ihre Zwecke auszunützen, Beifall zollen.«

Die Parteizentrale der NSDAP in München reagierte prompt auf diesen vernichtenden Bericht: Dr. Joseph Goebbels wird als Gauleiter nach Berlin geschickt. Damit ändert sich die Situation der NSDAP in Berlin schlagartig. Der Gau Berlin wird am 9. 11. 1926 neu gegründet.

»Rundschreiben Nr. 2: Übernahme des Gaues. Mit dem heutigen Tage übernehme ich die Leitung des Gaues Berlin-Brandenburg. Die Gau-Geschäfts-Stelle des Gaues Berlin-Brandenburg befindet sich: Berlin W 35, Potsdamer Straße 109, Hof rechts (!) Parterre. Fernsprecher: Hollendorf 55 88. Unsere erste Aufgabe wird es sein, eine neue Geschäftsstelle zu schaffen. Die neue Geschäftsstelle kostet Geld. Aus diesem Grund ist die pünktliche Abführung von Beiträgen notwendig. Die Gaugeschäftsstelle ist ein Arbeitsraum des Gaues Berlin-Brandenburg; als solche nicht zu verwechseln mit einer Wärmehalle (!) oder einem Wartesaal (!). Parteigenossen haben auf der Geschäftsstelle nur dann Zutritt, wenn sie Parteiangelegenheiten zu erledigen haben. Der Gauführer ist nach vorheriger Anmeldung auf der Geschäftsstelle während der Geschäftsstunden zu sprechen. Anmeldungen zwecks Klatsch (!) u. a. sind zwecklos. Als Presse kommt für uns im Gau Berlin-Brandenburg nur in Frage: Das Wochenblatt *BAZ* bzw. *Der Nationalsozialist,* als Tageszeitung *Der Völkische Beobachter,* als Hauptmonatszeitschrift *Nat. Soz. Briefe* und als Monatszeitschrift *Der Weltkampf.* Adolf Hitler wird den Gau besuchen, sobald wir eine Macht geworden sind und eine einheitliche Stoßkraft darstellen. Es liegt an jedem Parteigenossen, den Tag dieses Besuches möglichst bald herbeizuführen. Dr. Goebbels.«

Situationsbericht, November 1926:

»Vorbei ist die schreckliche, die kaiserlose Zeit. Der Wirrwarr im Gau ist gelöst. Parteigenosse Dr. Goebbels ist zum Gau-Führer Berlin-Brandenburg ernannt worden. Damit ist eine Epoche im Gau abgeschlossen worden, die seit der Gaugründung vorherrschend gewesen war. Über die große Bedeutung, die der Berliner Gau durch seinen neuen Gauführer bekommen hat, wird in Zukunft noch einiges zu sagen sein.«

Situationsbericht, Dezember 1926:

»Allgemeine politische Lage in Berlin und der Kampf der NSDAP. Die Lage des Gegners. Zwei Ereignisse, die sich innerhalb der Mauern Berlins abspielten, gaben den Berliner Nationalsozialisten treffend Gelegenheit, die Zerfahrenheit und die Ideenlosigkeit der genannten ›Rechten‹, dem gewesenen Deutschland, kennenzulernen. Es gibt in jeder politischen Bewegung eine bestimmte Art von Menschen, die man am besten als politische Nachteulen bezeichnen könnte. Dieser Typ ist ein Gemisch von schwammigem Idealismus, dem der reale Boden fehlt, und bemitleidenswerter Unkenntnis über Probleme, die die Politik bestimmen. Solche Nachteulen ließen sich eines Tages auch über Berlin nieder, trugen schwarz-weiß-rote Fähnchen und versuchten die ohnehin schon schwachen Überreste der Berliner Wehrverbände (da sie zugrunde gegangen sind und zugrunde gehen werden durch ihre ›Überparteilichkeit‹ und ›unpolitischen‹ Hanswurstiaden) für eine neue Idee zu gewinnen. Es sind ehemalige Offiziere, vollkommen namenlos, von denen man nicht recht wußte, ob sie Beschäftigung suchten, oder noch nie etwas von einer NSDAP gehört haben. Wir Nationalsozialisten haben aus diesem Volk zweierlei gelernt: daß 1. die sogenannte ›Rechte‹ innerlich vollkommen geist- und ideenlos geworden ist, da das konservative Prinzip der Vergangenheit angehört und 2., für uns umso mehr die Verpflichtung besteht, werbend und kämpfend den wirklichen Nationalismus der breiten Massen bekanntzugeben. Der finanzielle Überschuß betrug ca. 200 Reichsmark. Eine große Anzahl Neuaufnahmen konnte als Neuzugänge verbucht werden. Es hat angefangen und nun wird's nicht mehr aufhören!«

Situationsbericht, Februar 1927:

»In diesem Monat ist die Lage des Gegners und unsere eigene kaum voneinander zu trennen. Dieser Monat hat die längst erwartenden Zusammenstöße mit dem Marxismus, der im Vormonat nur schwach mit uns in Berührung kam, gebracht und grell die Lage aufgezeichnet, in der wir und der Marxismus stehen. Man muß sich des historischen Monats bewußt sein, wenn zum ersten Mal wohldisziplinierte Massen den Antisemitismus in der Judenstadt Berlin kämpfend vorantreiben. Was hier zu einem modernen politischen Tageskampf und Machtkampf gehört: Übersicht des Kampffeldes und seine Kampfmethoden, Taktik und unbarmherziges Losschlagen (selbst auf die Gefahr des Todes), berechnende Klugheit und verschlagene Frechheit – kurz, Mittel und Wege, die eben typisch berlinerisch sind. Am 1. des Monats veranstaltete die Partei im ausgesprochenen Arbeiterviertel Wedding eine öffentliche Massenversammmlung mit dem Thema ›Der Zusammenbruch des bürgerlichen Klassenstaates‹. Redner war Parteigenosse Dr. Goebbels. Nach dem Referat Parteigenosse Dr. Goebbels entstanden die ersten Plänkeleien. Auf die Mitteilung des Versammlungsleiters, daß er die Ruhestörer im Wiederholungsfalle aus dem Saal weisen würde, wurde die KPD von einer künstlichen Erregung befallen. Mittlerweile hatte die SA den Unruheherd langsam eingeschlossen und die Kommunisten, die Gefahr bemerkend, begannen plötzlich tätlich zu werden. Das Nachfolgende spielte sich innerhalb von drei bis vier Minuten ab. Im Nu wurden von beiden Seiten Stühle, Biergläser, selbst Tische erhoben, und ein wilder Kampf begann. Mehr und mehr wurden die Kommunisten unter die Galerie gedrängt, die wohlweislich von uns besetzt war, und bald sausten von dieser ebenfalls Stühle und Gläser herab. Die Schlacht war schnell entschieden: Die KPD zog mit 83 mehr oder minder Schwerverletzten ab, d. h. sie konnte gar nicht so schnell die Treppe hinuntersteigen wie sie gemütlich heraufgestiegen waren. Auf unserer Seite hatten wir drei Schwerverletzte und ca. zehn, zwölf Leichtverletzte zu beklagen. Als die Polizei erschien, war der ganze Kampf bereits abgewickelt. Der marxistische Terror war blutig unterdrückt worden. Die Schlacht war geschlagen. Der Sieg des Nationalsozialismus auf dem Wedding errungen.«

Situationsbericht über die Vorgänge auf dem Bahnhof Berlin-Lichterfelde-Ost am 20. März 1927: »Am 20. März jährte sich die einjährige Wiederkehr des Gründungstages der SA Berlin. Diesen Tag der Wiederkehr galt es zu feiern und so ging 14 Tage vorher der SA-Befehl heraus, daß die gesamte SA ihre Gedenkfeier auf den Trebbiner Bergen beim nächtlichen Feuer bei Trebbin (Mark), ein Städtchen von ca. 3000 Einwohnern abhalten werde. Die Feierrede sollte Gauführer Parteigenosse Dr. Goebbels halten: ›Über-über vorwärts! So oder so – ein Jahr ist herum! Berlin muß in unsere Faust! Wann? Gleichviel – jede Kleinarbeit von heute ist ein Stein zur Barrikade von morgen. Wir kämpfen!‹ Die Feierstunde ist beendet, die Kolonnen rücken ab. Die SA hat ihren Dienst getan und der Marsch zum Bahnhof wird angetreten. Die Bevölkerung folgt uns. Dicht gedrängt stehen die SA-Mannschaften auf dem Bahnsteig in Trebbin. Sie warten auf den fahrplanmäßigen Personenzug Nr. 851, von Luckenwalde kommend, der sie wieder nach Berlin zurückfahren soll. Abends 6.25 Uhr läuft er ein. Plötzlich bemerken einige SA-Kameraden in den vorderen Abteilen einige ›Rotfront‹-Gesichter. Diese strecken die Faust, ihren Bundesgruß, empor und lächeln. Wir empfinden das als eine Provokation und verschiedene Leute von uns versuchen in das Abteil einzudringen. In diesem Augenblick ziehen die Kommunisten Revolver aus den Taschen und richten sie auf uns. Die augenblickliche Erregung ist ungeheuerlich. Ehe wir noch etwas gegen die Bewaffneten unternehmen konnten, setzte sich der Zug in Bewegung. Alles steigt noch während der Fahrt ein und die Ereignisse nehmen ihren Lauf. Für die SA war es klar, daß diese Provokation gezüchtigt werden mußte, zumal die vielen Einzelüberfälle in der letzten Zeit auf uns genügend Zündstoff angesammelt hatten. Während der Fahrt steigt ein Neukölner SA-Kamerad auf das Dach des von den Kommunisten besetzten Abteils, welches von der 32 Mann starken Kapelle der KPD belegt ist. Der Neukölner SA-Kamerad Werner Teichert will mit kühnem Griff die Abteiltür aufreißen, um dem Kampf ein schnelles Ende zu bereiten. Da erhält er einen Streifschuß am Kopf, sinkt zurück, um im selben Augenblick nochmals aufzuspringen. Er versucht ein zweites Mal in das Innere des Wagens einzudringen. Ein zweiter Schuß trifft ihn besser, die Kugel sitzt einen Zentimeter von der Schläfe entfernt im Kopf. Die umstehenden Kameraden tragen den Gefallenen zurück. Noch lebt er. Wilde Verwünschungen hallen gegen den Wagen. Panik. Die wilde Schießerei von 60–100 Schüssen hat im Nu den Zug von Fahrgästen entvölkert. Sie flüchten über die Gleise, nachdem jemand die Notbremse gezogen hat. Ein daherkommender D-Zug wird zum Stehen gebracht. Der Wagen der Kommunisten bietet äußerlich einen wüsten Anblick. Alle Scheiben sind zertrümmert. Die Bahnbeamten sind verschwunden. Jetzt erscheint ein Überfallkommando der Schupo von sechs Mann. Machtlos. Das Schießen aus dem Wagen ist verstummt. Als die Abteiltüren von uns und der Schupo geöffnet werden, zeigt sich ein Bild schlimmster Art. Sämtliche Kommunisten sind durch die Steinwürfe schwer verletzt worden. Die Musikinstrumente, die einen Wert von 1500 Mark besaßen, sind zerbeult. Im ganzen Wagen liegen Glasscherben, Blutlachen, Holzsplitter und über 200 Steine. Als erster wird ein Zivilist herausgezogen: der kommunistische Landtagsabgeordnete Paul Hoffmann. Sein Gesicht ist eine unförmige, blutverschmierte Masse. Er hat seinen Lohn empfangen. Die Musikinstrumente werden zertreten. Die SA verläßt den Bahnhof. Der 20. März war bis jetzt die größte Schlacht und der geschlossenste Umzug, den die NSDAP in Berlin erlebt hat. Heil Hitler!«

Situationsbericht, März 1927:

»Zwei große Demonstrationen sah Berlin von der KPD und dem R.F.B. in diesem Monat – ausgelöst von der NSDAP. Das *Reichsbanner* (SPD), vielleicht hat es andere Sorgen, hielt sich gegenüber den ganzen Vorgängen neutral. Es ist erhaben über die ›Radaubrüder‹, wobei die Kommunisten und Nationalsozialisten ein- und dasselbe sind, gegen die nur zweierlei hilft: entweder Ignorieren oder Vorgehen mit allen zu Gebote stehenden ›verfassungsmäßigen‹ Mitteln. Es ist uns schon recht, wenn das ›Reichsbanner‹, diese moderne Spießbürgergarde von 1848, neutral bleibt. Dadurch haben wir Handlungsfreiheit gegenüber den Kommunisten. Wie es später einmal wird, darüber zerbrechen wir uns heute noch nicht den Kopf. Diese Demonstrationen genügten, um die Rote Front auf die Gefahr des Nationalsozialismus aufmerksam zu machen. Ihre ganze Presse hallte wieder von der ›Faschistengefahr‹, die die gebührende Beobachtung der Arbeiterschaft erfordere. Schmähartikel besudelten uns als ›Arbeitermörder‹, ›Fememord-Banditen‹, ›Kapitalistenhunde‹ und erreichen damit das Gegenteil des Gewollten: Sie machten uns in Berlin bekannt. So geht der Kampf um Berlin Tag für Tag weiter, zäh, ausdauernd, unbeirrt, mit Verlusten und Drangsalierungen. Auf den Tag!«

8. Horst Wessel nach Wien

Die erste Tätigkeit Horst Wessels innerhalb der NSDAP beginnt in der SA. Also genau in jenem Zeitraum, als Goebbels die Geschäfte als Gauleiter in Berlin übernahm. Somit war Horst Wessel als SA-Mann an allen Aktivitäten der Nazis von

Anbeginn beteiligt. Er bekommt seine ersten Hiebe, wird des öfteren von der Polizei verhaftet und beginnt sich auch als Redner zu profilieren. Bald nach seinem Eintritt wird sein jüngerer Bruder, Werner, auch Mitglied der SA.

Im Januar 1928 setzt Horst Wessel sein Jura-Studium in Wien fort, wo er auch ein ganzes Semester, bis Juli 1928, bleibt. Außerhalb seiner Studientätigkeit hat er im Auftrag von Goebbels die Aufbau- und Arbeitsmethoden der Wiener Hitlerjugend kennenzulernen. Er schreibt darüber in sein Tagebuch: »Schon rein ideell besteht ein gewisser Gegensatz zwischen Berlin und Wien. Wien, das bedeutet in erster Linie Vertretung kulturell-völkischer Belange, radikalster Antisemitismus. Berlin, das heißt zuerst konsequenter ›nationaler Sozialist‹ zu sein. Kulturelle Fragen spielen hier noch zunächst eine Nebenrolle. Wegen meiner betont sozialistischen Einstellung erregte ich in Wien vielfach Kopfschütteln. Man verstand das nicht. Wien ist eben keine Industriestadt in unserem Sinne. So wurde ich hier sogar von eigenen Parteigenossen als halber Kommunist angesehen. Im allgemeinen ist der Wiener lange nicht so aktivistisch wie der Norddeutsche. Ihm fehlt der sieghafte Schwung, den die Bewegung in Deutschland auszeichnet. Auf dem Lande liegen die Verhältnisse günstiger. Burgenland, Steiermark, Kärnten, Tirol, Salzburg bilden für unsere Agitation einen fruchtbaren Boden. Jedenfalls ist es beglückend zu wissen, daß überall, wo deutsche Arbeitsmenschen der Faust und der Stirn leben, das rote Hakenkreuzbanner weht. Das gibt einem Stärke und Kraft zum Weiterkämpfen.«

Persönliche Erinnerungen von Dr. Walter Reinhardt an Horst Wessel: »Es war im Januar 1928. Eines Tages überraschte mich mein Vater mit der Mitteilung, daß für mich Besuch aus Berlin gekommen sei. Dieser Besuch werde abends wiederkommen. Er hätte leider nicht viel von dem verstanden, was der junge Mann eigentlich wollte, denn was er sprach, sei ihm, dem Wiener, zu ›Berlinerisch‹ gewesen. Horst Wessel, oder so ähnlich soll er heißen. Horst Wessel? Wo hatte ich den Namen schon gehört? Ein Berliner? Das konnte vielleicht ein Normanne sein! Halt, jetzt wußte ich es – es war einige Monate vorher, beim 85jährigen Stiftungsfest der Normannier in Berlin. Dort machte ich am Begrüßungsabend für die auswärtigen Gäste der befreundeten Korps die Bekanntschaft eines jungen Normannen, der sich bei mir genauestens nach den wirtschaftlichen und politischen Verhältnissen Österreichs erkundigte. Im Verlaufe unseres Gespräches machte er mich mit seiner Absicht vertraut, vielleicht auf einige Semester nach Wien zu kommen, um bei unseren Alemannia aktiv zu werden. Und nun hatte er seine Absicht verwirklicht und war nach Wien gekommen. Am selben Abend kam er wieder. Laut knallte die Hacke zusammen: ›Ich bin Horst Wessel aus Berlin. Ich möchte bei Ihrem Korps aktiv werden.‹ Kurz und bündig, wie es seine Art war. Jetzt aber betrachtete ich meinen künftigen Korpsbruder etwas näher und mußte gestehen, daß ich mit meiner Musterung zufrieden war. Ein großer, schlanker Junge, schmales Gesicht, mit einer scharfgeschnittenen Nase und großen, offenblickenden Augen. Acht Tage später wurde er Alemanne und bat mich, sein Leibbursch zu sein. Eines Abends, ich war schon zu Bett gegangen, da läutete das Telefon. ›Hallo, hier ist Horst Wessel. Leibbursch, ich sitze hier beim Goldenen Hirschen, sei so freundlich und komm mal runter.‹ Schimpfend kleidete ich mich wieder an und ging in unser ganz in der Nähe gelegenes Stammlokal. Dort saß Horst in der Gassenschenke, fröhlich lachend über meine mißbilligende Miene. Im ersten Augenblick hatte ich auch allen Grund zur Mißbilligung, denn Horst sah aus wie ein Landstreicher. Den Rockkragen hochgeschlagen und beschmutzt, Hemd, Kragen und Krawatte zerknüllt und verschoben. Auf meine berechtigte Frage, wo sie ihn denn so zugerichtet hätten, meinte er lachend, ich sollte mich nur schnell mal wieder erholen. Es sei nicht das erste Mal, daß er so aussieht und es wird auch nicht das letzte Mal sein. ›Im roten

Meidling war wieder einmal dicke Luft.‹ Als wir dann gemütlich bei einem Glas Bier saßen, erzählte er mir, daß er Nationalsozialist und SA-Mann sei. Heute habe er wieder einmal ›den Mund zu weit aufgetan‹, wie er sich ausdrückte. Daher sein defektes Aussehen, da man ihn aus dem Saal geworfen hatte. Sein besonderes Tätigkeitsgebiet seien Kommunistenviertel und Kommunistenversammlungen. ›Feiner Korps-Student, nicht wahr. Was meinst du wohl, was sich unsere alten Herren denken würden, wenn sie mich jetzt sehen?‹ ›Menschenskind, dich werden die Roten noch einmal erschlagen‹, so warnte ich ihn damals. ›Unkraut verdirbt nicht‹, meinte er.

Wir österreichischen Waffenstudenten lebten ja selbst in einer schweren Kampfzeit. Samstag für Samstag kam es zu förmlichen Schlachten mit den Roten innerhalb und außerhalb der Wiener Universität. Die nationalen Studenten wurden oft stundenlang in der Aula oder an der Rampe belagert und mit blutigen Schädeln mußten wir uns gruppenweise den Heimweg durch die aufgeputschte, tobende Menge erzwingen.

Ich staunte, wie schnell sich Horst Wessel in die österreichischen Verhältnisse fand, wie ihm, dem Berliner, unser schönes Wien, wie er sich mir gegenüber so oft äußerte, zur zweiten Heimatstadt wurde. Mit welchen begeisternden Worten konnte er mir, dem Wiener, über die Schönheiten des Wienerwaldes erzählen.

Es war bei einer roten Parteiversammlung, ich glaube, in Meidling. Das Lokal war übervoll und Horst und ich hatten uns nur mit Mühe und unter starkem Ellenbogengebrauch Einlaß verschaffen können. Irgendein roter Oberbonze drosch oben am Rednerpodium seine Phrasen. Schon während seiner Rede war die Stimmung im Saal zur Siedehitze gestiegen und die Menschenleiber wogten aufgeregt hin und her. Horst war in diesem Gedränge von meiner Seite gekommen und stand einige Meter von mir entfernt. Ich versuchte vergebens wieder an ihn heranzukommen. Ich sah der weiteren Entwicklung der

Dinge mit Sorge entgegen, denn Horst hat mir schon früher einige Andeutungen über seine ›Technik‹ gemacht. Der Redner hatte nun geendet und der Vorsitzende forderte nun die Genossinnen und Genossen zur Diskussion auf. Einige Sekunden herrschte erwartungsvolle Stille im Saal, bis ein heller und kräftiger Ausruf diese gespannte Atmosphäre platzen ließ: ›Ich bitte um Wort!‹ Es überlief mich heiß, als ich Horsts Stimme erkannte und sah, wie sich sein Arm aus der Menge reckte. Horst stand jetzt bereits neben dem Vorsitzenden. ›Mein Name ist Horst Wessel, ich bin Nationalsozialist und jetzt wollen wir einmal vernünftig über Politik plaudern!‹ Wie eine Bombe wirkten diese wenigen Worte. Einen Augenblick herrschte tödliches Schweigen. Aber gleich darauf ging der Krawall los und das weitere vollzog sich wenig gemütlich. Ein tobsüchtiges Gebrüll scholl zu Horst hinauf. Zwei Burschen sprangen auf ihn zu, um ihn herunterzuzerren, während der Vorsitzende mit seiner Glocke aufgeregt in der Luft herumfuchtelte. Horsts Stimme war in dem Toben der Menge untergegangen und man ließ ihn nicht mehr zu Wort kommen. Mit einem Hechtsprung versuchte ich mich aus den Händen meiner eigenen Widersacher zu befreien und kämpfte mich in Richtung Podium. Aber nicht lange, denn gleich darauf sah ich mich von einem sogenannten Saalschutz an die Luft gesetzt und landete in den Armen eines Wachmannes, und schon wälzte sich ein weiterer Menschenknäuel zur Tür heraus, in dessen Mitte, sich wie wild wehrend, Horst. Kaum erblickten jedoch die Roten die Polizei, als sie Horst auch schon losließen und sich zurück in den Saal verdufteten. ›Na, Menschenskind, diesmal haben wir Pech gehabt‹, meinte er, ›aber meine Technik ist doch gut, das wirst du noch sehen.‹«

»Wien, 22. Febr. 28.

Mein lieber Willi!

Augenblicklich habe ich gerade etwas Freizeit, und die will ich dazu benutzen, wieder etwas von mir hören zu lassen. Vor allen Dingen vielen Dank für Deinen Brief, der gar so überraschend schnell hier anlangte. Aus allem ist zu ersehen, daß Ihr in Berlin tüchtig an der Arbeit seid, und das freut mich im Ausland hier doppelt. Meine Angelegenheiten hier sind nun soweit geklärt, daß ich überblicken kann, wie lange ich hier noch bleiben werde. Meine ursprünglich geplante große Fernfahrt wird sich hiernach erübrigen, doch als Gegenerwartung wird mein Aufenthalt hier sich bis mindestens Juni ausdehnen, also noch um vier volle Monate. Mein Studium wird ganz dadurch vernachlässigt, da ich hier keine Möglichkeit habe, es fortzusetzen. Da heißt es im Herbst dann doppelt fleißig sein.

Mit das Betrübendste an der ganzen Sache ist noch das, daß ich die ganze Wahlzeit nun nicht miterleben kann. Wählen werde ich in Bayern, wohin ein hiesiger Bekannter mich am Wahltage mit seinem Motorrad fahren wird. In Passau.

Heute habe ich das Hamburger Ergebnis gelesen. 5000 Stimmen Zuwachs in knapp einem ½ Jahr, das läßt sich schon hören. Überhaupt können sich unsere Wahlaussichten sehen lassen. Berlin muß zu mindestens das Grundmandat herausholen.

Hier habe ich nun meine ganze freie Zeit der Hitler-Jugend zur Verfügung gestellt. Ich referiere auf ihren Sprechabenden über Berlin und unseren Kampf dort. Ich habe hier in jeder Hinsicht schon etwas gelernt. Sie arbeiten hier in der Richtung, wie wir in Bötzow es mit dem N.S. Kurier schon versucht haben.

Wenn ich wieder nach Berlin komme, im Sommer also, werde ich mich ausschließlich der Hitler-Jugend widmen, und versuchen, eine der Wiener gleichwertige Organisation zu schaffen.

Ich brauche nicht erst besonders zu betonen, daß ich dabei in besonderem Maße auf Deine Mitwirkung rechne. Ich sehe Deiner Bereitwilligkeitserklärung schon jetzt entgegen. Ich werde Dir dann schon jetzt Informationsmaterial vertraulich zusenden, damit Du nachher einigermaßen informiert bist. Also schreibe mir mal darüber. Vorerst sind diese meine Entschlüsse noch vertraulich zu behandeln. Bruno habe ich schon etwas informiert. Jedenfalls habe ich große Pläne in dieser Hinsicht, und ich versuche den Wienern abzugucken, was nur immer möglich ist. Die hiesige Leitung kommt mir anerkennenswerterweise (!) entgegen.

Wie ich aus Deinen und Willis Briefen ersehe, ist mit Bötzow immer noch nicht viel los. Es ist wirklich ein ganz verspießerter Bezirk. Einzelheiten über alle betreffenden Angelegenheiten interessieren mich laufend!

Für Grüße von allen Kameraden bin ich sehr dankbar. Atty ist ein selten fauler Hund! Bitte ihm das zu bestellen. Leider kann ich beim besten Willen nicht allen Kameraden einzeln schreiben, da ich sehr in Anspruch genommen bin und meine Schreibverpflichtungen nicht gering sind.

Du stehst mir nebst Atty von Bötzow am nächsten, darum schreibe ich an Dich. Was Du für gut hältst, magst Du ihnen aus meinen Briefen mitteilen. Über die Angelegenheit betr. H. J. jedoch bitte ich noch zu schweigen.

Ich komme zum Schluß. Für den Wahlkampf, der an alle Jungs erhöhte und höchste Anforderungen stellen wird, Heil und Sieg! Wir werden es schon schaffen. Halte mich bitte auf dem Laufenden, denn die hiesigen Kameraden sind alle riesig interessiert. Alle Bekannten und Kameraden, Männlein wie Weiblein, meine besten Grüße (für die Weiblein auch Küsse, aber *nur,* wenn sie wirklich hübsch sind). Also

Heil und Handschlag.

Herzlichst

Dein Horst Wessel

Wien 18. Gentzgasse 6/6«

Der Winter brachte die Ballfreuden, an welchen auch Horst gerne und oft teilnahm. Auch das Sommersemester verging nur allzu rasch und bald schlug die Abschiedsstunde.

9. *Horst Wessel wieder in Berlin. Wird Sturmführer*

Wessel kehrt nach Berlin zurück und nimmt neben seinem Studium seine politische Tätigkeit wieder auf. In seinem Tagebuch heißt es dazu: »Bei meiner Stammsektion Alexanderplatz, eines Straßenzellenleiters, dem alle organisatorischen Fragen der Ortsgruppe unterstehen. In Form eines Funktionärskurses für die Zellen-Obleute leistete ich die nötigen Vorarbeiten für den Winterkampf.«

Im *Völkischen Beobachter* vom 25. Februar findet sich ein Bericht über die Tätigkeit Horst Wessels: »Der SA-Mann Wessel vom Sturm 1 spricht in der Versammlung feurig und begeisternd für unsere Idee. Erfolg: Neuaufnahmen, Marxisten schwer eingeschüchtert . . .«

In insgesamt 56 Versammlungen hat Horst Wessel im Laufe des Jahres 1929 gesprochen, durchschnittlich in jeder Woche einmal. Damit war er, nach Dr. Goebbels, der am stärksten beanspruchte Redner des Gaues Berlin. In dieser Zeit beginnt er auch Lieder für Aufmärsche zu schreiben: »Kameraden laßt erschallen . . .«, »Wer will mit uns zum Kampfe ziehen«.

Wessel schreibt: »Am 1. Mai 1929 übernahm ich den Trupp 34 mit rund 30 Mann. In einem Monat 70 Neuaufnahmen. Blendendes Menschenmaterial, viele gediente Leute.«

Friedrichshain, wohin man Horst Wessel geschickt hatte, ist ein Stadtgebiet um den Schlesischen Bahnhof, Berlin-Ost. Die Hochburg des Kommunismus. Trübes Wasser in den Kanälen, schmutzige, graue Straßen, armselige Wohnungen, dunkle Höfe, feuchte, trostlose, stickige Kaschemmen. Häßlichkeit und Elend. Das Leben hier ist ein dumpfer Kreis von Ohnmacht und Ausbeutung, von Not und Verbrechen. 25% des Hausbesitzes ist in ausländischen Händen. Das heißt, daß alles verfallen und verkommen ist, aber die Miete wird erbarmungslos eingetrieben. So herrscht hier nur eine Ideologie, eine Lehre: der Marxismus.

Schlesischer Bahnhof, das heißt Verbrechertum. Obdachlose in den Nischen des Bahnhofsgebäudes, herumstreichende Dirnen, Zuhälter, Spelunke um Spelunke. In der Koppenstraße sind es in 15 Häusern 24. Hier patroullieren die Schupos nicht, wie sonst anderswo üblich, allein, sondern nur zu zweien. Hier ist der Griff nach der entsicherten Pistole etwas Selbstverständliches.

Bewohner aus dem Westen oder gar Fremde verirren sich selten in diese Gegend. Die Luft in den Straßen ist das Schlimmste; sie ist nicht zu atmen, kaum zu ertragen. Die Kinder haben blasse Gesichter. Die Arbeiterfrauen, gedrückt von der Sorge um das tägliche Brot für Mann und Kinder, sehen alt und verbraucht aus. Sie sind die wenigen Kunden in den schlechtgehenden Läden der Umgebung. Die arbeitslosen Männer stehen an den Straßenecken herum, sitzen stundenlang in den Kneipen bei einem Glas Bier. Reden über Politik. Vor dem Polizeirevier 87 in der Koppenstraße pflegen kommunistische Demonstrationszüge mit erhobener Faust eine Minute lang stillzustehen.

Sie hetzen und werden verhetzt und abends gehen sie in die Versammlungen ihrer Partei. »Die Arbeiterklasse hat nichts zu verlieren, außer ihre Ketten.« Daran glauben sie. Die Weltrevolution wird sie erlösen. Die Zahl der Bewohner in Friedrichshain beträgt über 340 000. Davon kaum einige Dutzend Nazis.

Zu dieser Zeit sieht das Kräfteverhältnis der Parteien im Deutschen Reichstag wie folgt aus: KPD 54, SPD 152, die im Zentrum und rechts stehenden bürgerlichen Parteien nehmen 272 Sitze ein, die NSDAP zwölf.

Auch Horst Wessels eigene Parteigenossen versprachen sich keinen durchschlagenden Erfolg seiner Tätigkeit in Friedrichshain. Doch gelingt es Wessel, täglich neue Mitglieder zu werben, wobei der Großteil aus ehemaligen Kommunisten bestand. »In einem Monat siebzig Neuaufnahmen« schreibt er in sein Tagebuch. Je größer der Sturm wurde und je mehr »rauhe Burschen« hinzukamen, umso schwieriger wurde die Lokalfrage. Die Versammlungen wurden stets in Wirtshäusern abgehalten und sobald ein Wirt die Mitglieder des Sturmes 5 kennenlernte, winkte er nach kurzer Zeit ab. Diese Schlägertypen mit ihrem Auftreten vertrieben alle Kunden, und vor allem die Stammkundschaft.

So wanderten sie von einem Lokal zum anderen. Mit der Zeit hatte der Sturm 5 überhaupt kein Lokal mehr in Berlin-Ost zur Verfügung. Sie mußten in einen anderen Bezirk ziehen. In der Großen Frankfurter Straße fanden sie endlich einen Saal. Das Lokal hieß »Zur Möwe« gegenüber dem Haus 62, wo später Horst Wessel niedergeschossen wurde. Bald ist der Sturm 5 der stärkste Sturm in Berlin. Nach dem Muster der Kommunisten bildete nun auch Horst Wessel Stoßtrupps, die für bestimmte Aktionen eingesetzt werden können. »Beweise mit der Faust sind stärker als die des Geistes«, ist die Parole.

»An manchen Sturmabenden brachen wir auf, um eine gegnerische Versammlung mit unserem Besuch zu beehren. Es wurde da keine Ausnahme gemacht. Wir nahmen uns vor, was uns unter die Finger kam, ob es nun marxistische oder bürgerliche Parteien waren.«

Wessel sah in den bürgerlichen Parteien eine ebenso große Gefahr wie in der marxistischen.

Aus dem Tagebuch eines SA-Mannes:

»An einem Sturmabend hatten wir zufällig erfahren, daß ganz in der Nähe, in den ‹Heinrichs-Festsälen›, die deutsche Volkspartei eine sogenannte Versammlung abhielt. Wir hatten mit dem Wirt, der uns wie so viele auf die Straße gesetzt hatte, noch etwas glatt zu machen. Als an jenem Abend der Sturm sich in kleinen Gruppen auf den Weg machte und die ersten Leute ohne Kragen und gebügelte Hose den Raum betraten, da war es ein ergötzliches Bild zu sehen, wie die ›verehrten‹ Anwesenden ganz empört über den unerwünschten Besuch waren.

Zuerst kamen einige Leute, dann immer mehr, bis der ganze Raum knackend voll war. Hier sahen die SA-Leute die Reaktion vor sich. Die ewig Gestrigen, die nicht oft genug auf sie mit Finger zeigen konnten ... Diese bürgerliche Dekadenz machte sonst um Leute, wie sie hier plötzlich auftraten, im täglichen Leben einen großen Bogen. Ein Bild, wie es sich hier dem Besucher bot, sah eine Volksparteiversammlung nicht selten. Das war schon mehr eine Profanierung des Volksparteiniveaus. Zunächst entstand ein großes Stuhlrücken. Die Regenschirme wurden herbeigesucht, und die tapfersten der Helden verließen mit einer furchtbaren Gänsehaut fluchtartig den Saal. Wer sollte das weiter sein als Kommunisten, die die Versammlung sprengen wollten? Wenn man nur wüßte, welcher politischen Richtung diese Leute angehörten, dann könnte man sich immerhin ein bißchen danach richten, und sich notfalls umstellen. Solche Gedanken mochten dem Redner durch den Kopf gegangen sein, der noch kurz vorher seine Weisheiten pathetischer Art und großer Pose in die Versammlung schleuderte. Im ersten Moment blieb dem Referenten die Sprache im Halse stecken. Als er sich wieder langsam erholt hatte, wechselten die Kraftworte, mit denen er sich vorher der Versammlung als Kämpfer aufspielte, in sehr geschickter Weise in ein vornehmes, schmalziges, nichtssagendes Kauderwelsch über. Vorne am Vorstandstisch saßen die Repräsentanten der ›Volkspartei‹, charakteristische Exemplare ihrer Art. Sie waren kurz vorher in einen gesunden Halbschlaf versunken. Doch jetzt waren sie ganz munter, steckten ihre Köpfe zusammen und tuschelten. Der Redner hörte etwas sehr plötzlich auf, wie uns schien, mitten im Referat. Etliche alte Tanten klatschten in ihre dünnen Hände und die anwesenden Herren räusperten sich verlegen. Eine Pause trat ein. Horst Wessel trat nach vorne und meldete sich zur Diskussion. Wieder taten sich etliche Köpfe zusammen, raunten miteinander und überlegten, was sie tun sollten. Plötzlich stand ein kleiner Mops mit riesigem Schnauzbart auf, warf sich in die Brust und verkündete mit öliger, hastender Stime: ›Eine Diskussion kann infolge der fortgeschrittenen Zeit nicht mehr stattfinden. Die Versammlung ist geschlossen.‹ Große Erregung erstand hierüber. Horst Wessel rannte nach vorn und verlangte Ruhe. Dann begann er mit der Abrechnung und riß dem feigen Bürgersocks die Maske vom Gesicht. Blaß und schlotternd standen die Herren Volksparteiler da und ließen alles über sich ergehen.

Wir hatten diesen geistigen Urhebern des Klassenkampfes gezeigt, daß wir mit ihnen nichts gemein haben. Hier sah man die alte, zusammenbrechende, sich kaum noch verteidigende Front des Liberalismus und die Front des anstürmenden kompromißlosen Nationalsozialismus. Als die inzwischen alarmierte Polizei eintraf, waren Horst und sein Sturm längst verschwunden.«

Auch der kulturelle Bereich bekommt die Aktivitäten der SA zu spüren. In Berlin, im Mozartsaal, wird der in Hollywood gedrehte Streifen »Im Westen nichts Neues« von Remarque gezeigt. »Das müssen sich Deutsche in Deutschland gefallen lassen!« ruft Goebbels und gibt der SA den Auftrag, die Premiere zu stören. Es werden einige hundert weiße Mäuse gekauft, man verpackt sie sorgfältig und verteilt sie an die SA-Leute. Während auf dem Nollendorfplatz vor dem Kino Nazis das Premierenpublikum beschimpfen und gegen das »Machwerk« protestieren, gehen andere SA-Leute ins Kino. Nachdem es im Saal dunkel geworden ist, beginnt ein ungeheurer Spektakel. Die weißen Mäuse werden ausgesetzt. Sie rasen im Saal herum, klettern an den Beinen hoch, turnen auf den Zuschauern, kratzen und beißen um sich. Das Publikum verläßt fluchtartig den Saal. Nach einigen Tagen wird der Film vom Programm abgesetzt.

Eine andere Aktion der SA verlief allerdings nicht so harmlos. Die Zeitung *Westfälische Neueste Nachrichten* berichtet darüber: »In der Nacht zum Mittwoch explodierten auf dem

Max Reinhardt gehörenden Schloß Leopoldskron bei Salzburg drei Böller und eine Bombe. Es gingen fast alle Fenster in Trümmer. Ferner wurden vier schwere Türen zersplittert. Im Inneren des Gebäudes zerbrach ein wertvoller Lüster und kunstvoll bemalte Fenster in der Schloßkapelle.«

Grimmelshausen läßt in seinem »Abenteuerlichen Simplicissimus« den Phantasten Jupiter über Deutschland sagen: »Ich will einen teutschen Helden erwecken, der soll alles mit der Schärfe des Schwertes vollenden. Eine jede große Stadt soll vor seiner Gegenwart erzittern und eine jede Festung, die sonst unüberwindlich ist, wird er in der ersten Viertelstunde in seinem Gehorsam haben und unter sein Joch bringen. Das Privatleben der Teutschen wird alsdann viel vergnügsamer und glückseliger sein als jetzt und das Leben und der Stand eines Königs. Er wird eine Stadt mitten in Teutschland bauen, welche viel größer sein wird als Manoak in Amerika und goldreicher als Jerusalem zu Salomons Zeiten gewesen. In der Kunstkammer, die er aufrichten wird, werden sich alle Raritäten der ganzen Welt versammeln. Die Könige in England, Schweden und Dänemark, weil sie teutschen Geblüts und Herkommens, die in Hispania, Frankreich und Portugal aber, weil die alten Teutschen selbige Länder nie bevor eingenommen und regiert haben, ihre Kronen, Königreiche und inkorporierten Länder von der teutschen Nation aus freien Stücken zu Lehen empfangen und alsdann wird wie zu Augusti Zeiten ein ewiger, beständiger Friede zwischen allen Völkern in der ganzen Welt sein.«

Diese Wahnvorstellungen wurden in der Zeit des Dreißigjährigen Krieges niedergeschrieben, als mehr als die Hälfte der Bevölkerung Deutschlands niedergemetzelt worden war, das Heilige Römische Reich aufgelöst, als blühende Städte verwüstet waren und Seuchen und Hunger die Zahl der Überlebenden noch dezimierten.

Jahrhunderte später, kurz vor dem Parteitag der NSDAP in Nürnberg im Jahre 1929, hatte Horst Wessel ein »Gespräch«

mit einem Philosophen und Germanisten. Der Inhalt dieses Gespräches unterscheidet sich kaum von Grimmelshausens Phantasten Jupiter.

»Für mich: bedeutet vorläufig gar nichts. Sicherheit der Existenz, die Schätze der Kultur, der Bildung. Wer dieser Überzeugung ist, daß dieses heutige deutsche Haus nicht würdig ist, die wahren deutschen geistigen Güter zu beherbergen, der muß erst einmal heraus aus den Theatern, und aus den Salons, heraus aus den Studierstuben, heraus aus den Elternhäusern, heraus aus der Literatur, heraus aus den Konzertsälen – und weißt du, wohin er muß? Er muß auf die Straße. Er muß mitten hinein in das Volk und muß dort sprechen und rufen, und, wenn es sein muß, um sich schlagen, damit das alte, verlotterte deutsche Haus niedergerissen wird und ein neues gebaut werden kann. Ich sage Dir: Jede kleine Prügelei mit einem Kommunisten an irgendeiner Straßenecke, jeder kleine Aufmarsch der SA in einer verwilderten Gegend, jede Saalschlacht ist ein Schritt vorwärts auf der Straße der deutschen Kultur, und jeder Kopf eines SA-Mannes, der von der Kommune eingeschlagen wird, wurde hingehalten für das Volk, für das Reich, für das Haus der deutschen Kultur. ›Wirf weg, damit du nichts verlierst.‹ Also wir sind dabei, wir, die SA, wegzuwerfen, damit wir nichts verlieren.«

Fünfzehn Jahre später: Das »Haus der deutschen Kultur« wurde niedergerissen, 55 Millionen Tote und das Ende des Dritten Reiches. Eine unglaubliche Wahnvorstellung ist im Geheimarchiv der NSDAP nachzulesen!

»Wir wollen Euch helfen, die Märchen als das kennenzulernen, was sie sind und die Freude und das Interesse an ihnen wird noch größer werden als bisher. Das deutsche Märchen hat zwei Eigenschaften: Es ist stets wahr (!) und es ist die Erbweisheit des Germanentums, die auch heute noch grundlegend für Politik, Wirtschaft, Recht und Volksaufbau und vor allem Führertum ist, oder sein sollte. Fast sämtliche deutsche Märchen haben nun zum Inhalt, wie das deutsche Volk in Elend liegt dadurch, daß es sein Gottestum verloren hat und dadurch dem Bösen verfallen ist. Nun wird es befreit und immer nur durch das Opfer. Überall wird das Opfer als das Entscheidende dargestellt. Das Opfer zeigt sich als das allein wirksame Mittel sich zu lösen aus Elend und Sklaverei, etwas, was unsere heutigen Politiker durchaus nicht begreifen wollen. Jetzt wollen wir auch die Personen, die in den Märchen immer wieder auftreten, einmal anführen mit den Bedeutungen, als sähen wir in dem Märchen das Schicksal des Deutschen Volkes:

Mutter = deutsches Glaubenstum. Stiefmutter, Hexe und Zauberer, Drache, Wolf, böser Zwerg = Rom und Kirche, Juda. Bär oder Riese = die Masse. Vater und König = die deutsche Führerschaft. Gute Tochter = deutsches Volk. Stieftochter = Rom und Juda. Blume, Gold, Silber = das Opfer. Das Märchen ›Aschenputtel‹ würde sich wie folgt abspielen:

Das deutsche Volk (die Töchter) hat seinen Glauben (Mutter) verloren. Die Feinde des Volkes, Rom und Juda (Stiefmutter und Töchter) unterdrücken das Volk. (Die Tochter geht an das Grab der Mutter.) Das Volk fängt wieder an zu glauben und bekommt wieder Kraft (die Kleider, die der Baum schüttelt). Der Führer ersteht (der Prinz), er prüft sogar das Volk auf seinen Glauben (er probiert die Schuhe) und befreit es.

›Rotkäppchen‹: Das Volk (Rotkäppchen) wird unehrlich, es verliert seinen Glauben. Juda hält es gefangen. Zum Teil durch Betrug (der Wolf hüllt sich in die Kleider der Großmutter). Der Führer ersteht (in dem Jäger) und befreit das Volk. Gerade diese Märchen lassen sich auf das Schicksal des deutschen Volkes übertragen. Der Jude dringt in Deutschland ein (in das Haus) nachdem er einen Teil des Volkes zum Bösen verleitet hat, Marxismus. Bekommt das Volk also nur auf Umwegen in seine Gewalt.

›Hänsel und Gretel‹: Das Volk entzweit sich (die Kinder werden von den Eltern fortgeschickt). Der gute Teil des Volkes (in diesem Fall die Kinder), versuchen es zu vermeiden; einmal gelingt es, das zweite Mal wird es aber von dem Bösen gezwungen und fällt somit dem Juden (Hexe) in die Hände. Aber das Gute ist doch stärker und besiegt das Schlechte. Hänsel und Gretel werfen die Hexe (Jude) in das Feuer. In diesem Sinne kann man natürlich auch alle anderen Märchen deuten. ›Schneewittchen‹, ›Der Wolf und die sieben Geißlein‹ usw. Wer das deutsche Märchen versteht, hat den todsicheren Trost, daß diese vorangegangenen tausend bis zweitausend Jahre nur ein Tag der Irre waren und die Auferstehung des deutschen Glaubens und Germanentums kommen muß, und daß durch sie mit der Elementargewalt eines Naturereignisses unser Volk aus seiner Not befreit und zum Führervolk der Erde wird.«

»Hänsel und Gretel werfen die Hexe (Jude) ins Feuer«, – selbst Kindern impfte man den Zerstörungswahn ein! Man denkt zwangsläufig an die Konzentrationslager Auschwitz, Bergen-Belsen, Dachau und die jungen Wachmannschaften und ihre Greueltaten.

In einem Brief von Horst Wessel an seine Freunde aus dieser Zeit zeigt sich, welche totale Selbstaufgabe von jungen, fünfzehn bis sechzehn Jahre alten Menschen gefordert wird:

»Meine lieben Jungen von der Hitler-Jugend!

Als wir unsern Bund schufen, waren wir uns über unsere Ziele und Aufgaben im Klaren, wohl aber war der Weg zu unserem Endziel noch dunkel und verschleiert.

Heute sehen wir unseren Weg vollkommen klar! Wir sind ein *Zweckverband,* ein Bund mit einem Endziel, das zu erringen kein Opfer an *Zeit, Geld und Gesundheit* gescheut werden darf, *niemals und nirgends!*

Auch wir haben, wie überall, Krisen hinter uns. Heute stehen wir auf festem Boden.

Hitler-Jugend!

Schon der Name ist ein Programm: Wir sind Hitlers braune Haufen, und mit *an erster Stelle* wollen wir unser Hakenkreuzbanner zum Sturme tragen. *Kämpfer* wollen wir sein, *Soldaten unserer Idee,* Soldaten in stiller und eiserner Pflichterfüllung kämpfen.

Nur wer mit restlosem und eisernem Pflichtbewußtsein an die Arbeit geht, gehört zu uns.

Kerntruppe wollen wir sein!

Und dazu rufe ich nur die Jungen, von denen man erwarten darf, daß sie voll und ganz auf dem Posten stehen.

Sturmmannen Wir schaffens!

Euer Horst. Juni 1927«

10. Kampf um die Straßen. Kapelle. Lied

Der Sturm 5 ist höchst gefährlich geworden. In ihm scheinen die aktivsten, gerissensten und leidenschaftlichsten Elemente beisammen zu sein. Zuverlässige Kommunisten, die plötzlich nicht mehr in der »Roten Front« zu sehen sind, dafür aber im braunen Hemd. Jetzt brauchte der Horst-Wessel-Sturm nur noch etwas, was die Kommunisten noch mehr aufreizt, sie an die Fenster lockt, wenn er auf den Straßen marschiert. Horst Wessel wünschte sich schon lange eine eigene Schalmeienkapelle – mit dem nervösen und zugleich aufpeitschenden Klang der französischen Clairons, schrill und durchdringend. Wenn eine Schalmeienkapelle ihre faszinierenden Weisen in den Straßen ertönen ließ, so konnte man mit Bestimmtheit annehmen, daß ein kommunistischer Demonstrationszug im Anmarsch war. Aus diesem Grund waren die Schalmeien in der SA verboten. Horst Wessel setzte sich aber bei höheren Stellen durch – er wollte seine eigene Schalmeienkapelle, um den Kommunisten ein eminent revolutionäres Propagandamittel aus der Hand nehmen zu können, um es gegen sie anzuwenden. Von heute auf morgen gelingt es ihm, Kommunisten, die in Schalmeienkapellen mitgewirkt hatten, für seinen Sturm zu gewinnen. Die Schalmeienkapelle brachte es bald zu einer gewissen Berühmtheit. Sie wurde ständig angefordert und auf Versammlungen und Veranstaltungen war sie eine nicht zu unterschätzende Zugnummer. Manchmal setzte sich Horst Wessel – auch an Sturmabenden – ans Klavier und trug seinen Leuten ein neues, von ihm verfaßtes Lied vor. Der Sturm 5 sorgte stets für neue Lieder, die dann von den anderen Stürmen weitergetragen wurden. Wohl keiner seiner SA-Leute konnte ahnen, als er zum ersten Male: »Die Fahne hoch« auf einem Sturmabend sang, daß er damit ein Lied aus der Taufe gehoben hatte, das bald zur zweiten Nationalhymne werden sollte.

Horst Wessel besuchte oft die Dörfer der Mark Brandenburg. Es war für ihn wichtig, nicht nur in Berlin zu kämpfen und seinen SA-Sturm auszubauen. Er verteilte an die Bauern Propagandamaterial und setzte sich mit den Rotfront-Anhängern auseinander.

Er notiert in sein Tagebuch: »Mit Berlin hielt ich rege Fühlung durch Briefe und Zeitungen. Vor allem der *Angriff* war auch in der Ferne mein treuer Kampfgenosse. Egersburg ist ein völlig rotes Nest mit einem roten Gemeinderat. Ein Kinderheim der ›Roten Hilfe‹ gab dem ganzen Ort sein Gepräge. Die Propaganda war also erschwert. Allein das macht einem Berliner SA-Mann nichts aus. In einer öffentlichen Lesehalle wurde daher immer heimlich, still und leise der *Angriff* und der *Illustrierte Beobachter* ausgehängt.«

Zwischendurch kehrte er nach Berlin zurück, um an einer NSDAP-Veranstaltung, auf der Goebbels sprach, teilnehmen zu können. Er schreibt weiter in seinem Tagebuch:

»Mitten während der Versammlung muß ich leider zur Rückfahrt aufbrechen. ›Rot-Front‹ hat die Straßen abgeriegelt. Also Taxe, da die Zeit drängt. Durch die johlenden Massen hindurch zum Bahnhof. Mein Bruder begleitet mich. Am nächsten Morgen wieder in Egersburg.«

Kleine Dörfer und Städte lockten Wessel besonders. Er

verteilt Propagandamaterial, schlägt sich mit den Kommunisten oder versucht sie anzuwerben.

»Ab nach Freienwalde! Wieder ging's ein Stück übers Land. An die Bauern wurde Propagandamaterial verteilt. Über ungepflegte Wege schlängelt sich der Lastzug. Da stand einer und hielt uns die Faust entgegen. Im Nu war Horst unten, die Leute wollten ihm nach. ›Oben bleiben!‹ lautete der Befehl. Der Wagen hielt und Horst eilte dem Burschen nach, der schnell in einem Bauernhaus verschwand. Er war so mit dem Schreck noch einmal gnädig davongekommen. Die Landwirte staunten, viele freuten sich. ›So ist's richtig‹, hörte man sagen.

Singend ging's weiter. Ankunft in Freienwalde. Zunächst Feldgottesdienst. Dann begann der Marsch durch die Stadt. Die riesige Heerschlange setzte sich in Bewegung. Horst, wie immer, mit seinem Sturm fast am Ende. Wir sangen und marschierten, daß es eine Freude war und alles auf uns aufmerksam wurde. Solch einen imposanten Massenaufmarsch hatte das kleine Städtchen sicher noch nicht erlebt. Daher versuchten marxistische Raufbolde den tiefen Eindruck, den der Aufmarsch bei den Bewohnern hervorrief, zu zerstören. Vor einem Lokal standen die Genossen, fühlten sich stark und pöbelten.«

». . . mit einem Lastkraftwagen kreuz und quer durch Berlin, wobei wir oftmals Zusammenstöße und Gefechte mit politischen Gegnern erlebten. Heute gesehen, tragen diese Zusammenstöße für mich einen ganz harmlosen Charakter, gemessen an denen, die ich später noch erleben sollte.«

»Wir waren in den beiden Berliner Bataillonen allmählich die anerkannt beste Kompanie geworden. Unser Draufgängertum wurde rückhaltlos anerkannt. Anläßlich einer Wahl hatten wir beispielsweise, als Kommunisten verkleidet, einen sorgenlosen Reichsbannerzug zum Kurfürstendamm begleitet, und in einer von der Polizei weniger stark bewachten Nebenstraße haben wir dann die Genossen nach allen Regeln der Kunst auseinandergehauen.«

Das ist also Horst Wessels heroische Tätigkeit in Berlin: die Kommunisten »auseinanderhauen«. Zur Abwechslung wird aber auch einmal die Horst-Wessel-Schalmeienkapelle in Lukkenwalde im Lokal »Bergschlößchen« von Sozialdemokraten umringt und zu Boden geschlagen.

Wessel scheint großen Spaß am »Militärspielen« gehabt zu haben. Er plazierte seinen Sturm geschickt und taktisch, um zu Saal- und Straßenschlachten anzurücken.

»Auf breiter Front beginnt die Herbstoffensive des Nationalsozialismus. Der Sturm 5 greift ein.

Es gilt, den ständigen roten Aktionen und Überfällen im Gebiet des Görlitzer Bahnhofes eine energische Antwort zu erteilen.«

Am 22. August, in den Abendstunden, erhält Horst Wessel im 5er Sturmlokal »Keglerheim« in der Petersburger Straße die telephonische Nachricht, daß der R.F.B. in großer Übermacht aus der Forster Straße im Anmarsch ist. Dem Sturmwirt wurde bereits ein Ultimatum gestellt: »Um 9 Uhr ist kein Nazi mehr im Lokal, oder . . .!« Die dreißig Mann von den Stürmen 25 und 27 haben sich jedoch entschlossen zu bleiben. Verstärkung sei aber bitter nötig.

Gegen 9 Uhr rückt Horst Wessel vom 5er Sturmlokal ab. Mit zwei Trupps von etwa fünfzig Mann besetzt er die Vorhalle und sonstige Räumlichkeiten des Görlitzer Bahnhofes. Zwei weitere Trupps beziehen Stellung am Lausitzer Platz. »Durch diese Anordnung war es möglich«, berichtet er an den Berliner Oberführer am 23. August 1929, »bei einem eventuellen Angriff auf das Lokal der Gegner zangenförmig von zwei Seiten zu umklammern.« Die Nachzügler sowie den Trupp Bötzow vom Sturm 2, Standarte IV, den Horst Wessel alarmieren ließ, besetzten den Spreewaldplatz. Dann rennt er in den »Wiener Garten«. »Kameraden, keiner von euch verläßt das Lokal. Ihr bleibt alle hier. Meine Männer sind ringsherum auf ihrem Platz. Den Mob da draußen räumen wir weg!«

Am 24. September spricht Horst Wessel im Petri-Gemeindehaus in der Petristraße. Die Kommunisten waren stark vertreten. Und bald entstehen heftige Diskussionen. Die SA-Männer beschließen einen geschlossenen Abmarsch. Dann, beim Auseinandergehen, entwickelt sich eine wüste Straßenschlacht zwischen SA-Männern und Rotfront-Leuten. Ein nun schon gewohntes Bild für die Bewohner Berlins.

Im Bezirk Mitte, zwischen dem Molkenmarkt und dem Spittelmarkt, zwischen dem Mühlendamm, der Gertraudenstraße und der Spree liegt der »Fischerkiez«. Ein beinah romantisches Stück Altberlin. Hier wohnen die Ärmsten der Armen. Der Fischerkiez ist rot und Wessel machte ihn zu seinem Hauptkampfgebiet.

In seinem Buch »Horst Wessel« erzählt Reitmann:

»Wir hatten, wie so oft, eine Landpropagandafahrt gemacht und für unsere Bewegung ausgiebig agitiert. Früher als gewöhnlich traten wir die Heimfahrt an. Wie es hieß, wollten wir heute zum ersten Mal durch den Fischerkiez fahren. Das war eine gewagte Sache und noch keine geschlossene SA-Formation hatte das bisher getan.

Der Wagen polterte durch die Dörfer der Mark, immer näher ging es der Stadt zu. Bald sauste der Lastwagen über den spiegelglatten Asphalt. Die Innenstadt kam immer näher, gleich war man da. Plötzlich hielt der Wagen, Horst stieg mit aufs Verdeck. ›Keiner springt vom Wagen ohne Kommando.‹ Alles wahrte eiserne Disziplin. ›Wenn wir angegriffen werden, dann aber auch alle für einen und einer für alle! Fertigmachen! Singen!‹

Langsam rollte der Wagen los – ganz langsam. ›Die Fahne hoch‹, stieg es wuchtiger und inbrünstiger denn je zum Himmel. Der Lastzug fuhr um eine Ecke. Wir waren im Fischerkiez. Wir sangen, wir schrien, wir brüllten. Man sollte uns hören.

In den kleinen niedrigen Fenstern erschienen die ersten Gesichter. – ›Runter auf die Straße!‹ Die rote Meute sammelte sich. – Wir waren vor dem Wirtshaus ›Zum Nußbaum‹, einem alten Gasthaus, angelangt. Die ganze Gegend geriet in Aufregung. Aus allen Häusern kamen sie herbeigeströmt, immer größer wurde die Menge und brüllte in wahnsinniger Wut uns ihr ›Rot Front‹ entgegen. – Da hielt der Wagen – was nun? Horst stellte sich aufs Verdeck und hielt eine Ansprache: ›Seit Jahr und Tag herrscht hier im Fischerkiez der rote Terror. Täglich überfällt man hier nationalsozialistische Einwohner. Wir rufen euch ein energisches Halt zu und warnen euch zum letzten Male.‹ Als er geendet hatte, gleicht die Straße einem brodelndem Hexenkessel.

Zum ersten Male erklang hier das Heil auf unseren Führer und auf die Bewegung. Die SA-Leute waren glücklich. Jetzt waren sie in ihrem Element. Wie siegesfreudig erklangen die Lieder, als der Zug langsam anfuhr.«

Doch geht es nicht immer so harmlos ab wie hier beschrieben. Wessel hat regelrechte Kriegspläne und Feldzüge ausgearbeitet, um bei Straßenschlachten Oberhand zu behalten. Oft ging es dabei auch um die Hakenkreuzfahne, die mit Ausdauer und Brutalität verteidigt wurde. Er läßt Arbeiterlokale zusammenschlagen, nachdem er sie vorher mit seinen Leuten genauestens unter Beobachtung genommen hat.
Ein neues Gedicht von Horst Wessel ist Anklage und Warnung zugleich:

»Wir tragen an unserem braunen Kleid
die Sturmnummer 5 am Kragen,
Und wenn es gilt, sind wir stets bereit,
Für Deutschland das Leben zu wagen.
Ja, wir sind Nationalsozialisten genannt,
Als 5. Sturmabteilung bekannt.«

Sein Sturm schwoll mächtig an: Ende 1929 sind es bereits 240 Mann. Sie marschieren mit der Hakenkreuzbinde am Arm, sie schlagen zu, wo es gilt ihre Idee zu verteidigen, sie drohen. Die jüdischen Bezirke sind davon ebensowenig ausgenommen: Jude und Rot-Front sind für die SA beinahe derselbe Feind.

Und wenn es einmal passiert, daß ein Umzug oder eine Versammlung ganz ohne Schlägerei stattfindet, dann meldet der *Angriff* stolz, daß es trotz Menschenmassen auf den Straßen »nirgends zu irgendwelchen Ausschreitungen gekommen ist«.

Am Verfassungstag organisiert Wessel eine Gegendemonstration, die dem Reichsbanner gilt: Sein Sturm beginnt zu grölen: »Nieder mit dem Reichsbanner! Nieder, nieder, nieder! Nieder mit der Judenschutztruppe. Es lebe Deutschland! Es lebe Adolf Hitler!« Es endet in einer Schlägerei und die Polizei hat alle Hände voll zu tun.

Bei einem Überfall auf ein »rotes« Lokal springt Wessel, wie es inzwischen sein Stil geworden war, auf einen Tisch und hält eine Warnrede: »Seit Jahren terrorisiert die Mordkommune in dieser Gegend die anständigen Bürger. Wir warnen euch, nationalsozialistische Arbeiter zu überfallen. Wir werden euch sonst deutsche Arbeiterfäuste spüren lassen. Geschieht noch einmal ein Überfall, dann gnade euch Gott! Auge um Auge! Zahn um Zahn!« – Und bei einer anderen Gelegenheit: »Für jeden SA-Mann, den ihr überfallt, müssen zwei von euch dran glauben, von heute ab! Und wenn ihr euch in die Erde verkriecht, wir werden euch zu finden wissen! Das ist mein letztes Wort!«

Es läßt sich kaum feststellen, wer wen öfter überfällt: die Nazis die Rotfrontler oder umgekehrt. Die Nazipropaganda weiß nur von der Feigheit und Hinterhältigkeit der Gegnerschaft zu berichten. Daß die SA eine systematische Ausrottung der Kommunisten geplant hat und dies versucht mit allen Mitteln zu erreichen, wird niemals erwähnt.

Am 2. August 1929 zieht Horst Wessel mit seinem Sturm 5 zum Nürnberger Parteitag. Man versammelt sich auf dem Jüdenhof und unter zackigem Liedersingen ging es zum Bahnhof. In Nürnberg hatte sich eine gewaltige Anzahl von SA-Männern eingefunden: alles marschierte, alles sang, alles brüllte »Heil Hitler!«. Ein mächtiges Schauspiel. Im Fackelzug marschierten die Braunhemden an ihrem »Führer« vorbei. Selbst die SA war erstaunt, wie groß die Beteiligung und Begeisterung war. Im roten Berlin waren sie nicht so erfolgreich zusammengekommen. Ein Kamerad Wessels beschreibt einen Zwischenfall:

»Doch, was war das? Ein Straßenbahnführer fuhr rücksichtslos mit seinem Wagen in unsere Kolonne und wollte auf und davon. Fackeln flogen durch die Luft. Einige Kameraden schwangen sich auf die Bahn und sehr schnell erfuhr der Fahrer bei der Gelegenheit, daß mit der Berliner SA, mit dem Sturm 5, nicht gut Kirschen essen ist.«

Diese Aussage faßt Wessels Tätigkeit einigermaßen zusammen: Er hatte in den letzten zwei Jahren an seinem Sturm so gearbeitet, ihn so aufgebaut, daß jeder wußte: »Mit dem Sturm 5 ist nicht gut Kirschen essen!«

11. Schlägereien. Morde. Juden. KPD

Horst Wessel vernachlässigt sein Studium, er gibt es dann ganz auf und widmet sich nur noch der politischen Arbeit. Um Geld zu verdienen, versucht er sich als Chauffeur und später als Bauarbeiter an der U-Bahn. Seine Mutter sieht diese Entwicklung mit großer Besorgnis. Sie und eine Tante unterstützen ihn zwar finanziell, sind aber laufend bemüht, ihn von seiner politischen Tätigkeit abzubringen und wollen erreichen, daß er sein Studium wieder aufnimmt. Die Sorge der beiden Frauen ist nicht unbegründet: Immer häufiger passieren Überfälle, Mordanschläge, Straßen- und Saalschlachten. Die Zusammenstöße werden immer brutaler. Auf beiden Seiten steht nur noch Gewalt auf der Tagesordnung.

Zeitungs- und Augenzeugenberichte schildern die beispiellose und wohl einmalige Brutalität, mit der in diesen Tagen in Deutschland Politik gemacht wird.

»Organisierte Radaukolonnen«, »Hakenkreuzpolitik« – In der oldenburgischen Gemeinde Gandersee hatten die Sozialdemokraten die Bevölkerung zu einer Kundgebung »gegen die Seuche des Nationalsozialismus« aufgerufen, in der der Reichtagsabgeordnete Tempel referierte. Während er sprach, füllte sich der Saal mehr und mehr mit nicht uniformierten Hakenkreuzlern, teils jungen Bauernburschen und Knechten, überwiegend aber mit lichtscheuem Gesindel, die auf Lastwagen von Bremen und Oldenburg, sowie Delmenhorst herangefahren worden waren. Die Gesellschaft stand unter der Führung des gleichen berüchtigten Lütt, der seinerzeit der Anführer bei dem Überfall in Schweidnitz war und wegen Beschimpfung der Republik bereits zu einer hohen Gefängnisstrafe verurteilt worden ist.

Während des Referats wurde im allgemeinen die Ordnung gewahrt. In der Aussprache leistete sich dann Lütt maßlose Anpöbeleien, die auf den Ton »Schieberrepublik«, »Gaunerrepublik«, »Wuchererrepublik« abgestimmt waren. Obwohl eine Lüge der anderen, eine Herausforderung der anderen folgte, blieben die sozialdemokratischen Versammlungsteilnehmer auf Aufforderung des Vorsitzenden absolut ruhig. Nach Schluß seiner Hetzrede befahl Lütt seinen Kumpanen, den Saal zu räumen. Nachdem sich die Rowdies am Ausgang des Saales konzentriert hatten, setzte sich die Gesellschaft, etwa 250 Mann stark, wie auf Kommando in Bewegung und fiel über die überraschte Versammlung her. Mit Zaunlatten, Stökken, eisernen Gartenstühlen, Tischbeinen und jedem erreichbaren Gegenstand wurde in brutalster Form auf das Reichsbanner eingeschlagen. Außerdem wurden Stühle und Bierseidel in die Menschenknäuel hineingeschleudert. Da sich das Reichsbanner mit aller Energie wehrte und die Banditen aus den Fenstern hinausschlug, glich das Lokal bald einem Trümmerhaufen. Beim Erscheinen der Schupo, die vierzig Mann hoch in den Saal stürmte, und ihre Gummiknüppel rücksichtslos auf das Hakenkreuzgesindel niedersausen ließ, flüchteten die Burschen durch das Fenster ins Freie. Zwei Schwer- und vier Leichtverletzte blieben zurück. Die anwesenden Landjäger, von denen einer ebenfalls verletzt wurde, bestätigten, daß die Hakenkreuzler den Überfall ohne jede Veranlassung, in geschlossener Front, durch Pfiffe und SA-Rufe dirigiert, begannen und durchführten. Die Polizei hat die Personalien von 103 Burschen festgestellt, die einer Bremer Kolonne angehörten. Die Leute werden sich wegen vollendeten Landfriedensbruchs zu verantworten haben.

»Neue Blutopfer in Berlin. Am Freitagabend kam es im Osten von Berlin zu einem blutigen Zusammenstoß zwischen Kommunisten und Polizeibeamten. Zwei Schupowachtmeister wurden durch Schüsse aus der Menge schwer verletzt. Auf der im Osten gelegenen Ebertwiese hatten sich gegen sieben Uhr abends mehrere hundert Kommunisten angesammelt, die sich zu einem Zuge formierten. Mehrere Beamte eines Überfallkommandos stellten sich den Demonstranten entgegen und versuchten, den Zug aufzulösen. Sie wurden von einem Steinhagel empfangen, dem etwa sechs bis acht Schüsse folgten. Ein 22jähriger Wachtmeister wurde von einer Kugel am Hals getroffen. Die Beamten machten daraufhin von der Schußwaffe Gebrauch. Eine Frau sank durch einen Bauchschuß schwer verletzt getroffen zu Boden.«

Der SA-Mann W. M. berichtet: »Vor der Bühne sind die 25 besten Schläger der SA unter der Führung des Sturmführers 25 aufgebaut, gegenüber links an der Theke ein starker Trupp unter Sturmführer 21, rechts über dem Eingang in einem kleinen Saal der Rest der Männer. So wird die Kommune in eine fürchterliche Zange von Fäusten, Bierseideln und Stuhlbeinen genommen, die sie fast sofort zur Flucht treibt. Während in der Mitte des Saales die Roten buchstäblich reihenweise niedergeschlagen werden, tobt an beiden Notausgängen rund um den Ofen, der an dieser Stelle steht, ein verzweifelter Kampf. Ein Kommunist springt mit dem Kopf in eine Fensterscheibe, um so seinen Genossen einen freien Weg zu bahnen. Er hat aber nicht mit der heruntergelassenen Jalousie vor der Scheibe gerechnet, sodaß er zurückprallt und ihm beide Ohren von den Scheiben abgetrennt werden. Die anderen Fenster sind zu eng, mit den Köpfen hängen sie aus ihnen und von hinten klatschen die Schläge. Der Eingang zum Saal ist verbarrikadiert, durch die aus dem über ihm liegenden kleinen Saal gefeuerten Tische und Stühle, und deshalb kann auch die Polizei nicht so schnell herein. Die SA hat mehrere Leichtverletzte und einen durch Messerstiche Schwerverletzten. Der Neuköllner Kommune aber kostete die Schlacht 45 Verletzte, davon acht Schwerverletzte, von denen einer sterben mußte. Es war ihre größte Schlappe, die sie nicht mehr hat ausmerzen können. An der Raddatz-Saalschlacht sollte der rote Neuköllner Terrorismus verbluten.«

Ein anderer Augenzeuge berichtet von einer Straßenschlacht: »Bei uns wurde Koppel losgeschnallt und Schulterriemen ums Handgelenk gewickelt. Es waren leider die einzigen Waffen, die wir hatten. Wir näherten uns einem großen Platz. Alles war hier schwarz von Menschen. Da, vor uns Geschrei: ›Faschistenhunde, schlagt sie tot! Arbeitermörder!‹ Rechts von mir auf der anderen Straßenseite wälzte sich ein Knäuel Menschen am Boden, Schmerzenschreie ertönten. Man konnte nicht Freund und Feind unterscheiden, da ja wohlweislich niemand ein Abzeichen trug. Da vor uns wieder großes Gebrüll, Laufschritt, alles stürzte vorwärts. Neben unserem Trupp lief ein wüst aussehender Kerl einher, in der Hand einen Trommelrevolver, und drückte auf uns mehrere Male ab, aber glücklicherweise versagte das Ding. Ein paar kräftige Faustschläge beförderten den Kerl samt seiner Waffe in den Rinnstein. Von einer schweren Eisenkette getroffen, brach neben mir ein Kamerad zusammen. Jetzt wurde alles nach allen Seiten gehauen. Geheul und Schmerzenschreie erfüllten die Straßen. Endlich bekamen wir ein bißchen Luft und sammelten uns an der großen Mauer eines Fabrikgebäudes. Vier Verletzte, davon einer schwer, war der Anfang. Die Kommune hatte wieder einmal schlechte Führung. Wie wir zu unserer Freude feststellen durften, hatten sie sich zum Teil gegenseitig bearbeitet, da sie sich nicht kannten!«

Der 1. Mai sollte der »Kampf-Mai 1929« der KPD sein. Er wurde zum »Blut-Mai« der Reichshauptstadt Berlin. Im bewaffneten Aufstand erhoben sich die kommunistischen Abteilungen, Barrikaden entstanden in den Bezirken Neukölln und Moabit. In langwierigen Gefechten mußte die Polizei unter Einsatz von Panzerautos die kommunistischen Stellungen stürmen. Das Blut von 19 Erschossenen und 36 Schwerverletzten rötete das Pflaster.

Dieser blutige politische Kampf wird auch ins Familienleben hineingetragen: 13. Dezember 1929. Im Viktoria-Garten Berlin-Wilmersdorf spricht Goebbels. Im Publikum befindet sich auch der SA-Mann Walter Fischer. Sein Vater ist Chauffeur beim Polizeioberst Heimannsberg. Er versteht seinen Jungen nicht, dessen Leben scheinbar nur dem Nationalsozialismus gewidmet ist. Immer wieder droht der Vater, ihn aus dem Hause zu jagen, wenn er sich nicht von den Nazis trennt. Äußerlich kommt Fischer auch dem Wunsche der Eltern nach, er trägt nicht mehr das braune Hemd, aber er fehlt bei keiner Versammlung – so auch nicht am 13. Dezember 1929. Nach Schluß der Versammlung bricht Fischer von einer Kugel getroffen zusammen. Er starb für »Führer und Volk!«.

Im Alter von siebzehn Jahren tritt der Schmiedgeselle Karl Panke der SA bei. Als er eines Tages sein Haus verlassen will, um zum SA-Dienst zu gehen, trifft er auf seinen kommunistischen Bruder Willi. Sein Bruder ist führend in der Bobersberger KPD tätig. Ein kurzer Wortwechsel, Willi Panke greift zum

Messer und sticht auf seinen Bruder ein. Karl Panke erreicht noch schwerverletzt die Straße. Sein Bruder folgt ihm und sticht weiter auf den Verwundeten ein. Elf Messerstiche verletzten ihm die Lunge, Nieren und Magen. Er wird ins Krankenhaus gebracht, wo er stirbt.

Adolf Gerstenberger wurde am 11. Mai 1909 als Sohn eines Schuhmachers geboren. Auch er wird Mitglied der NSDAP und SA-Mann. Seine Mutter und seine Geschwister, Anhänger der SPD, brechen nach seinem Beitritt zur SA den Kontakt zu ihm ab. Er wurde anläßlich einer SPD-Versammlung in Karlsmarkt im Gasthaus Winkler erschlagen.

Am 30. Dezember erschießt sich der Scharführer Kurt Thiel, genannt »Borer-Tommy« vom Kreuzberger Sturm 24. Er ist 1929 vom Reichsbanner zur SA übergetreten. Ein Sonderling, der am liebsten seine eigenen Wege geht und seine eigenen Gedanken hat. Er hat sich trotzdem durch sein rücksichtsloses Draufgängertum große Achtung und Sympathie beim Gegner und bei seinen SA-Kameraden erworben. Die schweren Kämpfe lassen nun sein eigenbrötlerisches Wesen immer eigenartiger werden. Der anwachsende Terror, die ständigen Zusammenstöße, die häufigen Verwundungen, Verhaftungen verwirren seinen Geist. In Gegenwart seiner Wirtin erschießt er sich, die Bilder vom »Führer« und seinem Sturmführer in der Hand.

Die Ausrottung des Marxismus in jeglicher Gestalt und Form scheint die allerhöchste Aufgabe der Berliner SA geworden zu sein. Im Luckenwalde bei Harting ist eine sozialdemokratische Versammlung mit einem Juden namens Löwenstein angekündigt. »Selbstverständlich kann dies nicht mehr geduldet werden!« schreibt ein SA-Mann, ein gewisser Georg Widmayr. »Als pünktliche Menschen wollten wir vor Beginn der Versammlung da sein. Leider ist uns dadurch der Jude Löwenstein entkommen, denn er war noch nicht im Saal. Er kam während des Tumultes angefahren und türmte sofort in einem

Auto. Heute noch könnte ich mir den kleinen Finger vor Wut abreißen, daß uns dieser Strolch und Volksverführer entgangen ist. Denn nicht der verführte und verhetzte Arbeiter verdient die Hauptprügel, sondern der Judenlümmel! Gleich ging Tumult und Geschrei los, als unsere braunen Uniformen am Saaleingang erschienen. Als die ersten Wurfgeschosse ankamen, verzichtete ich auf eine gütliche Fortsetzung der Versammlung und gab Befehl zum Angriff! Im Nu schafften wir Luft. Die Stuhl- und Tischbeine krachten. Was uns an den Kopf geflogen kam, behielten wir als Angriffswaffe. Hei, war das ein lustiger Kampf!

Die Tischbeine sausten und die Schädel brummten. Da fiel auch schon einer der Unsrigen. Gedrängt an den glühenden, heißen Ofen traf den Standarten-Adjutanten v. R. eine Selterflasche, und zwar ausgerechnet auf die Birne. Die Schädeldecke war verletzt . . .«

Die Juden waren wegen ihrer Rasse, ihrer Beteiligung am Umsturz von 1918 und ihres Einflusses im neuen Staatswesen sehr häufig das Opfer. Der Führer des deutsch-völkischen Jungsturms in Gerau, der seine Jugend vor dem jüdischen Friedhof dreimal ausspucken ließ, wurde von der Anklage der Religionsvergehung freigesprochen, da er nicht die religiöse Gemeinschaft der Juden, sondern »nur« die jüdische Rasse habe treffen wollen.

Gegen die Sänger des völkischen Liedes »Judenblut muß fließen . . .« wurde nicht einmal wegen groben Unfugs eingeschritten. Der Gesang des Liedes »Und wenn das Judenblut vom Messer spritzt, dann geht's nochmal so gut . . .«, wurde an Nationalsozialisten mit 15 Reichsmark, die Äußerung von Kommunisten »Den nationalsozialistischen Hund schlagen wir tot« mit sechs Monaten Gefängnis geahndet.

Nach 1930 wurde dann auch die Ablehnung jüdischer Richter durch Nationalsozialisten wegen Befangenheit für begründet erklärt.

Die unmittelbare Folge der Berliner Vorgänge: Die politisch wenig gefestigten Mitglieder des Roten-Frontkämpfer-Bundes (KPD) wandern ab zur SA. Der andere Teil führt den Kampf gegen den Nazismus mit Überfällen auf SA-Leute und Straßenschlachten, die den Nationalsozialisten immer wieder die Verschleierung ihrer eigenen Schandtaten ermöglichten. Die Kommunistische Partei Deutschlands war beim deutschen Bürgertum von vorneherein mit der Abscheu vor dem »Bolschewismus« belastet. Nachhaltigen Eindruck machte besonders ein Prozeß vom April 1925 in Leipzig, bei dem sich herausstellte, daß dem kommunistischen Parteiapparat eine eigene Gruppe angegliedert war, die nicht nur eine Reihe bekannter Persönlichkeiten ermorden wollte, sondern der auch die Beseitigung von »Spitzeln« oblag!

In dem, von einem gewissen A. Neuberg herausgegebenen, »Lehrbuch des Bürgerkrieges« lesen wir folgendes: »Absolut unmöglich wird es zum Beispiel sein, rechtzeitig und erfolgreich eine Operation zur Liquidierung einzelner führender konterrevolutionärer Personen zu unternehmen, wenn die Abteilungen, denen die Durchführung dieser Aufgabe übertragen ist, nicht die ausführlichsten Angaben über den Aufenthaltsort dieser Leute sowie über die Art und Weise, wie an sie heranzukommen ist, besitzen, beziehungsweise, wenn die Angaben nur allgemeinen Charakter besitzen. Außer der Angabe von Straßen, Haus und Wohnung muß diesen Gruppen auch die genaue Zeit bekannt sein, wenn die betreffende Person in die Wohnung kommt, wie man an sie (in die Wohnung) herankommt und falls sie aus irgendeinem Grunde auf der Straße erledigt werden kann, welche Bewachung in der Wohnung vorhanden ist!«

Nicht minder wurde in bürgerlichen Kreisen die Angst vor dem kommunistischen Umsturz gesteigert, durch Diebstähle von Gewehren und Maschinengewehren und Sprengstoffen. Die von den Kommunisten in den Parlamenten hervorgerufenen Schlägereien, die Bekämpfung gegnerischer Ansichten mit Wassergläsern und Tintenfässern trugen ebenfalls dazu bei, die kommunistische Gefahr der Öffentlichkeit immer wieder vor Augen zu stellen. Aber je drohender die Sprache der Kommunisten in den Parlamenten und Versammlungen wurde, umso schneller und stärker fühlten sich die Gegner.

Um das Maß vollzumachen, gingen die Kommunisten in den letzten Jahren der Republik dazu über, die Religion, die Millionen von Deutschen heilig war, zu verhöhnen. Das war mehr, als das deutsche Bürgertum ertragen konnte und wollte!

Die Nationalsozialisten bekamen dadurch die Gelegenheit, sich als Vorkämpfer gegen den »Bolschewismus« aufzuspielen. So wurde die öffentliche Meinung für die große »Mission« Hitlers, »die Rettung des deutschen Volkes vor dem Bolschewismus«, reif gemacht. Die Taktik der Putsche, der ewigen Drohungen wendet sich gegen die KPD und besiegelt ihren Untergang, besonders in Berlin, wo die Nationalsozialisten erst durch den Abfall aus den kommunistischen Reihen stark wurden.

So hat sich der Kreis geschlossen.

III

DIE MONATE VON OKTOBER 1929 – NOVEMBER 1931

Erna Jänicke, die Braut – Revolte in der Berliner SA – Wessels Bruder, Werner, tödlich verunglückt – Horst Wessel stirbt – Das Begräbnis – Personalakten des Polizeipräsidiums Berlin

12. Horst Wessels Braut

Neben den Stammlokalen der Parteien gab es natürlich eine ganze Reihe Stammlokale der Unterwelt, am Wedding, um den Schlesischen Bahnhof, am Alexanderplatz. Man konnte sie kaum unterscheiden, so ähnlich sahen sie aus und die Stammkunden, die hier verkehrten, waren meist gerne bereit, den einen oder anderen Parteien Hilfe zu leisten, wenn es um Schlägereien ging, wenn man Leute der gegnerischen Parteien auseinanderhauen konnte, und das alles unter Fahnen, manchmal sogar Uniform tragend.

Der Deutsche braucht seinen Verein, der ihn sichert und versichert. Unter der harmlosen Bezeichnung von Sport-, Spiel- und Kegel-Klubs tauchen in den 20er Jahren diese Vereinigungen auf: »Ferner liefen«, »Deutsche Eiche«, »Rotschwänzchen«, »Treff As«, »Immertreu«, »Felsenfest«. Es sind die sogenannten Ringvereine, die sich im »Deutschen Ring« als Sammelorganisation vereinigt haben. Dies sind aber schlicht und einfach Zuhälterorganisationen, deren Zweck ist: Schutz des Einzelnen vor Polizei und Gerichtsbarkeit, Austausch von Straßenmädchen und ihren Beschützern und Kontrolle über die Geheimprostitution. Es gibt in diesem Zeitraum in Berlin über fünfzigtausend Geheimprostituierte gegenüber sieben- bis achttausend behördlich kontrollierten. Es erscheint sogar eine Prostituierten-Zeitung: *Der Pranger.*

Und so feiert der oben erwähnte Sport-Klub »Immertreu«, dessen Mitglied auch Albert »Ali« Höhler und seine Freunde waren, sein 10jähriges Stiftungsfest: »Der Saalbau Friedrichshain ist überfüllt. Die im Ring von Groß-Berlin zusammengefaßten elf Vereine ›Roland‹, ›Deutsche Kraft‹, ›Norden‹, ›Friedrichstadt‹, ›Libelle‹ usw. sind in geschlossener Formation erschienen. Die sozusagen vereinseigenen Damen lassen es sich nicht nehmen, den Glanz des Abends mit ihren liebreizenden Erscheinungen noch zu erhöhen, soweit dies überhaupt noch möglich ist. Dreitausend Menschen feiern dieses Fest. Es geht sehr, sehr ehrbar zu. Ein richtiges Berliner Vereinsfest: Kapelle, Tanzdiele, Herren im Frack und Smoking, Damen in Abendtoilette, an endlosen Tischen, Bier, Wein, Musik, Gelächter. Es gibt selbstverständlich eine Tombola, deren Hauptgewinn aus einer nagelneuen Maschinenpistole besteht! . . . Da plötzlich: blitzende Tschakos, Dutzende von Männern im Mantel und Hut, denen man den Kriminalbeamten ansieht . . . alle Ausgänge sind besetzt . . . die Kapelle auf der Bühne ist umzingelt . . . Rufe: ›Niemand verläßt den Saal! Ruhe! Alles an die Plätze! Sitzen bleiben!‹ Dreitausend Menschen blicken gespannt auf die Bühne, die Herr Kläge, der Präsident der Ringvereine, betritt, um der erstaunten Versammlung mitzuteilen, daß das Fest durch polizeilichen Eingriff unterbrochen werden muß. Allgemeine Bestürzung, unterdrückter Ärger, vereinzelte Rufe der Entrüstung. Aber schon ergreift der Kriminalkommissar Trettin das Wort zu einer beruhigenden Ansprache. Man merkt, daß es ihm selber contre coeur geht, heute hier den Störenfried zu spielen . . . aber Befehl von oben . . . kleine Razzia . . . in kurzer Zeit wird alles vorüber sein . . . persönliches Bedauern . . . Bitte um Ruhe und Besonnenheit.« So und ähnlich haben die Berliner Zeitungen über dieses »Fest« der Zuhälter und Straßenmädchen berichtet.

In einer Spätsommernacht des Jahres 1929 hat Horst Wessel ein Mädchen namens Erna Jänicke, achtzehn Jahre alt, vor dem Lokal »Mexico« in der Prenzlauer Straße dicht am Alexanderplatz aufgelesen. Das »Mexico« unterscheidet sich in nichts von den anderen Lokalen der Gegend – ein wüster, knallrot gestrichener »Bums« für Huren und Zuhälter.

Erna war kurz zuvor von ihrem »Beschützer« ins Gesicht geschlagen, mit Füßen getreten worden. So etwas ist man gewöhnt rings um das »Mexico«.

Einige Tage später erhält Horst Wessel einen Zettel mit folgendem Inhalt: »Geehrter Herr W. Kommen Sie heute nacht um elf Uhr Magazinstraße. Es ist wegen Nazitod.« Die Magazinstraße liegt hinter dem Polizeipräsidium, ist also eine »sichere« Straße. Horst Wessel geht zur angegebenen Zeit dorthin und Erna Jänicke wartet auf ihn. Sie hat etwas von geplanten Überfällen gehört und wollte Horst Wessel warnen. Sie wird daraufhin von Wessel gründlich ausgefragt und es stellt sich heraus, daß sie über die Vorgänge in den Kneipen, die von Kommunisten besucht werden, ziemlich gut informiert ist. Sie erklärt sich bereit, weitere Informationen über das »rote Lager« zu liefern.

Erna zieht zu Wessel, hält seine Sachen in Ordnung und er gibt ihr Aufträge. Sie läuft bei den »Roten« herum und horcht sie aus. Es geht so weit, daß sie sich verloben. Diese »Verlobung« löst in Wessels Familie Bestürzung aus. Der Jurastudent und Pastorensohn, verlobt mit einer Prostituierten. Alle Überredungskünste der Mutter und der Tante helfen nichts. Er beharrt auf dem Mädchen. Manchmal, wenn die Mutter ihren Sohn besucht in der Großen Frankfurter Straße, muß Erna Jänicke sich in der Küche verstecken!

Aber nicht nur in der Familie entsteht Mißbehagen, sondern auch in der Berliner NSDAP und in der SA. Goebbels ist einer der wenigen, denen es wichtiger ist, Horst Wessel zu halten und seine Eskapaden zu dulden. Darüber wird man später noch reden können. Wäre es ein anderer SA-Mann, dann hätte man ihm längst den »Zahn« gezogen. Es wird natürlich trotz allem in der Partei und in der SA weiterhin darüber diskutiert, aber auch im gegnerischen Lager werden verschiedene Gerüchte über Wessel und seine Braut kolportiert, die für die Nazis unangenehm sind und in der Situation nach dem Überfall fast verhängnisvoll eingesetzt werden.

Aber Horst Wessel läßt sich nicht dreinreden. Er hält zu seiner Erna und in den Augen der anderen bleibt sie das, was sie war: eine üble Nutte vom Alexanderplatz.

13. SA-Revolte in Berlin. Goebbels abgesetzt

Horst Wessel erntet also nicht nur Lob und Bewunderung. Er schafft sich Gegner im eigenen Sturm wegen seiner Verbindung zu einer ehemaligen Prostituierten. Aber auch in der SA-Führung betrachtet man mit Mißmut, wie Goebbels ihm Sonderrechte einräumt. Wie zum Beispiel die Erlaubnis, eine bis jetzt für die SA untersagte Schalmeienkapelle zu führen.

Im gleichen Zeitraum entstehen Spannungen zwischen der Berliner SA-Führung und der Parteileitung der NSDAP in München. Viele SA-Führer, aber auch einfache SA-Leute fühlen sich verraten. Es tauchen bereits Flugblätter auf: »Kameraden, wir als oppositionelle NSDAP- und SA-Mitglieder fordern euch auf: setzt euch energisch zur Wehr gegen den verlogenen Kurs unserer Partei. Hitler macht Kompromisse . . . Er will uns nur als Stimmvieh benützen, um zur Macht zu gelangen, das heißt, wir sollen unseren Führern zu den Ministersesseln verhelfen. Nicht umsonst haben in Berlin hunderte von *Angriff*-Lesern als Protest gegen unsere Partei die Zeitung abbestellt, nicht umsonst hört man täglich von Dutzenden von Übertritten zu den marxistischen Parteien. Am vergangenen Freitag hat unser Dr. Goebbels im Sportpalast in aller Öffentlichkeit erklärt, so jung wir seien, so überfielen ihn doch manchmal bange Zweifel, ob wir und unsere Generation noch das Dritte Reich erleben würden. Jetzt hilft nur rücksichtslose Offenheit. Unsere SA-Vertreter sind von Adolf Hitler nicht einmal vorgelassen worden. Hat es einen Zweck, gegen die Marxisten und bürgerlichen Parteien zu kämpfen, wenn wir in unserer eigenen Partei die übelste Bonzenwirtschaft dulden? Der Kampf der zivilen Parteiführer um die Futterkrippe ist in unseren eigenen Reihen geradezu widerlich. Wir müssen deshalb ausmisten. Nicht nur in dieser Republik, sondern bei unserer eigenen Parteiführung und bei der SA-Leitung muß reiner Tisch gemacht werden. Gemeinnutz geht vor Eigennutz. Wir sind Nationalsozialisten und Sozialisten. Wir sind vor allem aber Revolutionäre.«

Aus den Mitteilungen des Landeskriminalpolizeiamtes IA, Berlin, unter dem Kapitel »Rechtsradikale Bewegung NSDAP. Die Stennes-Revolte« gehen weitere interessante Details dazu hervor: »Die zwischen dem SA-Führer Berlin, Hauptmann a. D. Stennes und der Leitung in München seit längerer Zeit bestehenden Streitigkeiten sind öffentlich zum Ausbruch gekommen. Stennes wurde seines Postens enthoben und aus der SA ausgeschlossen. Daraufhin gab Stennes sofort einen SA-Befehl an sämtliche Unterführer seines Bereiches, daß die SA von der Partei getrennt sei, die SA-Führer die Leitung ihrer Organisationen selbst zu übernehmen hätten.

Dr. Goebbels, der von Hitler ebenfalls seines Amtes als Berliner Gauleiter enthoben worden war, hatte sich zu der von Hitler nach Weimar einberufenen Zusammenkunft begeben und seine Wiedereinsetzung als Gauführer in Berlin erreicht. Goebbels wurde seines Amtes enthoben, weil er noch zwei Tage vor der Absplitterung die Zusicherung gemacht haben soll, sich mit der hiesigen SA und der norddeutschen NSDAP auf Stennes Seite zu schlagen. Das war der Reichsleitung in München wohl bekannt, doch wollte sie im Augenblick nichts gegen ihn unternehmen, um den Riß in der Partei nicht noch größer werden zu lassen. Nach seiner Wiedereinsetzung als Gauleiter von Berlin war man sich allgemein darüber klar, daß Dr. Goebbels nicht länger als sechs bis acht Wochen dieses Amt innehaben wird. – Wie Stennes seine ›Bewegung‹ bezeichnen wird, steht endgültig noch nicht fest. Voraussichtlich wird er seine Organisation als Verein mit der Bezeichnung ›Nationalsozialistische Kampfbewegung‹ eintragen lassen. Er gibt auch eine eigene Zeitung heraus: *Arbeiter, Bauern, Soldaten.* Die erste Nummer hatte eine Auflage von 25 bis 30 000 Exemplaren. Eine erhebliche Anzahl von Mitgliedern der nationalsozialistischen Jugend Groß-Berlins schließt sich der Stennes-Richtung an. Insbesondere sind es Angehörige des ›Nationalsozialistischen Studentenbundes‹ und des Gaues Berlin der ›Hitler-Jugend‹.«

Ein Extrablatt der Berliner SA charakterisiert deutlich die Situation:

»Nationalsozialisten Berlins! Die Münchener Parteileitung der NSDAP hat gestern die Auflösung der SA Berlin verfügt und den obersten SA-Führer, Hauptmann Stennes, dem Hitler wiederholt sein Vertrauen ausgedrückt hatte, abgesetzt. Die Nachricht hat in der Berliner SA und darüber hinaus in sämtlichen SA-Verbänden des Reiches Entrüstung, Erbitterung und tiefste Erschütterung hervorgerufen. Worum geht es? Handelt es sich um einen Personenstreit allein, um einen ›Führerkampf‹? Nein. Es geht um die Sache des Nationalsozialismus! In der Person des Hauptmannes Stennes soll die gesamte SA getroffen werden. München hatte vergessen, daß einstens die Opferbereitschaft und Einfachheit der SA die Partei geschaffen und hochgebracht haben. Heute errichtet man um Millionenbeträge das ›Braune Haus‹ in München, während die einzelnen SA-Männer keinen Groschen haben, um ihre zerrissenen Stiefel instand setzen zu lassen. Im Zeichen der Notverordnung, im Zeichen der täglichen Blutopfer der SA, während

Kampf gegen die Bewegung und der Terror ihren Höhepunkt erreicht haben, trägt die Münchner Clique den Bruderkampf in die Reihen der Partei. Die SA hat der Partei in ihrem Kampf zu Tausenden von Mandaten im Reich, Länder und Kommunen verholfen. Die SA hat ihre Schuldigkeit getan, nun kann sie gehen. Heute ist sie das lästige Gewissen, das an das verratene Parteiprogramm mahnt, und den Kampf um die alten Ideale des Nationalsozialismus fordert, im Gegensatz zu der opportunistischen, versöhnlichen Interessenpolitik in München. Es handelt sich nicht, wie die Judenpresse es darstellen will, um illegalen Putschismus, sondern einzig und allein darum, dem Verrat der Partei an der SA und am nationalen Sozialismus zu verhindern. Die SA-Führung denkt nicht daran, ihre arbeitslosen SA-Kameraden zur Finanzierung des ›Braunen Hauses‹ und als Schacherobjekt für politische Geschäfte mißbrauchen zu lassen. In tiefer Verantwortlichkeit gegenüber jeden einzelnen SA-Mann und gegenüber der Gesamtheit des deutschen Volkes handelt sie nach dem großen Grundgesetz des Nationalsozialismus: Gemeinnutz geht vor Eigennutz. Und nach dem tiefsten Gesetz der Kameradschaft: ›Treue um Treue!‹ In Ausführung meines Befehles betreffend Übernahme der Führung durch die SA ordne ich an: Der Gauleiter von Berlin Dr. Joseph Goebbels ist wegen Treuebruches seines Postens als Gauleiter enthoben. Der SA-Führer Ost, gezeichnet Stennes. Die Fahne hoch, die Reihen dicht geschlossen.«

Ein Zitat aus dem Horst-Wessel-Lied beendet den Aufruf.

»Mit der Kasse der Stennes-SA nach Amerika durchgebrannt. Rückkehr Stennes mit seiner Gruppe zu Hitler?« Das ist die Überschrift der Pressenotiz Nr. 566 in der *Rheinisch Westfälischen Zeitung.* Weiter ist zu lesen: »Der Stabchef des Hauptmannes Stennes, Walter Jahn, ist mit der Kasse der Stennes-SA unter Zurücklassung von Frau und zwei Kindern nach Amerika durchgebrannt.

Hauptmann Stennes, dessen finanzielle Situation durch die

Amerika-›Reise‹ seines Stabchefs Jahn völlig unhaltbar geworden ist, hat nunmehr verstärkte Anstrengungen unternommen, um wieder Anschluß an Hitler zu gewinnen. Hitlers SA-Führer, Hauptmann Röhm, der sich gegenwärtig in Berlin im Hotel Kaiserhof aufhält, hat zwei lange Aussprachen mit Stennes gehabt, in deren Verlauf Stennes die Überzeugung gewonnen hat, daß seiner Rückkehr in die Hitler-Partei von München keine allzugroßen Schwierigkeiten bereitet werden würden.« Mit dem Verschwinden des Kassiers samt Kasse nach Amerika endete die Stennes-Revolte und es gelingt Hitler, die Einheit der Partei wieder herzustellen.

Ein interessantes Nachspiel: Nach der Machtübernahme Adolf Hitlers 1933 wurde Hauptmann Stennes verhaftet, kurz darauf richtet die Geheime Staatspolizei (Gestapo) an Stabchef Oberstleutnant Röhm in München ein Schreiben mit folgendem Inhalt: »In der Angelegenheit betreffend Freilassung des Hauptmannes a. D. Stennes, teile ich ergebenst mit, daß Stennes aus der Haft entlassen werden wird, um nach China zu gehen.«

14. Der Bruder Horst Wessels tödlich verunglückt. Horst Wessel schwer erkrankt. Der Schuß

Am 2. September 1929 wird eine Skifahrergruppe der Berliner SA auf einer Tour im Riesengebirge von einem Schneesturm überrascht. Unter denen, die abgetrieben wurden, befindet sich Werner Wessel, der Bruder Horst Wessels. Sie finden nicht mehr zur Schutzhütte zurück. Rettungsmannschaften können nur noch die Leichen bergen. Die Verunglückten werden in der Holzkirche »Wang« aufgebahrt.

Die Mutter von Werner Wessel will ihren toten Sohn neben der letzten Ruhestätte ihres Gatten beisetzen lassen. An eine Beförderung des Verunglückten mit der Eisenbahn ist nicht zu denken, weil die Verzögerung durch die Weihnachtsfeiertage zu groß war. Da beschließt Horst Wessel, den Sarg mit einem Lastwagen nach Berlin zu bringen. Er setzt sich ans Steuer und fährt mit einem Begleiter los. Übermüdet tritt er die Rückfahrt an, hinter sich auf dem verdeckten Wagen die Särge mit der Leiche seines Bruders und zwei weiteren Verunglückten aus Berlin.

Im Elternhaus wird Werner aufgebahrt. Am 28. Dezember ist das Begräbnis. Als der mit der Hakenkreuzfahne bedeckte Sarg in die Gruft gelassen wird, erklingt das Lied vom »Guten Kameraden«.

Der Tod seines Bruders Werner trifft Horst Wessel schwer. Er erleidet einen Nervenzusammenbruch, wird von hohem Fieber erfaßt, verliert immer wieder das Bewußtsein, redet wirres Zeug. Manchmal schreit er auf, reißt sich hoch, will aus dem Bett springen, dann schläft er wieder ein. Dennoch erholt er sich erstaunlich schnell. Seine Mutter beginnt neuerlich auf ihn einzureden: Er soll wegziehen aus der Großen Frankfurter Straße, soll auf die Universität nach Marburg oder Bonn gehen. Sie habe mit der Großmutter und mit der Tante darüber geredet. Sie würden das nötige Geld dafür aufbringen.

Nach seiner Genesung führt ihn sein erster Weg auf die Gau-Leitung, wo er die Fortsetzung seines Studiums in einer anderen Stadt anmeldet. Er sucht auch um eine zeitweilige Entlassung aus der SA an. Anschließend geht er in seine Wohnung in die Große Frankfurter Straße. Er packt seine Sachen in einen Koffer und einen großen Rucksack. Wenig später kommt seine Braut mit einer Freundin. Er weiß noch nicht, was mit dem Mädchen geschehen soll. Da klingelt die Türglocke dreimal und gerade in diesem Moment, in dem er beschloß, sich von seiner Vergangenheit loszureißen, ereilt ihn das Schicksal: Er wird mit einem Pistolenschuß niedergestreckt.

15. Horst Wessel im Spital. Goebbels Besuch. Der Prinz. Horst Wessel stirbt

Wessel wird schwerverletzt ins Krankenhaus am Friedrichshain gebracht. Mutter und Schwester kommen nach. Sie können aber nichts genaues erfahren, da Wessel sofort operiert werden muß: eine Operation, die bei vollem Bewußtsein vorgenommen wird. Danach geht es für Horst Wessel ums Überleben. Die Operation hatte er verhältnismäßig gut überstanden, aber die Gefahr einer Blutvergiftung drohte täglich.

»Joseph Goebbels kam sofort, setzte sich zu ihm – dieser Mann, dem es nur um eines ging, nur um den wilden Kampf für Deutschlands Erwachen, der bereit war, dafür das Leben von Tausenden zu opfern und sein eigenes dazu. Der keine Furcht kannte und vor nichts zurückschreckte, wenn es für die Sache ging; der dutzende von Malen an den Schmerzenslagern hingeschlachteter Kameraden gesessen hatte. An seinen Gräbern noch seine wildaufpeitschenden Worte in die Menge schleuderte. Hier saß er bei Horst Wessel, hielt seine Hand – die Ärzte hatten ihm eingeschärft, möglichst wenig zu sprechen und vor allem den Kranken nicht sprechen zu lassen. Er starrte ihn an, erkannte ihn kaum wieder. Was hatte die Kugel nur gemacht aus diesem schönen, heldenhaften Jüngling?! Fast unerträglich schien ihm der Anblick. Tief im Verband der Kopf – grauenvoll entstellt das Gesicht. Nur die Augen strahlten, leuchteten wie immer. Ganz leise bewegten sich die Lippen, flüstern kaum hörbar immer dieselben armen Worte: ›Ich freue mich. – Ich freue mich!‹ Er hätte gar nichts zu sagen brauchen – Goebbels sah ihm gut an, was er fühlte, sah unter Blut und Wunden ein junges, freudiges Lächeln. Und er dachte: ›Er glaubt noch!‹«

H. Ewers, der im Auftrag von Adolf Hitler einen »Tatsachenbericht« über Horst Wessel schrieb, erzählt weiter über die Besuche, die Goebbels an seinem Krankenlager abgestattet hat. Nach Ewers Schilderung bat Wessel den Gauleiter dringend, Kronprinz Wilhelm in die Partei aufzunehmen: »... Prinz oder Arbeiter! Und wenn er, Horst, seinen Sturm aus bekehrten Rotfrontlern gebildet habe, mit roten Schalmeienkapellen durch die Gassen gezogen sei – dann müsse man auch des Kaisers Sohn erlauben, im braunen Hemd mitzumarschieren, in ihren Reihen.«

»›Tun Sie's, Doktor‹, bat er. ›Sprechen Sie darüber mit dem Führer. Sagen Sie ihm, daß es mein letzter Wunsch sei.‹« Und weiter »... ich sage Ihnen, Doktor, daß Sie keinen besseren, aufrichtigeren SA-Mann bekommen werden als den preußischen Prinzen August Wilhelm!« Es ist beinahe unvorstellbar, daß er in seinem Zustand derart anstrengende Besuche, wie die von Goebbels, aushalten konnte, geschweige denn, sich für den Prinzen einsetzen wollte oder konnte.

Die Familie ängstigt sich täglich um Wessels schwache Überlebenschancen. Das Fieber steigt und fällt. Es ist Mitte Februar, eine Blutvergiftung setzt ein. Ewers schildert einen weiteren Besuch Goebbels: »Goebbels erzählt von der Entwicklung der SA und der Partei, was in Berlin geschähe und in München. Auch von Hitler: er habe mit ihm gesprochen wegen des Prinzen und der Führer willigte ein. Horst griff die ihm hingestreckte Rechte, nahm sie in beide Hände. ›Dank, Doktor‹, flüstert er. ›Und wiederkommen, bitte, wiederkommen.‹«

Die Blutvergiftung kostet Wessel zwar nicht sofort das Leben, schwächt ihn aber so, daß er keine Besuche mehr empfangen kann; auch Mutter und Schwester dürfen nicht mehr zu ihm. Die Ärzte unternehmen alle Anstrengungen, ihm nochmals das Leben zu retten. Man konnte aber der Blutvergiftung nicht Herr werden: der 23jährige Horst Wessel stirbt.

24. Februar 1930.

Die Welt am Montag: »Das Opfer ›Alis‹ gestorben. Wie der Berliner Gauleiter der Nationalsozialisten, Reichstagsabgeordneter Dr. Joseph Goebbels, am Sonntag mittag in einer

Veranstaltung der nationalsozialistischen Volksbühne mitteilte, ist der nationalsozialistische Student und Abteilungsführer Horst Wessel, der bekanntlich vor einiger Zeit in seiner Berliner Wohnung von dem inzwischen festgenommenen kommunistischen Führer Höhler durch Mundschuß niedergestreckt worden war, am Sonntag früh im St.-Joseph-Krankenhaus nach qualvollen Leiden seinen schweren inneren Verletzungen erlegen.«

Neues Wiener Journal: »Der Mordanschlag auf den Studenten Wessel. Der Student Wessel, das Opfer des Kommunisten Höhler, ist sonntagmorgens um 3/47 Uhr nach fünfwöchiger Krankheit seinen Verletzungen erlegen. Wessel, der Nationalsozialist ist, wurde bekanntlich von dem kommunistischen Sturmführer Höhler in seiner Wohnung niedergeschossen.«

Völkischer Beobachter: »Pg. Horst Wessel †. Ein Opfer der kommunistischen Mordhetze. (Eigene Drahtmeldung) Berlin 24. Februar. Nachdem schon die letzten Tage wieder eine Wendung zum Schlechten erkennen ließen, ist Sonntag vormittag Horst Wessel, den man schon gerettet glaubte, seinen schweren Verletzungen nun doch noch erlegen. Der Schuß des Mörders war bekanntlich durch den Mund gegangen, hatte den Oberkiefer zerschmettert und die Halsschlagader zerrissen. Unter Bildung immer neuer Abzesse lösten sich allmählich drei Knochen- und Geschoß-Splitter. Am Freitag jedoch trat Blutvergiftung ein.

Horst Wessel, der fünf Wochen lang alle Qualen der Krankheit getragen hatte wie ein Held, war Sturmführer des Sturmes 5 der Berliner SA. Er war 1907 in Bielefeld geboren. Sein Vater war Militärpfarrer. Er selbst studierte die Rechtswissenschaften, hatte aber zuletzt sein Studium unterbrochen und verdiente als Arbeiter sein Brot.

Pg. Esser überbrachte unserem Wessel auf seinem Schmerzenslager die letzten Grüße des Führers. Mit dem Gedanken an die braune Front und ihren Sieg ging er in die andere Welt.«

»Ich habe Horst Wessel obduziert.« erzählt der Gerichtsarzt Dr. Weimann in seinen Memoiren. »Er war an einer schweren Blutvergiftung gestorben, fünf Wochen, nachdem Kommunisten ihn niedergeschossen hatten. Wahrscheinlich wäre er zu retten gewesen, wenn seine Freunde Dr. Selow, den Arzt, der zur Hilfe geeilt war, mit dem Satz: ›Wenn der Judendoktor kommt, schmeiße ich ihn die Treppe runter!‹, nicht weggeschickt hätten.«

Dieser Vorgang ist geradezu ein Treppenwitz in der Geschichte des nazistischen Deutschlands ... Wie überhaupt manches zu erzählen ist über diesen Horst Wessel, von dem damals die einen sagten, er sei Held und Märtyrer, die anderen, er sei ein Zuhälter und Raufbold ...

»Du endest noch mal in der Hannoverschen Straße ...« Viele Berliner Mütter und Väter haben ihren mißratenen Söhnen und leichtfertigen Töchtern diese düstere Prognose gestellt. In der Hannoverschen Straße steht das Leichenschauhaus. Sammelstelle aller unbekannten oder auf unnatürliche Weise ums Leben gekommener Menschen dieser Stadt. Endstation vieler verpfuschter Leben ... Die höchsten Ziffern weisen die Jahre 1930 bis 1932 auf. Für den Zuwachs sorgte der politische Meuchelmord.

»Für welche Überzeugungen sie gestorben waren, konnte ich den Toten nicht ansehen, wenn sie nackt, ausgeblutet und zerschlagen vor mir auf dem Sektionstisch lagen. So wie dieser eine, am 24. Februar 1930 in der Hannoverschen Straße. Er war 23 Jahre alt, blond und mußte im Leben eine stattliche Erscheinung gewesen sein. Auf dem Begleitzettel an seinem Oberarm las ich unter dem Aktenzeichen der Staatsanwaltschaft den Namen: Horst Wessel. Dieser Horst Wessel war an einer Verletzung gestorben, die er fünf Wochen zuvor bei einem Überfall erlitten hatte ... Jetzt war er doch noch zu einem Fall für die Gerichtsmedizin geworden, denn jetzt mußte die Todesursache festgestellt werden. Der Zusammenhang zwischen der erlittenen Verletzung und Wessels Ende. Die Obduktion nahm ich mit meinem Kollegen Dr. v. Mahrenholz vor: Große Operationsschnitte am Hals zeugten von dem verzweifelten Kampf, den die Ärzte des St.-Josephs-Krankenhauses gegen die Wundinfektion geführt hatten. Schließlich aber hatte der geschwächte Körper nicht mehr genügend Abwehrstoffe gegen die Erreger der Blutvergiftung aufbringen können.

Durch schmutzig-graues, von Eiter durchsetztes Gewebe drangen wir zu dem großen Aderngeflecht des Halses vor. Die große Halsschlagader war durch den Zersetzungsprozeß angefressen worden und mußte plötzlich aufgebrochen sein. Horst Wessel war innerlich verblutet . . .

Die Leiche wurde zur Bestattung freigegeben. Es steht einwandfrei fest: Die Schußwunde war Ursache der tödlichen Blutvergiftung!«

16. Das Begräbnis. Die Wahl 1930

Am Tage nach Horst Wessels Tod schreibt der Berliner Gauleiter Dr. Goebbels:

»Horst Wessel ist hinübergegangen. Nach Kampf und Streit liegt hier stumm und regungslos das, was sterblich an ihm war. Aber, ich fühle es fast körperlich sicher, sein Geist stieg auf, um mit uns allen weiterzuleben. Er hat es selbst geglaubt und gewußt. Er gab dem hinreißenden Ausdruck: er ›marschiert im Geist in unseren Reihen mit!‹ Wenn später einmal deutsche Arbeiter und Studenten zusammen marschieren, dann werden sie sein Lied singen, und er wird mit ihnen, unter ihnen sein. Er schrieb es hin in einem Rausch, in einer Eingebung, wie aus einem Guß, dieses Lied, das aus dem Leben geboren ward und dazu, wieder Leben zu zeugen. Schon singen es landauf, landab die braunen Soldaten. In zehn Jahren werden die Schulkinder, die Fabrikarbeiter und die Soldaten auf weiten Straßen es singen. Sein Lied macht ihn unsterblich. So hat er gelebt, so ist er dahingegangen. Ein Wanderer zwischen zwei Welten, zwischen Gestern und Morgen, dem Gewesenen und dem Kommenden. Ein Soldat der deutschen Revolution! Wie er so manchmal, die Hand am Gurt, stolz und aufrecht, mit dem Lachen der Jugend auf den roten Lippen, seinen Kameraden voranschritt, immer bereit, sein Leben einzusetzen, so wird er mitten unter uns bleiben!«

»Ich sehe im Geiste Kolonnen marschieren, endlos, endlos. Ein gedemütigtes Volk steht auf und setzt sich in Bewegung. Das erwachende Deutschland fordert sein Recht: Freiheit und Brot!«

»Hinter der Standarte marschiert er mit in Schritt und Tritt. Vielleicht kennen ihn dann die Kameraden nicht mehr wieder. Viele gingen dahin, wo er jetzt ist. Neue kamen und kamen!«
»Er aber schreitet stumm und wissend mit. Die Banner wehen, die Trommeln dröhnen, die Pfeiffen jubilieren, und aus Millionen Kehlen klingt es auf, das Lied der Deutschen Revolution:

›Die Fahne hoch! Die Reihen dicht geschlossen!
SA marschiert mit mutig festem Schritt.
Kameraden, die Rotfront und Reaktion erschossen.
Marschier'n im Geist in unseren Reihen mit.

Die Straße frei den braunen Bataillonen,
die Straße frei dem Sturmabteilungsmann!
Es schau'n aufs Hakenkreuz voll Hoffnung schon Millio-
Der Tag für Freiheit und für Brot bricht an! [nen,

Zum letzten Mal wird nun Appell geblasen!
Zum Kampfe steh'n wir alle schon bereit!
Bald flattern Hitlerfahnen über alle Straßen,
Die Knechtschaft dauert nur noch kurze Zeit!

Die Fahne hoch! Die Reihen dicht geschlossen!
SA marschiert mit mutig festem Schritt,

Kameraden, die Rotfront und Reaktion erschossen,
Marschier'n im Geist in unseren Reihen mit.‹«

Der Tote wurde von der SA nach Hause gebracht. Zwei Lastwagen voll schwerbewaffneter Schupos folgten dem Zug. Seine Kameraden besetzten geradezu das Haus seiner Mutter. Sie hielten Wache an seiner Bahre, legten ihm einen vergoldeten Lorbeerkranz unter seinen Kopf. Immer wieder kamen Blumen an, selbst Kronprinz Wilhelm soll einen Kranz geschickt haben.

Inzwischen versuchte die Gauleitung bei den Behörden die Erlaubnis zu einem, nach Vorstellungen der SA, »würdigen« Begräbnis zu erlangen. Das bedeutet: eine Art Aufmarsch der gesamten Partei mit Kundgebungen, Trauerzug. Sie wurden aber überall abgewiesen. Die Behörden zogen vor, Wessel in aller Stille beisetzen zu lassen. So wandte man sich an die Schwester, schickte sie zum Innenministerium. Dort erreichte sie nichts. Sie wandte sich an den Reichstag, dann an den Landtag, dort hätten die nationalen Parteien einen Antrag gestellt, den Trauerzug zuzulassen. Der Antrag war niedergestimmt worden und man riet ihr, sich an den Polizeipräsidenten Zörgiebel zu wenden. Es wurden sieben Personenwagen für den Trauerzug zugelassen, jede andere Begleitung gleich welcher Art untersagte man.

Da gab es doch noch den alten Freund des Vaters aus seinen Tagen als Feldgeistlicher während des Ersten Weltkrieges: Ja, Hindenburg, der Reichspräsident. Er mußte ihr helfen. Sie war überzeugt, bei ihm Sympathie und Verständnis zu finden.

Wieder machte sich Inge Wessel auf den Weg. Im Vorzimmer schrieb sie ein Bittgesuch an den Reichspräsidenten, wurde dann von einem Staatssekretär empfangen, der ihr in bestimmter Weise bedeutete, daß sie von Hindenburg nicht empfangen werden könne, da er sich zur Zeit in einer Sitzung des Völkerbundes befände. »Es gibt innenpolitisch noch wesentlich wichtigere Probleme als das Begräbnis Horst Wessels.« H. Ewers schildert die Hindenburg-Episode.

»Sie saß da in gespannter Erwartung – so hatte sie doch ihr Spiel gewonnen? ›Jetzt geht er zu Hindenburg‹, dachte sie. ›Wird ihm sagen, daß ich da bin und was ich will – dann läßt er mich kommen!‹

Sie fröstelte, ein kalter Schauer überlief sie. Sie nahm den Schleier vom Gesicht, zog ihren Pelzmantel fester zusammen. Die Tür ging auf: der Staatssekretär kam zurück mit einem anderen Herrn, stellte ihn vor – noch ein Staatssekretär, sie verstand den Namen nicht. Begrüßung, höfliche Worte – der Herr bat sie, möglichst eingehend alle ihre Wünsche vorzutragen.

Sie seufzte – riß sich zusammen. Wenn es schon unmöglich war, weiter vorzudringen, so mußte sie bei diesen Herren erreichen, was zu erreichen war. Nur das Ehrengeleit seiner Freunde und Kameraden verlangte sie, all der Menschen, die den Toten liebten – nichts sonst. ›Lassen Sie mich zu Hindenburg‹, rief sie, ›ich schwöre Ihnen, daß er im Augenblick die Erlaubnis geben wird. Er ist es dem Andenken meines Vaters schuldig: niemals wird er sich dieser Pflicht entziehen.‹«

Aber Hindenburg hält es anscheinend für ratsam, sich dieser Pflicht zu entziehen, sich nicht mit Horst Wessel zu identifizieren. Inge Wessel bekommt ihn nicht zu sehen. Auch wenn sie Stunden mit den beiden Staatssekretären zubringt, ihnen die Notwendigkeit eines SA-Trauerzuges erklärt.

Man spricht aber nochmals mit dem Polizeipräsidenten, der endlich jede gewünschte Form der Beteiligung gestattet, aber nur auf dem Friedhof. Inge Wessels Mission ist gescheitert. »Die Antigone der braunen Bewegung« wird von Hindenburg abgewiesen.

Man bereitet sich nun vor, Horst Wessel aus seinem Elternhaus fortzuführen. »Kurz war die Totenfeier im Hause: die Sturmführer der vierten Standarte hoben den Sarg auf ihre Schultern. Aber ehe sie noch das Zimmer verlassen hatten, stürmte Polizei herein und verlangte, daß die Hitlerfahne vom Sarg entfernt werde. Die Sturmführer weigerten sich, erregt drängten sich die jungen Burschen zusammen: ›Kein Mensch auf der Welt solle dem Toten die Fahne rauben, die er liebte!‹«

Langsam setzte sich der Zug in Bewegung. Hinter dem Leichenwagen sieben Trauerwagen, wie es von der Polizei bestimmt war. Horst Wessels Mutter fuhr mit dem Pfarrer im ersten Wagen.

Ohne Zwischenfälle bewegte sich der Trauerzug durch die mit Menschen vollgestopften Straßen. Man ließ Wagen und Fußgänger ruhig passieren. Noch wirkt das mächtige Aufgebot der Polizei. Dann, an der Ecke der Weidinger Straße und Lothringen-Straße, änderte sich das Bild: Ein wildes Geschrei setzt ein und zugleich prasselte ein Hagel von Steinen über den Leichenzug nieder. Mädchen und halbwüchsige Buben schrien:

»Nieder mit dem Bluthund!«

»Nieder mit dem Verbrecher Wessel!«

»Haut den Sarg in Stücke!«

»Zuhälter!«

»Nazi verrecke!«

Die Scheiben der begleitenden Autos wurden zertrümmert. Dasselbe wiederholte sich in der Koblanstraße. Wieder regnete es schwere Steine von beiden Seiten der Straße. Die Rotfrontler durchbrachen die enge Kette der Schutzleute und versuchten, den Leichenwagen samt Begleitautos umzustürzen. Sie zerrten die Fahne aus dem Wagen, in dem die Burschenschaftler saßen. »Hau-Ruck« kommandierten die Demonstranten und schon schwankte der Leichenwagen, beinahe wäre er umgestürzt.

Schüsse knallen, ein Lärm sondergleichen. Panzerwagen rasseln heran, es scheint, als ob die ganze Polizei unterwegs sei.

Dann endlich kommen sie zur Prenzlauer Straße und zum Friedhof von St. Nikolai, der im Innern Berlins, mitten im grauen Häusermeer liegt, ein schlichter, stiller Friedhof.

Die Friedhofsmauer ist mit großen roten Buchstaben verschmiert: »Dem Zuhälter Horst Wessel ein letztes Heil Hitler!« Was empfindet eine Mutter, eine Pastorenwitwe, deren toter Sohn Grund zu einer solchen »Volksbewegung« wurde. Sie kann sich doch in diesem Augenblick, bei Anblick der tobenden Massen, ihm nicht mehr nahe gefühlt haben. Das ist doch gar nicht mehr ihr Sohn!?

Auf dem Friedhof haben sich Tausende von Anhängern eingefunden, aber auch Tausende außerhalb der Friedhofsmauern, Anhänger der Kommunisten, die beschlossen haben, die Feier zu stören mit Zwischenrufen, Johlen, Lachen, Steineschmeißen.

Innerhalb der Mauern haben sich Göring, Goebbels, SA-Führer von Pfeffer und der »Prinz« Wilhelm August von Preußen in SA-Uniform eingefunden. Wessels »letzter Wunsch« ist damit erfüllt worden.

SA und Studentenverbindungen stehen Spalier als der nun mit der Hakenkreuzfahne bedeckte Sarg von Sturmführern unter den Klängen von »Ich hatt' einen Kameraden . . .« hinuntergelassen wird.

Es dämmert schon als die beiden Pfarrer von St. Nikolai sprechen. Es folgen Vertreter der beiden Studentenkorps – Normannia und Allemania Wien –, auch SA-Führer v. Pfeffer sagt ein paar Worte und nun spricht Goebbels. Es ist eine fanatische Rede, halb religiös, halb sentimental. Mit großer Dramatik ruft er in die Menge: »Horst Wessel!« »Hier!« antworten die SA-Männer des Toten. Und dann: »Ein Christussozialist! Einer, der durch Taten ruft: kommt her zu mir, ich will Euch erlösen . . . Einer muß Beispiel werden und sich selbst zum Opfer bringen. Wohlan denn, ich bin bereit!«

Goebbels: »Und du wirst auferstehen . . .«, man senkt die Fahnen hinab in die Gruft, richtet sie wieder auf und dann beginnen die braunen SA-Männer zu singen »Die Fahne hoch . . .«

Der spätere Reichsmarschall Hauptmann Göring nimmt Horst Wessels Sturmkappe und wirft sie hinab auf den Sarg. Die Studenten geben ihm seine Korpsbänder mit und die Mützen, die dunkelblaue der Normannen, die hellblaue der Alemannen. Hauptmann v. Pfeffer legt den Kranz des »plötzlich erkrankten« Führers nieder. Dann spricht Goebbels: »Und wenn dann die SA zum großen Appell versammelt steht, wenn jeder einzelne aufgerufen wird, dann wird der Führer auch deinen Namen rufen, Kamerad Wessel! Und alle, alle SA-Männer werden antworten wie aus einem Munde: ›Hier!‹ Denn die SA – das ist Horst Wessel! ... Stürme werden marschieren, braune Stürme werden marschieren, braune Stürme, endlos, endlos. Trommeln dröhnen, Pfeifen jubeln, leuchtend wehen die Hakenkreuzfahnen über alle Gassen. Einer ist da, die Hand am Gurt, den Sturmriemen unterm Kinn, der marschiert mit, ein junges Lachen auf den roten Lippen und im helleuchtenden Auge. Der mag es sein oder jener – keiner kennt ihn vielleicht und doch ahnt ihn jeder. Einst war er ein Wanderer zwischen zwei Welten, zwischen dem Gestern und dem Morgen, zwischen dem was war und dem was kommen wird. War ein Kämpfer für das erwachende Deutschland, für Freiheit und Brot. War ein junger Held – und wird uns immer sein, was er war, uns und bald auch dem ganzen Vaterlande: Ein junger, strahlender Held! Wo immer Deutschland ist, da bist auch Du, Horst Wessel!«

Und wieder bricht außerhalb der Friedhofsmauern Lärm aus. Ein Steinregen kommt über die Mauer. Frauen brechen zusammen, Männer drücken sich hinter Grabsteinen. Über Grabhügel, zwischen Zypressen und Grabkreuzen hinweg flüchten die Menschen.

Als Wessels Mutter den Friedhof verläßt, trifft sie auf den Straßen dieselben wilden Menschenmengen an, die sie schon auf dem Hinweg mit Gejohle und Steinhagel begleitet hat. Sie kann wirklich niemand mehr trösten. Auch Goebbels nicht, der bei der Trauerfeier noch gesagt hat: »Hier steht eine deutsche Frau, steht die Mutter Werner Wessels und Horst Wessels. Zwei herrliche Söhne hatte sie einst, nun ruhen beide im Grabe. Kein Mensch auf Erden kann dich trösten, Mutter, aber das sollst du wissen: deine Söhne sind wir alle!«

Sie hat zwei Söhne für eine Bewegung verloren, die sie nicht versteht und als Pfarrerswitwe nur schwer gutheißen kann: auf den Straßen haben sich ihres Sohn wegen wilde Mengen in Aufruhr begeben. »Deine Söhne sind wir alle!« Diese schreienden SA-Männer, die sich mit aufgebrachten Rotfrontlern schlagen?!

Die Mutter soll beim Augenblick des Verlassens des Friedhofs zur Tochter Ingeborg gesagt haben: »Ist nicht genug Unheil geschehen?!«

Aber Goebbels hat alles verherrlicht: »Gleich, gleich werden unsere Fahnen tief sich neigen über dich, mein junger Kamerad, und über das Flaggentuch, das dich einhüllt. Dann aber wird es sein, als ob du das Wort riefest, das du uns lehrtest, das stolze Wort: ›Die Fahne hoch!‹ und die Fahnen werden wieder steigen, wie du es willst, vom Tode hinauf zum heißen Leben – und mit ihnen wird dein Geist heraussteigen aus der Gruft, wird tief dringen in unsere Herzen, in uns leben für alle Zeit, solange wir atmen dürfen.«

Der Wagen der beiden Frauen fährt nur wankend und langsam auf den Straßen, er bleibt immer wieder stehen: die Menschenmenge drängt sich immer noch Kopf an Kopf. Die Polizei, die für den Trauerzug zum Friedhof alle Vorbereitungen getroffen hatte und in dichten Scharen für Schutz sorgte, hat auf einen solchen Rückweg kaum gerechnet. Gleich an der Kirchhofsmauer kommt es zu heftigsten Kämpfen. SA und Studenten drängen die Kommunisten in die Nebenstraßen ab. Die Schupomannschaften werden unruhig, drängen kraftvoll in die Menge ein, schlagen nieder, was sie erreichen können: Teilnehmer an der Trauerfeier und völlig unbeteiligte Leute, die von der Arbeit kommen. Rechts und links flieht die Menge vor den Gummiknüppeln der Polizei.

Sie kommen zum Alexanderplatz, der roten Zentrale, denn hier liegt das Karl-Liebknecht-Haus. Wieder gibt es minutenlange Stockung und die Schupos jagen heran, schlagen nieder was sie nur treffen können, wahllos, sinnlos. Man knüppelt und knüppelt. Wilde Flüche zerreißen die Luft, gellende Schreie der Frauen und Kinder.

»Die Nationalsozialistische Deutsche Arbeiter-Partei Gau Berlin erließ eine Anordnung anläßlich des Opfertodes von Horst Wessel, die folgende Bestimmungen enthielt: Bis 12. März solle die Parteigenossenschaft Trauer anlegen; während dieser Zeit meiden alle Parteigenossen öffentliche Vergnügungen; den Eltern wird anheim gestellt, ihre Kinder anzuleiten, beim Gebet zu bitten, die ganze deutsche Jugend möge mit dem Opfergeist Horst Wessels erfüllt werden; in jeder Parteiveranstaltung bis zum 12. März ist Horst Wessels würdig zu denken; der SA Sturm 5 heißt jetzt: ›Horst Wessel Sturm 5‹; der Gau veranstaltet am 3. und 4. März im Bachsaal Horst Wessel Gedenkfeiern. Dieser Fall Horst Wessel, nach dem auch das Parteilied, das Horst-Wessel-Lied benannt ist (von Horst Wessel selber gedichtet), ist sinnbildlich für das Leben und die innere Entwicklung der SA in Berlin. Deshalb wurde er hier ausführlich behandelt.«

»In zehn Jahren werden es die Kinder in den Schulen, die Arbeiter in den Fabriken, die Soldaten auf den Straßen singen! Ich sehe im Geiste Kolonnen marschieren, endlos, endlos, endlos. Ein gedemütigtes Volk steht auf und setzt sich in Bewegung und aus Millionen Kehlen klingt es auf, das Lied der deutschen Revolution: ›Die Fahne hoch!‹« Dr. Joseph Goebbels, der Gau-Leiter von Berlin hatte sich hier geirrt. Schon drei Jahre später, nach der Machtübernahme der Nationalsozialisten 1933 wird das Lied von ganz Deutschland gesungen!

Die brutale und hemmungslose, von den Kommunisten inszenierte Demonstration beim Begräbnis Horst Wessels löste bei den Bürgern Berlins einen gewaltigen Schock aus. Die Auswirkung davon bekommen die KPD-Leute fünf Monate später bei den Reichstagswahlen zu spüren.

Der 14. September 1930 bringt der NSDAP einen Sieg, der in der Geschichte der Parlamente einzig ist: Ihre Vertretung im Reichstag schnellt von zwölf auf 107 hinauf. Aus einer bedeutungslosen Splitterpartei ist sie zur zweitstärksten Partei angewachsen. Ein fantastischer Erfolg. »Die Straßen frei den braunen Batallionen!« meldet am 15. September 1930 der *Völkische Beobachter.*

17. Polizeiberichte über Horst Wessel

Die Berliner Polizei gibt unter dem Aktenzeichen Tgb. Nr. I.A. 7.6836 – Horst Wessel, eine Anweisung an Inspektion III zum »Bericht über die Persönlichkeit des verstorbenen nationalsozialistischen Mitgliedes und Angehörigen der SA – Horst Wessel, zwecks Anlage einer Charakteristik. ›Ich bitte hierbei, alle über Wessel bekanntgewordenen und noch zu ermittelnden Tatsachen politischer und persönlicher Natur, die Rückschlüsse auf sein politisches und persönliches Verhalten sowie auf seine Charakteranlagen ermöglichen, zusammenzustellen. Insbesondere bitte ich bei der Berichterstattung die Inspektion II und zwar Herrn C. C. Teichmann, der seinerzeit die Angelegenheit betreffend Erschießung des Horst Wessel bearbeitet hat, zu beteiligen. Gez. Osterle‹

I.A.III. 1. Bericht. Horst Wessel, 9. 10. 07 in Bielefeld geboren, Jüdenstraße 51/52, später Große Frankfurter Straße 62 bei Frau Salm wohnhaft gewesen, am 23. 2. 1930 an den Folgen einer Schußverletzung gestorben. Wessel war Sohn eines vor mehreren Jahren verstorbenen Pfarrers und lebte anfänglich zusammen mit seiner Mutter und zwei Geschwistern von dem

Witwengeld seiner Mutter. Er studierte an der Universität in Berlin Rechtswissenschaft, mußte aber nach einigen Semestern aus Mangel an Mitteln das Studium aufgeben. Er zog von seiner Mutter fort und arbeitete in verschiedenen Berufen, wobei er sich als Werkstudent bezeichnete. U. a. war er als Straßenbauarbeiter tätig. Er bewohnte zuletzt mit seiner Braut Erna Jänicke ein Kochzimmer in der Gr. Frankfurter Straße 62. Die Jänicke war früher Prostituierte, ist aber von Wessel aus diesen Kreisen herausgehoben worden. Wessel lebte mit ihr gegen den Willen seiner Mutter zusammen und unterhielt sie von seinem Verdienst. Er lebte in recht ärmlichen Verhältnissen. Bereits vor Aufgabe seines Studiums hatte er begonnen, sich mit Politik zu beschäftigen. Er trat der NSDAP bei und beschäftigte sich sehr rege in der SA, so daß er Führer des Sturmes 5 wurde. Dieser Sturm setzte sich zum großen Teil aus ehemaligen Mitgliedern der KPD zusammen. Seitens der hiesigen Partei- und SA-Führung rechnete man es Wessel hoch an, daß er es verstand, die zum Teil ziemlich verwahrlosten früheren KPD-Mitglieder in einer Ordnung zusammenzuhalten. Wessel war auch aus diesem Grund als Führer der die Stürme des Berliner Ostens zusammenfassenden Standarte vorgesehen. Als Führer des Sturmes 5 dichtete er für die SA ein Gedicht, das heute als ›Horst-Wessel-Lied‹ innerhalb der gesamten Partei bekannt ist. Am Schluß nahezu aller NSDAP-Veranstaltungen im Reich wird dieses Lied gesungen. Am 14. 1. 1930 wurde Wessel in seiner Wohnung, Gr. Frankfurter Straße 62 von dem Kommunisten Albert Höhler, gen. ›Ali‹ und zwei anderen Kommunisten überfallen und durch einen Pistolenschuß lebensgefährlich verletzt. An den Folgen dieses Schusses ist Wessel verstorben. Wessel gilt deshalb als Märtyrer der Partei. Das Horst-Wessel-Lied hatte daher auch die erwähnte weittragende Bedeutung in der ganzen Partei erhalten.«

Der Polizeipräsident von Berlin erhält ein Schreiben vom Regierungspräsidenten aus Kassel mit folgendem Inhalt:

»Betr. Horst Wessel. Eine Ortsgruppe der NSDAP im hiesigen Regierungsbezirk hat an einer öffentlichen Straße einen Gedenkstein als Horst-Wessel-Denkmal aufgestellt und es besteht die Möglichkeit, daß ähnliche Bestrebungen an anderer Stelle einsetzen werden. Um zu prüfen, ob derartige Aufstellungen im öffentlichen Interesse geduldet werden können, wäre es mir erwünscht, näheres über die Persönlichkeit des seinerzeit von Kommunisten ermordeten Nationalsozialisten Horst Wessel zu erfahren. Nach Mitteilungen der der NSDAP gegnerisch gesinnten Presse soll Horst Wessel eine wenig gut beleumdete Persönlichkeit gewesen sein. Der Regierungspräsident.«

Aus den Anfängen der Horst-Wessel-»Legende« stammt dieser Brief. Man wagte seinerzeit noch nicht, darüber selbst Entscheidungen zu treffen und fragte lieber in Berlin nach. Der Regierungspräsident konnte nicht ahnen, daß nach einigen Jahren Horst-Wessel-Denkmäler in ganz Deutschland stehen werden.

IV

DIE TAGE VOM 22. SEPTEMBER – 26. SEPTEMBER 1930

Sensation in Berlin-Moabit – Die Täter vor dem Schwurgericht – Was ist eine proletarische Abreibung? – Das Urteil – Die Presse

18. Erster Prozeßtag. (Salm, Joneck, Jambrowski usw.)

Berlin-Moabit hat seinen ganz großen Tag. Seit den frühen Morgenstunden ist das Gerichtsgebäude umlagert. Starke Polizeieinheiten bewachen die Eingänge. Als die Verhandlung beginnt und der Zuhörerraum für das Publikum freigegeben wird, setzt ein Überfall von vier- bis fünfhundert Menschen auf die relativ wenigen Plätze ein. Der Tumult ist so groß, daß Schupo die wildgewordenen Neugierigen unter Anwendung von Gummiknüppeln aus dem Saal weisen müssen. Den ganzen Tag über stehen auf den Gängen und auf der Straße hunderte von Leuten, die die Sensation genießen möchten. Zu verantworten haben sich achtzehn Personen, darunter drei Frauen. Die Verhandlung leitet Landgerichtsdirektor Dr. Tolk. Anklagevertreter ist Staatsanwalt Dr. Fischer, dem von Zeit zu Zeit der Moabiter Experte für politische Prozesse, der Erste Staatsanwalt Köhler, assistiert. Für Rechtsanwalt Frey, der in letzter Minute die Verteidigung des Albert Höhler niederlegte, weil er politische Unannehmlichkeiten befürchtete, ist Rechtsanwalt Dr. Apfel eingesprungen, ein Kommunist mit bougeoisen Vorzeichen. Weiterhin verteidigen die Rechtsanwälte Herbert Fuchs, Dr. Löwenthal, Reichstagsabgeordneter der KPD, Frau Benjamin und der alte Justizrat Broh.

Die Hauptangeklagten Albrecht Höhler, Erwin Rückert und Josef Kandulski werden des Totschlags, begangen an dem nationalsozialistischen Studenten Horst Wessel, beschuldigt, die übrigen Angeklagten der Beihilfe und des Beistandes.

Wenige Minuten nach 9.30 Uhr werden die Angeklagten aufgerufen. Die Zeugen sind für Dienstag geladen. Bei der großen Zahl der Beteiligten muß auf der Anklagebank erst Platz geschaffen werden. Als erster sitzt der Haupttäter Ali Höhler, neben ihm Erwin Rückert und Josef Kandulski, die mit Höhler in die Wessel-Wohnung eingedrungen sind. Das Hauptinteresse erregt naturgemäß Höhler, der aufmerksam den Zuschauerraum mustert und seine Mitangeklagten durch Händeschütteln begrüßt. Auf der äußersten Ecke der hinteren Bank sitzt der kommunistische Parteisekretär Viktor Drewnitzki, der ehemals Vertreter der KPD bei der Roten Gewerkschaftsinternationale war und seinerzeit Höhler über die Grenze nach Prag gebracht hatte.

Vor Beginn der Verhandlung lehnt Rechtsanwalt Löwenthal einen Geschworenen, den Fabrikdirektor Hasse, wegen Befangenheit ab, weil er Mitglied einer politischen Organisation sein soll. Es wird aber festgestellt, daß sich unter den Geschworenen gar kein Fabrikdirektor Hasse befindet.

Der Vorsitzende erklärt, er beabsichtige, den Fall historisch zu entwickeln und als erste Frau Salm, die Zimmervermieterin Wessels, zu vernehmen. Er möchte feststellen, wie die Sache sich entwickelt habe, wie Frau Salm dazugekommen ist, Wessel bei den Kommunisten anzuschwärzen und deren Hilfe in Anspruch zu nehmen.

Frau Salm, eine etwas verweinte, unscheinbar aussehende junge Frau aus dem Rheinland mit linkischen Bewegungen und müder, resignierter Stimme schildert, manchmal von ersticktem Schluchzen am Reden gehindert, den verhängnisvollen Abend des 14. Januar.

»Bei mir wohnte der Student Wessel, der blieb mir zwei

Monate lang die Miete schuldig. Als ich ihn mahnte, schnauzte er mich an: ›Mach', daß du rauskommst. Du bekommst keinen Pfennig!‹ Darauf ging ich zur Polizei und meldete Fräulein Jänicke, die bei Wessel wohnte, ab. Ich bat auch Wessels Mutter, mir zu helfen. Darauf schimpfte Wessel wieder: ›Lassen Sie meine Mutter aus dem Spiel.‹ Ich konnte das Wesselsche Treiben nicht länger dulden. Ich mußte ständig nachts aufstehen und Besuche hereinlassen. Mitunter kamen um vier Uhr nachts vier bis sechs Personen, die in Wessels Zimmer Versammlungen abhielten, wobei es immer sehr erregt zuging.«

Vorsitzender: »Wohnte bei Wessel noch jemand?«

Salm: »Ja, seine Braut. Wessel sagte, er brauche sie zum Reinemachen.«

Vorsitzender: »Waren Sie immer in der Wohnung?«

Salm: »Ich war einmal einige Wochen bei meinem Kind im Rheinland. Als ich zurückkam, erfuhr ich, daß Wessel seine Freundin ohne mein Wissen polizeilich angemeldet hat. Fräulein Jänicke war aber ein anständiges Mädchen, dem ich nichts nachsagen kann. Aber Wessel weigerte sich, für die Braut Miete zu bezahlen und selbst die Wohnung zu verlassen.«

Vorsitzender: »Hatten Sie die Wohnung an Wessel verkauft?«

Salm: »Nein. Er hat mir zwar wohl 200 Mark Miete als Vorschuß gegeben, aber die Wohnung gehörte mir.«

Vorsitzender: »Wenn Sie von Wessel einen so hohen Betrag erhalten haben, dann konnten Sie ihn doch nicht wegen Mietschulden hinaussetzen. Wessel wohnte doch nur von Oktober bis Januar bei ihnen.«

Salm: »Ich sollte von ihm noch 32,50 Mark monatlich bekommen. Als ich ihn darum gemahnt habe, hat er mich mit den Worten: ›Mensch, von mir bekommen Sie keinen Pfennig‹ aus dem Zimmer gewiesen. Dann wollte ich auch die Braut raushaben, weil sich die Hausbewohner über sie beschwerten. Wenn Wessels Mutter kam, flüchtete sie immer in die Küche.«

Vorsitzender: »Was unternahmen Sie dann weiter?«

Salm: »Meine Schwiegermutter hat mir geraten, ich soll mich an Freunde meines verstorbenen Mannes wenden, damit Wessel sieht, daß ich auch Hilfe habe. So ging ich zu Max Jambrowski und bat ihn um Schutz.«

Vorsitzender: »Sollte Jambroswki Wessel hinausschmeißen?«

Salm: »Wessel sollte nur sehen, daß ich Schutz habe. Ich wollte Hilfe haben, bei der Entfernung seiner Braut. Darauf kamen aus dem Lokal in der Dragonerstraße Fräulein Else Cohn und Walter Jambrowski in meine Wohnung mit. Max Jambrowski und Walter Joneck waren in eine andere Kneipe gegangen, nachdem sie sich mit anderen Männern in einer Kneipe besprochen hatten. Fräulein Cohn entfernte sich dann noch einmal aus der Wohnung und kehrte nach einigen Minuten mit Höhler, Rückert und Kandulski zurück. Sie saßen alle in der Küche.«

Vorsitzender: »Was haben Sie mit Höhler und den anderen besprochen?«

Salm: »Nichts.«

Vorsitzender: »Also, dann mußte ein anderer Höhler schon über alles informiert haben.«

Salm: »Das weiß ich nicht.«

Vorsitzender: »Wurde in der Küche ein Revolver geladen?«

Salm: »Nein, Höhler, Rückert und Kandulski gingen aus der Küche und Fräulein Cohn schloß die Küchentür ab. Plötzlich ist ein Schuß gefallen. Ich wurde bleich und stürzte entsetzt in das Zimmer, wo ich Wessel angeschossen liegen sah. Inzwischen war Höhler in die Küche geeilt und hatte aufgeregt gerufen: ›Nun aber alles schnell raus und nach Hause!‹ Seine Braut, Fräulein Jänicke, hob den Revolver auf und nahm ihn an sich. Wenig später kamen Wessels Freunde. Ich wollte den in der Nähe wohnenden Arzt holen, aber jemand hielt mich am Arm fest und rief: ›Unterstehen Sie sich, das ist ein Jude! Der hat unseren Wessel nicht anzurühren!‹ Und Wessel selbst, der noch bei vollem Bewußtsein war, sagte zu mir: ›Kommen Sie ja nicht mit dem Juden, den schmeiß' ich die Treppe hinunter, daß er sich das Genick bricht.‹ Nach etwa einer Stunde kam dann ein Arzt und Wessel wurde ins Krankenhaus gebracht. Ich sagte noch zu Jänicke: ›Warum waren Sie immer so barsch zu mir?‹«

Vorsitzender: »Haben Sie Wessel auf Waffen untersucht?«

Salm: »Nein. Ich habe ihn nur hochgehoben, aber nicht in die Taschen gefaßt. Ich habe nur die Polizei darauf aufmerksam gemacht, daß Fräulein Jänicke dem verwundeten Wessel einen Revolver abgenommen hat.«

Vorsitzender: »Das ist aber ganz neu, das steht nicht im Protokoll.«

Salm: »Ich habe es aber dem Kriminalkommisar Teichmann gesagt und er hat mir erwidert, es ist alles bereits im Protokoll. Ich habe ihm auch gesagt, daß der Beamte damals den Revolver Wessels Freundin zurückgegeben habe.«

Vorsitzender: »Waren Sie nachher im Karl-Liebknecht-Haus?«

Salm: »Ja. Wenige Tage nach der Tat wurde mir von einem Nachbarn ein Zettel übergeben, da stand, daß ich ins Karl-Liebknecht-Haus kommen soll. Und dort hat mir ein junger Herr mit Brille gesagt, die Polizei wolle die kommunistische Partei in die Affäre hineinverwickeln. Höhler sei ein Zuhälter und Wessel sei es sicherlich auch. Ich soll das bestätigen, dann wird daraus ein Eifersuchtsdrama. Ich sagte darauf, Wessel ist kein Zuhälter, er habe nur gearbeitet.«

Vorsitzender: »Sind Sie nach der Tat noch mit einem der Angeklagten zusammengewesen?«

Salm: »Ja, ich ging zu Max Jambrowski, der mir sagte, es ist schon alles richtig, geht man hin zum Karl-Liebknecht-Haus.«

Vorsitzender: »Haben Sie gehört, daß Max Jambrowski am gleichen Abend nach der Tat in dem Versammlungsraum des

Lokals in der Dragonerstraße rief: ›Wer etwas verrät, kriegt eine Kugel durch den Kopf?‹«

Salm: »Nein, das hat jemand in der Küche gerufen. Ich habe es aber nicht gehört, sondern meine Schwiegermutter hat mir das erzählt.«

Vorsitzender: »Sie kannten Joneck von früher, als Ihr verstorbener Mann noch Mitglied bei der kommunistischen Partei war. Haben Sie Joneck dringend gebeten, dem Unternehmen fern zu bleiben?«

Salm: »Nein. Joneck ging ja mit uns allen zusammen.«

Staatsanwalt Fischer: »Hat die Angeklagte Salm nicht den Schlüssel zu Wessels Schrank dem Angeklagten Jambrowski im Kommunistenlokal gegeben?«

Salm: »Das war der Schlüssel zu meinem Küchenschrank. Und ich habe ihn deshalb gegeben, weil ich wußte, daß die Herren Wessels Waffen an sich nehmen . . .«

Staatsanwalt: »Warum ließen Sie die Korridortür offen, als die Cohn wegging und Verstärkung holte?«

Salm: »Das war nicht ich, das war die Cohn.«

Staatsanwalt: »Als der Schuß krachte, kam Höhler in die Küche gestürzt und schrie: ›Alles raus!‹?«

Salm: »Ja.«

Staatsanwalt: »Waren Sie später noch im Karl-Liebknecht-Haus und haben Sie dort die Herren informiert, was Sie bei der Polizei ausgesagt haben?«

Salm: »Nein. Ich habe nur mit einem Herrn Klein darüber gesprochen.«

Verteidiger Fuchs: »Hat sich Wessel nicht gerade in der letzten Zeit Ihnen gegenüber dadurch besonders lästig gemacht, daß er stoßweise Dokumente in seinem Zimmer aufbewahrte, die sich auf den Umsturz in Deutschland bezogen?«

Salm: »Ja.«

Verteidiger Fuchs: »Hat er Ihnen die Papiere gezeigt?«

Salm: »Ja, die Papiere hat er mir gezeigt.«

Vorsitzender: »Was waren das für Papiere?«

Salm: »Das waren große blau gehaltene Bücher. Als Herr Wessel verwundet war, hat der nationalsozialistische Kamerad, der zu ihm kam, gesagt: ›Schnell, die Bücher weg, damit die Polizei sie nicht findet‹, und er hat sie dann beiseite geschafft.«

Rechtsanwalt Fuchs beantragt, einen Sachverständigen zu laden, der darüber aussagen soll, ob Wessel zu retten gewesen wäre, wenn nicht die Nationalsozialisten Frau Salm an der Alarmierung des jüdischen Arztes gehindert hätten. Die Verteidiger Fuchs und Löwenthal bemühen sich weiter, Frau Salm als eine unpolitische Person hinzustellen.

Rechtsanwalt Fuchs: »Kennen Sie den Polizeibeamten, den Sie um Schutz gegen Wessel gebeten hatten und der Ihnen darauf sagte: ›Wir können nichts machen, in Ihrer Wohnung sind Sie selbst Schutzmann.‹?«

Salm: »Den Polizisten kenne ich nicht. Das war aber in der Magazinstraße.«

Rechtsanwalt Apfel: »Sie sagten, es wären mehrere Männer nach der Tat gekommen?«

Salm: »Ja, die hatte die Jänicke geholt.«

Staatsanwalt: »Als Sie mit Max Jambrowski in der Restauration noch über den Fall Wessel sprachen, meinte da Max Jambrowski: ›Ja, das ist der langgesuchte Wessel!‹?«

Salm: »Ja, das hat Jambrowski gesagt.«

Die Vernehmung der Frau Salm im Totschlagprozeß Wessel vor dem Schwurgericht des Landesgerichts I wird in den Vormittagstunden beendet.

Als nächster Angeklagter wird der Arbeiter Walter Joneck vernommen. Seine Aussagen sowie die Aussagen aller anderen Angeklagten, die nach ihm zu Wort kommen, sind außerordentlich unbestimmt und von dem Bestreben diktiert, nichts Belastendes gegen sich und die Mitangeklagten zu sagen. Joneck, der im Versammlungslokal der Kommunisten mit Bekannten Billard gespielt haben will, sagte im einzelnen aus:

»Es wurde ans Fenster geklopft und Frau Salm kam mit ihrer Schwiegermutter herein und erzählte von Wessel, gegen den sie Schutz suche. Die Polizei habe ihr gesagt, sie sei nicht dazu da, einer Frau in ihrer Wohnung Schutz zu gewähren. Ich ging dann in die Funktionärsversammlung, die im Hinterzimmer des Lokals tagte, und habe dort von dem Vorfall mit Frau Salm berichtet. Man hat mich aber aus der Sitzung gewiesen, weil man für die Sache keine Zeit habe. Ich bin dann in ein anderes kommunistisches Lokal in der Mulackstraße gegangen, wo ich Höhler und Rückert getroffen habe. Mit diesen beiden bin ich dann in das erste Lokal zurückgegangen und wir haben dann verabredet, Wessel eine proletarische Abreibung zu geben.«

Vorsitzender: »Sie wußten also, daß gegen Wessel etwas unternommen werden sollte?«

Der Angeklagte gibt darauf keine klare Antwort. Auf eindringliches Befragen des Vorsitzenden gibt er aber zu, daß er Bescheid wußte, daß er aber nicht in die Salmsche Wohnung gegangen sei, sondern als Wachtposten auf der Straße geblieben sei.

Rechtsanwalt Apfel stellt einen Beweisantrag, er vermisse nämlich die Ausdehnung der Anklage auf die Leute, die Frau Salm gehindert haben, einen jüdischen Arzt herbeizuholen.

Staatsanwalt Fischer: »Dazu lag nach dem Ermittlungsergebnis keinerlei Veranlassung vor.«

Rechtsanwalt Fuchs schließt sich dem Antrag Apfels an und erklärt: »Gegen diese Leute muß nicht nur wegen eines Unterlassungsdeliktes vorgegangen werden, sie haben sich eines durchaus strafwürdigen Verhaltens schuldig gemacht.«

Rechtsanwalt Dr. Fritz Löwenthal stellt den Beweisantrag, Zeugen darüber zu vernehmen, daß die Abteilung der IA des Polizeipräsidiums den Fall Horst Wessel gegen die kommunistische Partei ausnutzen wollte, und daß deshalb die Vernehmungsprotokolle falsch niedergelegt worden sind.

Als nächster Angeklagter wird der 34 Jahre alte, wegen Unterschlagung mehrfach vorbestrafte Funktionär der kommunistischen Partei, Max Jambrowski vernommen. Wie naiv sich in diesen Köpfen die Welt ausnimmt und wie sie einen Totschlag durchaus als Bagatelle des Alltags ansehen, erweist diese Vernehmung.

Jambrowski: »An dem betreffenden Tag nahm ich als Funktionär der KPD an einer Funktionärssitzung teil. Als wir eine halbe Stunde getagt hatten, kam Walter Joneck in das Sitzungszimmer und erzählte, draußen sei eine Frau Salm, die von ihrem Untermieter bedroht werde und um Schutz bitte. Nach Beendigung unserer Debatte ging ich hinaus und traf Frau Salm. Sie erzählte mir von den Schwierigkeiten, die sie mit Wessel hat. Ich fragte Frau Salm: ›Warum kommen Sie gerade zu uns?‹ Sie antwortete: ›Ich kenne Sie von meinem verstorbenen Mann her.‹ Inzwischen war Walter Joneck wiedergekommen und hatte Ali Höhler und Erwin Rückert mitgebracht. Frau Salm erzählte Ali Höhler noch einmal alles und Höhler und Rückert gingen nunmehr zur Großen Frankfurter Straße. Frau Salm und ich folgten. In die Wohnung bin ich nicht gegangen. Ich traf Höhler später, er sagte: ›Es ist schon alles erledigt.‹«

Vorsitzender: »Haben Sie Höhler und Rückert noch am gleichen Abend in der Gastwirtschaft ›Bär‹ getroffen?«

Jambrowski: »Nein.«

Vorsitzender: »Haben Sie bei ›Bär‹ gesagt: Wer etwas verrät, kriegt eine Kugel durch den Kopf?«

Jambrowski: »Wenn ich das gesagt hätte, wäre ich heute nicht mehr Mitglied der KPD.«

Vorsitzender: »Was waren Sie bei der KPD?«

Jambrowski: »Ich war Kassierer bei der Sturmabteilung Mitte.«

Vorsitzender: »Haben Sie das Geld, das Sie als Kassierer verwalteten, für den Ankauf von Waffen ausgegeben?«

Jambrowski: »Nein, wir haben keine Waffen.«

Vorsitzender: »Woher hatten die Angeklagten Höhler und Rückert ihre Waffen?«

Jambrowski: »Das weiß ich nicht.«

Vorsitzender: »Haben Sie nicht die Waffen verteilt?«

Jambrowski: »Das ist bei den Nazis so, nicht bei uns. Wir kämpfen nicht mit Mordinstrumenten, wir kämpfen mit der Faust.«

Vorsitzender: »Sie sollen aber Höhler und Rückert das Geld für den Ankauf von Waffen gegeben haben?«

Jambrowski: »Hätte ich so etwas getan, hätte man mich aus der KPD hinausgeworfen.«

Vorsitzender: »Muß nicht bei so einer Aktion, wie dieser gegen Horst Wessel, immer ein Führer der Sturmabteilung verantwortlich zeichnen?«

Jambrowski: »Es war gar kein Führer.«

Der Angeklagte Kupferstein springt auf: »Ich werde mich nachher äußern. Der politische Führer der Sturmabteilung Mitte war ich.«

Auf Fragen des Vorsitzenden erklärt nun der Angeklagte weiter, die Sturmabteilung habe mit der KPD unmittelbar nichts zu tun. »Sie ist eine proletarische Selbstschutzorganisation. Am Tag nach der Tat ist Höhler zu mir gekommen und hat mir das Steckbriefbild in der Zeitung gezeigt.«

Vorsitzender: »Und da haben Sie ihm dann zur Flucht verholfen?«

Jambrowski: »Da hatten wir gar kein Interesse daran. Ich habe weder was gesehen noch gehört von der Flucht, auch nicht von Beeinflussungsversuchen aus dem Karl-Liebknecht-Haus an Frau Salm.«

Rechtsanwalt Löwenthal: »Waren von den Angeklagten einige Mitglieder Ihrer Abteilung?«

Jambrowski: »Ja. Höhler und Rückert waren in meiner Abteilung.«

Rechtsanwalt Fuchs: »Der Angeklagte bestreitet den Gebrauch von Waffen. Was versteht er denn unter ›proletarischer Abreibung‹?«

Jambrowski: »Wenn wir von der Sturmabteilung jemandem eine proletarische Abreibung geben, dann schlagen wir ihn so, daß er nachher ins Krankenhaus eingeliefert werden muß. (Im Saal entsteht große Unruhe.) Aber er erhält diese Abreibung nur mit der Faust.«

Vorsitzender: »Ich bin durch die Antwort einigermaßen überrascht. Der Herr Verteidiger legt wohl keinen Wert darauf, daß noch weitere Fragen in dieser Richtung gestellt werden. Haben Sie im Restaurant ›Bär‹ und auch in der Wohnung der Frau Salm gesagt: ›Wer auch nur eine Silbe verrät, bekommt eine Kugel in den Kopf?‹«

Jambrowski ruft erregt: »Das stimmt nicht, das habe ich nicht gesagt, das ist nicht wahr!«

Frau Salm: »Doch, ich habe es von meiner Schwiegermutter auch bestätigt bekommen. Sie hat die Worte auch gehört: ›Wer irgend etwas verrät, wird zusammengeschossen!‹«

Es folgt die Vernehmung des Walter Jambrowski. Er sagt aus:

»Ich traf Walter Joneck; es war davon die Rede, Horst Wessel aus der Wohnung zu setzen. Ich ging mit in die Wohnung der Frau Salm und setzte mich in die Küche. Frau Salm wollte uns noch Kaffee aufbrühen. Inzwischen ging Else Cohn weg und kam später mit Höhler, Rückert und Kandulski wieder. Ich sah noch, wie Ali einen Revolver entsicherte und ihn wieder in die Tasche steckte. Dann hörte ich einen Schuß krachen und sagte: ›Mann, der feige Lump (gemeint ist Wessel) schießt wohl noch durch die Tür.‹ Nach zehn Minuten kam Ali und rief: ›Alles raus!‹«

Vorsitzender: »Wenn ein Schuß fällt, dann bleiben Sie doch nicht zehn Minuten lang still sitzen?«

Jambrowski: »Ja, ich blieb still sitzen.«

Vorsitzender: »Wo blieben Sie nach der Tat?«

Jambrowski: »Ich ging zum ›Bär‹ zurück, um meine unterbrochene Partie Billard zuende zu spielen.«

Vorsitzender: »Hat Ihr Bruder Max gesagt: ›Wer etwas verrät, kriegt eine Kugel durch den Kopf!‹?«

Jambrowski: »Das habe ich nicht gesagt!«

Vorsitzender: »Bei der Vernehmung auf der Polizei haben Sie aber gesagt: ›Wir wurden alle in das Hinterzimmer der Gastwirtschaft gerufen, dort wurde eine Ansprache gehalten und uns Schweigepflicht geboten.‹ Ihr Bruder sagte dann noch: ›Wer etwas verrät, der kriegt eine Kugel durch den Kopf!‹«

Jambrowski: »Ich wiederhole, das habe ich nicht gesagt. Die Abteilung IA muß derartiges in meine Aussagen hineingeschmuggelt haben.«

Walter Jambrowski verteidigt sich zungengewandt und mit bemerkenswertem Humor in schönstem Berliner Dialekt.

Der dritte der Brüder Jambrowski, der Angeklagte Willi Jambrowski, der dem Stahlhelm seit seiner Gründung bis zum Jahre 1929 angehörte und jetzt Kurier bei der kommunistischen Sturmabteilung Mitte ist, will von den ganzen Vorgängen in der Wohnung nichts erfahren haben und bestreitet auch, daß ein Revolverüberfall geplant gewesen sei.

Schließlich wird noch die Angeklagte Else Cohn vernommen. Sie war mit Walter Jambrowski in der Küche der Frau Salm und hatte die drei Männer, nachdem sie erfahren hatte, daß Wessel zu Hause sei, heraufgeholt. In der Küche hätten Höhler und Rückert Pistolen herausgeholt, sie geladen und entsichert. Was dann geschehen sei, wisse sie nicht mehr, sie habe einen Nervenzusammenbruch erlitten und stehe noch immer unter dessen Wirkung.

Die Vernehmung dieser beiden Angeklagten erbringt nichts neues. Willi Jambrowski und auch Else Cohn halten sich in ihren Aussagen zurück, und dort, wo der Vorsitzende versucht, durch Vorhalte der Protokolle die Wahrheit herauszubekommen, erklären die beiden, daß sie jetzt nichts mehr wüßten. Damit wird der Verhandlungstag abgeschlossen.

Der erste Tag des Totschlagprozesses Ali Höhler und Genossen ist vorüber, aber nirgends schimmert auch nur eine Hoffnung auf, die die aus naheliegenden Gründen aufgestellte These der kommunistischen Presse zu stützen vermochte, der Totschlag Wessels sei die interne Angelegenheit zweier Zuhälter. Die Verteidiger springen auf, stellen Fragen an die Angeklagten, womit sie mehr die Kommunistische Partei herauspauken möchten als die Männer und Frauen auf der Anklagebank. Die Angeklagten, die ja in die ganze Sache größtenteils unüberlegt hineingeschlittert sind, begreifen das alles nur halb und machen aus ihren Herzen keine Mördergrube.

So ist es: Ein Jahr lang hat man den Leuten in der Sturmabteilung vorgepredigt: Schlagt die Faschisten, wo Ihr sie trefft! Und als sich die erste Gelegenheit dazu bot, hat man zugeschlagen; und Horst Wessel stand nicht mehr auf. Das Ganze ein Eifersuchtsdrama zweier Zuhälter? Nichts hat bisher dieses im Karl-Liebknecht-Haus ausgeheckte Ablenkungsmanöver bestätigt. Die KPD wird den Ali Höhler nicht so leicht loswerden. Vor allem wird Höhler ja selbst noch sprechen. Vielleicht »packt er aus«.

19. Zweiter Prozeßtag (Höhler, Rückert usw.)

Der Andrang des Publikums ist am Dienstag, dem zweiten Verhandlungstag noch größer als am Vortag. Schon bei Morgengrauen haben sich Menschenmassen auf der Freitreppe des Gerichtes angesammelt. Während des Wartens kommt es zu wüsten Szenen, die schließlich so ausarten, daß die Schupo wiederum mit Gummiknüppeln Ordnung schaffen muß. Es ist so schlimm, daß die umliegenden Geschäfte aus Furcht vor Plünderungen ihre Läden schließen. Eine unfreiwillige Hilfe findet die Polizei in einer mit klingendem Spiel vorbeiziehenden Reichswehrkapelle. Viele befriedigen ihr Unterhaltungsbedürfnis, indem sie mit dem Militär mitwandern und damit der politisch interessierten Zuhörerschaft das Feld überlassen. Als die Eingangstore geöffnet werden, entsteht ein Kampf unter den Wartenden. Frauen, die vorne stehen, werden von radaulustigen Burschen hochgehoben und über die Köpfe der Dahinterstehenden nach rückwärts befördert.

Vor Beginn der Verhandlung wird die Anklagebank umgruppiert. Ali Höhler sitzt nun auf der äußersten Linken und sein Komplize Rückert auf der äußersten Rechten. Die für heute geladenen Zeugen werden gleich wieder entlassen, da vor Mittwoch mit einer Beweisaufnahme nicht zu rechnen ist. Vorerst bleibt die mit Spannung erwartete Vernehmung des Höhler aus. Es wird noch einmal Frau Salm aufgerufen.

Vorsitzender: »Sie sind Elisabeth Salm, dreißig Jahre alt, verwitwet, ehemalige Schirmmacherin, wohnhaft in der Großen Frankfurter Straße 62, die Wirtin des Horst Wessel.«

Salm: »Ja.«

Vorsitzender: »Schildern Sie den genauen Hergang, wie es am 14. Januar zu der Tat kam!«

Salm: »Nach dem Tod meines Mannes habe ich am 1. Oktober vorigen Jahres einen Untermieter in die Wohnung nehmen müssen. Das war der Student Horst Wessel. Er hatte vorher nichts von seiner Braut, der Erna Jänicke, gesagt, und daß die mit ihm in das Zimmer ziehen würde, auch nichts von seiner Tätigkeit in der SA. Er zahlte im voraus 200 Mark, damit ich ihm nicht kündigen konnte. Aber ich wollte den ewigen Krach in der Wohnung nicht mehr haben. Und immer die vielen Besuche der SA-Leute bis in den Morgen hinein. Und daß seine Braut ohne meine Erlaubnis zu ihm gezogen ist. Und da habe ich ihm also gekündigt.«

Vorsitzender: »Was sagte Horst Wessel dazu?«

Salm: »Wessel behauptete, er hätte die ganze Wohnung für

200 Mark gekauft. Das war aber nur der Vorschuß, den er längst abgewohnt hatte. Er behauptete, das sei für ein halbes Jahr gewesen.«

Vorsitzender: »Er hat also keine Miete mehr bezahlt?«

Salm: »Nein. Als ich ihn mahnte, sagte er: ›Mensch, scher' dich raus, keinen Pfennig kriegst du!‹«

Vorsitzender: »Warum sind Sie dann nicht zur Polizei gegangen?«

Salm: »Ich bin doch auf dem Revier gewesen. Die haben mir gesagt: ›In Ihrer Wohnung sind Sie selbst Schutzmann.‹ Da bin ich nach dem letzten Streit, am 14. Januar, mit meiner Schwiegermutter in das Stammlokal der Kommunisten von Georg Bär in der Dragonerstraße gegangen. Die tagten gerade im Hinterzimmer.«

Vorsitzender: »Wußten Sie, was das für Leute waren, die da tagten? Eine Schlägertruppe, die geschlossen aus einem ›Ringverein‹ übergetreten war und bei ehrlichen Kommunisten in einem schlechten Ruf stand?«

Salm: »Nein, das wußte ich nicht. Und die sollten mir ja auch nur helfen, den lästigen Untermieter aus der Wohnung rauszuwerfen und seine Braut. Ich erzählte ihnen auch von den Schwierigkeiten mit ihm, daß er keine Miete zahlt und daß er rabiat wird, wenn ich etwas sage, und daß er seine Braut bei sich hat.«

Vorsitzender: »Kannte man Sie denn dort?«

Salm: »Ja. Mein verstorbener Mann ist ein alter Kommunist gewesen. Aber sie sagten erst, für so was sei ihre Bereitschaft nicht zuständig. Schöne Genossen, habe ich gesagt. Immer von Solidarität und Arbeiterklasse reden, aber wenn eine alleinstehende Arbeiterfrau in Bedrängnis gerät, kann sie selber sehen, wie sie fertig wird. Doch als ich dann sagte, daß es der Sturmführer Horst Wessel war, und daß er Waffen in seinem Schrank versteckt hat und Listen des Roten Frontkämpferbundes – das wirkte. Einer von den Leuten sagte: ›Die Sache wird gleich erledigt, wir kommen mit einem Rollkommando bei Ihnen vorbei; wir geben diesem Jungen eine proletarische Abreibung und setzen ihn an die frische Luft.‹«

Vorsitzender: »Und zu dieser Abreibung brachten sie Pistolen mit?«

Salm: »Ich hatte den Leuten gesagt, daß der Wessel immer eine Pistole trägt, und sie sollten vorsichtig sein. Bei den Nazis ballert's ja immer gleich.«

Vorsitzender: »Sie sind also anschließend gleich nach Hause gegangen?«

Salm: »Ja. Die Wohnungstür habe ich offenstehen lassen. Als die Männer kamen, ließ ich sie heimlich in die Küche. Ich sagte ihnen noch mal, sie sollten höllisch vorsichtig sein. Ich zeigte ihnen die Tür zu Wessels Zimmer, wo sie Posten faßten. Drinnen hörte man die Stimmen von Wessel und seiner Braut. Dann zog ich dreimal die Türklingel an der Wohnungstür – dreimal, das war für den Wessel –, damit er glauben sollte, es sei jemand für ihn da. Ich hörte, wie er aus der Tür kam und wie Höhler rief: ›Hände hoch!‹ Und dann schoß Höhler.«

Vorsitzender: »Um Ihren lästigen Untermieter loszuwerden, haben Sie also in Kauf genommen, daß er erschossen wird?«

Salm: »Ich ahnte ja nicht, daß sie gleich ernst machen würden. Die Pistole ist ja wohl auch nur aus Versehen losgegangen. Der Höhler war sehr aufgeregt und hat nur geschossen aus Angst, daß der Wessel zuerst schießt. Er hatte bestimmt nicht die Absicht, Wessel zu ermorden.«

Vorsitzender: »Oder handelten Sie und Höhler aus politischer Feindschaft gegen den Wessel?«

Salm: »Nein.«

Vorsitzender: »Kannte Höhler den Wessel?«

Salm: »Nein. Nicht persönlich.«

Vorsitzender: »Wissen Sie, ob Höhler die Braut des Wessel, die Erna Jänicke, kannte?«

Salm: »Nur flüchtig.«

Vorsitzender: »Das Ganze also ein Mieterstreit?«

Salm: »Ja.«

Vorsitzender: »Das genügt vorerst.«

Eine Klärung kann jedoch nicht herbeigeführt werden.

Dann wird Ali Höhler vernommen. Er ist ein großer, blonder, kräftiger Mann im Alter von 32 Jahren. Er hat ein hartes, sehr durchgearbeitetes Gesicht, herausstehende Backenknochen, überdeutliche Konturen. Nach Beurteilung seiner äußeren Erscheinung, die gepaart aus Gutmütigkeit und Gewalttätigkeit ist, überraschen die ruhigen, wohl abgewogenen Gesten dieses Mannes. Er trägt seine mehr als einstündige Rede fließend und betont ruhig vor, und sucht sich vor allem von dem Vorwurf zu befreien, ein Polizeispitzel zu sein. Zuerst wendet er sich an die zahlreich vertretenen Presseleute: »Ich bin, sowohl durch die Presselügen als auch durch Schmutzereien meiner eigenen Sturmgenossen verdächtigt worden, ein Polizeispitzel zu sein. Im Gegenteil. Meine eigenen Freunde haben mich gegen Geld an die Polizei verraten. Ich konnte mich in meiner Untersuchungshaft nicht wehren.«

Staatsanwalt Fischer: »Sie dürfen hier keine Volksreden halten.«

Höhler: »Aber ich muß feststellen, daß man gegen mich eine ganz niederträchtige Hetze entfacht hat.«

Vorsitzender: »Nun erzählen Sie einmal, wie Sie zu der Tat gekommen sind.«

Höhler: »Am Abend der Tat befand ich mich in einem Bereitschaftslokal. Draußen fiel ein Schuß, wir stürmten auf die Straße und fanden unseren Genossen Camillo Ross erschossen auf. Kurz darauf kam ein Genosse in das Lokal, besprach sich mit Rückert und diese beiden forderten mich auf, sie in das Lokal von Bär zu begleiten. Wir gingen los, trafen Josef Kandulski, der auch mitkam. In dem Lokal von Bär wurden wir von Max Jambrowski darüber informiert, daß eine gewisse Frau

Salm von ihrem Mieter anhaltend schikaniert wird und daß er sich weigern würde, die Miete zu bezahlen. Wir sollten diesen Mann an die frische Luft setzen. Ich hatte zuerst noch gar nicht gewußt, daß es sich um den berüchtigten nationalsozialistischen Sturmtruppführer Wessel handelt, von dem das Gerücht ging, daß er an dem am gleichen Tag auf den Jugendgenossen Camillo Ross verübten Mordanschlag beteiligt gewesen sein soll. Ein kleiner Trupp machte sich auf den Weg in die Große Frankfurter Straße zu Frau Salms Wohnung. Wir fanden zuerst das Haus nicht und mußten uns erst zurechtfragen. Bei dieser Gelegenheit kam Else Cohn und sagte: ›Wessel ist zu Hause, ihr könnt raufkommen.‹ Wir gingen zur Wohnung hinauf und fanden die Korridortür schon offen stehen. Wir setzten uns in die Küche. Frau Salm sagte mir: ›Menschenskind, Vorsicht, der hat ein ganzes Waffenlager in der Bude.‹ Ich erkundigte mich, ob Wessel einige seiner Parteifreunde bei sich habe. Das wurde von der Frau Salm verneint. Ich sicherte meine Pistole, lud sie und entsicherte sie gleich wieder, dann steckte ich sie in meine Manteltasche. Nunmehr gingen ich, Rückert und Kandulski zu Wessels Zimmertür. Wir klopften, es wurde aber nicht geöffnet. Das geschah erst auf ein Klingelzeichen der Frau Salm. Wessel öffnete die Tür und es ist meine feste Überzeugung, daß er die Situation sofort überblickte. Ich sah, wie er zur Gesäßtasche griff und sagte mir blitzschnell: ›Halt, der Kerl will dich abmurksen!‹ Ich schrie furchtbar aufgeregt: ›Mensch, Hände hoch!‹ Ich riß gleichzeitig die Pistole aus der Manteltasche heraus und schoß ohne jedes Ziel. Wessel fiel um. Die beiden Frauen, die im Zimmer waren, schrien auf, worauf Kandulski, Rückert und ich gleichzeitig in das Zimmer stürzten. Eine der Frauen kannte ich von früher, es war die Jänicke, als sie noch am Alexanderplatz als Prostituierte ging. Dort habe ich sie oft in meinem damaligen Milieu gesehen. ›Halt den Mund!‹ rief ich, ›und gib die Waffen raus.‹ ›Dort im Kleiderschrank sind sie‹ erwiderte sie. Darauf ging Josef Kandulski zu dem Schrank und nahm die Waffen heraus. Ich sagte noch zur Jänicke: ›Holen Sie einen Arzt!‹ Dann ging ich in die Küche und rief: ›Alles raus!‹ Auf der Straße trafen wir Max Jambrowski. Wir sprachen noch etwas über die Tat, feste Entschlüsse faßten wir aber nicht.«

Vorsitzender: »Haben Sie nicht gerufen ›Sei ruhig, Erna, sonst kriegst Du auch noch eine durch den Kürbis gejagt?‹«

Höhler: »Herr Vorsitzender, ich war schrecklich aufgeregt und hatte einen gewaltigen Schreck bekommen, als Wessel so zu Boden fiel.«

Vorsitzender: »Dann sollen Sie auch noch gerufen haben: ›Du weißt ja, wofür du das bekommen hast!‹?«

Höhler: »In dieser Form habe ich das bestimmt nicht gesagt.«

Höhler: »Am nächsten Morgen brachten die Zeitungen schon große Berichte. Ich ging zu Max Jambrowski, der mir nicht helfen konnte. Nur Erwin Rückert ging Hilfe holen. Er brachte mich mit dem Angeklagten Kupferstein zusammen, der uns wieder zu Frau Schmidt von der Roten Hilfe brachte. Hier mußten wir warten, da Herr Schmidt nicht zu Hause war. Wir baten Frau Schmidt, in ihrer Wohnung schlafen zu dürfen. Als wir am nächsten Morgen in ihrer Küche Kaffee tranken, wurde uns gemeldet, daß vor der Tür ein Auto steht, in das wir einsteigen sollen. Es war das Auto von Sanders. In dem Auto saßen Will und Sanders. Ich war mißtrauisch gegen die beiden und sehr schweigsam.«

Vorsitzender: »Sie hatten alle bei der Sturmabteilung Waffen?«

Höhler: »Von der Partei war es verboten, aber ich hatte mir drei bis vier Wochen vor der Tat eine Pistole gekauft, weil es so gefährlich in unserem Bezirk war. Sie diente zu meinem persönlichen Schutz.«

Der Vorsitzende weist den Angeklagten darauf hin, daß er vor dem Untersuchungsrichter anders ausgesagt hat. Der

Angeklagte entschuldigt sich damit, er sei damals kopflos gewesen.

Vorsitzender: »Schildern Sie bitte weiter.«

Höhler: »Ich komme jetzt zur Schilderung meiner Flucht. Über dieses Kapitel habe ich anfangs jede Aussage verweigert. Nachdem aber die anderen Angeklagten alles ausgeplaudert hatten, ist für mich keine Veranlassung mehr zu schweigen. Wir fuhren nach Glienicke in die Villa von Sanders. Hier wohnten wir acht Tage, wo wir Arbeit bekamen und Holz hacken mußten. Ich bat Sanders, doch für unseren Abtransport zu sorgen. Darauf brachte Sanders ungefähr fünf bis sechs Mann nach Glienicke. Diese Personen traf ich im Herrenzimmer der Villa. Einer von ihnen sagte zu mir: ›Ali, Du mußt jetzt auf jeden Fall schleunigst verschwinden.‹ Und die anderen sagten wieder: ›Kopf hoch, Ali, morgen geht's ab nach Rußland.‹ Es wurde mir noch eingeschärft, die Tat nie als eine politische darzustellen, sondern ich sollte sagen, es war ein Eifersuchtsdrama. Ich war sehr erstaunt, daß man mir so etwas unterschieben wollte. ›Ach Quatsch‹, antwortete man, ›Wessels Mädchen war auch schon mal dein Mädchen, und damit ist für uns das Eifersuchtsmotiv gegeben. Sie sollen uns nur nicht politisch kommen!‹ Am Abend vor meiner Abfahrt feierten wir ein Fest und ich war so betrunken, daß ich mich nicht mehr so recht erinnern kann. Vorher gingen wir noch in ein Nebenzimmer, wo ich viermal geknipst wurde. Am nächsten Morgen gab mir Erwin Rückert eine Pistole und sagte: ›Halte Augen und Ohren offen, Du kannst sie noch gebrauchen.‹ Dazwischen spielte noch ein gewisser Orts eine Rolle, der den ganzen Abtransport leitete und zu Rückert sagte: ›Höhler muß beseitigt werden.‹ Schließlich fuhren wir ab. An einer Kreuzung in Glienicke stieg Drewnitzki zu. Wir fuhren bis nach Ebersbach an die tschechische Grenze. Ich traute diesem Viktor Drewnitzki nicht. Unterwegs packte er mich an der Schulter und sagte: ›Ali, gib das Parteibuch her, das darf niemandem in die Hände fallen.‹ Es war späte Nacht als wir in das Haus eines Arbeiters gelangten. Hier wurde mir das Geld, das ich von Theo Will erhalten hatte und mein eigenes, 5 Mark, in tschechisches Geld umgewechselt. Noch in der Nacht ging ich über die Grenze und dann fuhren wir nach Prag. Wir warteten in einer Kneipe, trafen dort einen Tschechen, mit dem wir uns in ein Kaffeehaus begaben. Hier bekam ich von Drewnitzki tschechische Kronen, dann wurde ich zu einer Familie geführt, deren Gespräche ich nicht verstand. Da ich mich selbst verköstigen mußte, hatte ich bald kein Geld mehr. Ich ging zur Prager Roten Hilfe, wo man mir 20 Kronen gab, ich mußte in Prag betteln gehen, während Drewnitzki von dem Geld, das er mir nicht gegeben hat, einen schönen Tag lebte. Eine tschechische Genossin ermöglichte mir die Rückfahrt nach Berlin. Ich war bei dem Genossen Rudowski, als einige Leuten kamen und sagten, ich müßte die Wohnung verlassen, da Rudowski erscheinen würde, und es dann einen Skandal geben würde. Stattdessen erschienen sieben Polizeibeamte und nahmen mich fest. Ich glaube, daß mich der Genosse Schöneck ausgeliefert hat. Das sind dieselben Leute, die mich heute als Polizeispitzel verdächtigen und mit den gemeinsten Schmutzereien gegen mich vorgehen. Auch glaube ich, daß man Rückert den Auftrag gegeben hat, mich auf der weiteren Flucht verschwinden zu lassen!«

Der Angeklagte Rückert redet in ziemlich herausforderndem Ton und will von nichts etwas wissen. Er schimpft fürchterlich auf die Polizei, die falsche Protokolle angefertig habe, und auf die Presse, die den »käsigsten Schwindel« fabriziert habe, bloß um Geld zu verdienen. Als der Vorsitzende ihn fragt, warum er in der Nacht bei Schmidt die Papiere verbrannt hat, antwortete er mit liebenswürdigem Lächeln: »Herr Vorsitzender, ich bin auf alles gefaßt! Mich können Sie so leicht nicht kriegen. Wer, wie ich, sein halbes Leben in Fürsorge, Zuchthaus und Gefängnis verbracht hat, weiß, daß von Behörden nie etwas Gutes zu erwarten ist.« Rückert erklärt, daß er in den Jahren 1914 bis 1930 nur drei Jahre in Freiheit gewesen sei. Die übrige Zeit habe er entweder in Fürsorgeanstalten oder im Zuchthaus verbracht.

Vorsitzender: »Haben Sie in letzter Zeit gearbeitet?«

Rückert: »Immer, wenn ich arbeiten wollte, haben sie mich ja rausgeschmissen. Ich wollte keine Almosen, sondern Arbeit.«

Nach sehr verworrenen Schilderungen des Angeklagten fragt der Vorsitzende nach dem Sektgelage in der Villa Sanders. »Nun«, meint Rückert lächelnd, »ich kann doch den Mann nicht hindern, wenn er eine Flasche Wein aus dem Keller holt. Es ist eben unsere Art, gastfreundlich zu sein.«

Der Angeklagte Josef Kandulski antwortet auf die Frage, ob er schon vorbestraft sei: »Nach Paragraph 248.«

Vorsitzender: »Weswegen?«

Kandulski: »Das müßten Sie als Richter ja wissen.«

Kandulski spricht ungemein herausfordernd und der Vorsitzende muß sich sehr zurückhalten, damit es nicht zu Zusammenstößen mit dem schimpfenden Angeklagten kommt. »Schuld an allem«, ruft Kandulski, »hat der Kommissar Teichmann, der mich gleich ganz merkwürdig begrüßte und mir zurief: ›Ach, lieber Josef Piepel, setzen Sie sich doch.‹ ›Na, wat denn‹, antwortete ich. Da wurde er beinahe zärtlich. Ich glaube der Kommissar ist anormal veranlagt. Als sich dann eine Stenotypistin an die Schreibmaschine setzte und Herr Teichmann ein Protokoll diktieren wollte, rief ich: ›Meinetwegen meckern Sie, doch von mir hören Sie gar nichts!‹«

Schließlich wird der Führer der Sturmabteilung Mitte, ein junger Mann namens Kupferstein, vernommen, der mit schreiender Stimme eine politische Brandrede hält, in der er betont, daß die Kommunisten ihre Gegner »nur mit der Faust zu erschlagen pflegen«. Dann beschimpft er in der wüstesten und unglaublichsten Weise die Presse, ohne daß der Vorsitzende gegen Übergriffe einschreitet.

Die Verhandlung wird vorzeitig abgebrochen, da die Angeklagte Else Cohn einen Schwächeanfall erlitten hat und aus dem Schwurgerichtssaal getragen werden muß.

20. Dritter Prozeßtag (Will, Drewnitzki usw.)

Im Wessel-Prozeß ist das Interesse unvermindert groß. Die Leute stehen seit den frühen Morgenstunden Schlange, um einen Platz zu erwischen. Neben den Mitgliedern der KPD, unverkennbare Typen aus der Berliner Unterwelt, Marke »Immertreu«, und dann außerdem jene Sorte enthusiastischer Studenten, die niemals fehlt, wenn interessante Delikte zur Verhandlung stehen . . . Vor der Eröffnung der Beweisaufnahme meldet sich Theo Will zu Wort, um nach bekanntem Muster eine Schimpfrede gegen die Presse zu halten. Er ist ein kommunistischer Klassenkämpfer von ganz besonderem Format: Mitinhaber und Hauptmanager der Münzbergschen Inseratenwerbezentrale und Besitzer einer netten, gemütlichen Villa in Glienicke, die Herr Will, bescheiden wie er nun einmal ist, als »kleines Landhäuschen mit wenigen Zimmern« bezeichnet, »in denen drei mittelgroße Familien hausen«. Er wird aber recht kleinlaut, als ihn der Vorsitzende wegen Mithilfe an der Flucht Ali Höhlers ins Verhör nimmt.

Vorsitzender: »Kamen Ihnen keine Bedenken bei der geheimnisvollen Fahrt nach Glienicke?«

Will: »Nein, Höhler und Rückert wurden mir von meinem Freund Schmidt vorgestellt, der ein bekannter Funktionär der Roten Hilfe ist. Hätte ich allerdings gewußt, daß Schmidt damals blau war, dann hätte ich mich nicht in diese Sache eingelassen, und ich hätte keinen Finger dazu gerührt.«

Vorsitzender: »Aber Sie haben doch sicher nicht, so mir nichts dir nichts, Ihr Auto zur Verfügung gestellt. Man muß Sie doch informiert haben?«

Will: »Drewnitzki kam zu mir und sagte, daß er den Wagen benötige. Ich dachte, es handle sich um einen politischen Emigranten und stellte keine weiteren Fragen.«

Vorsitzender: »Aber Sie sind doch selber mitgefahren?«

Will: »Mein Auto ist so wertvoll, daß ich meinen Chauffeur die weite Fahrt nicht allein machen lassen wollte.«

Nach Herrn Will, dem »mittellosen Herrn aus Glienicke mit Chauffeur und wertvollem Auto«, wird der Angeklagte Viktor Drewnitzki vernommen, jener Mann, von dem Ali Höhler behauptet, daß er ihn in Prag habe betteln lassen, während er selbst bestens gelebt hätte. Der Angeklagte, von Beruf Parteisekretär, hält zunächst eine lange Rede gegen die »Zörgiebel-Presse«, die das Gericht beeinflußt und aufgebracht habe.

Vorsitzender: »Kommen Sie nun endlich zur Sache, sonst muß ich Ihnen das Wort entziehen.«

Drewnitzki: »Ich stehe hier vor einem Volkstribunal und da werden auch Sie mir, Herr Vorsitzender, das verfassungsmäßige Recht zugestehen, mich als Angeklagter zu verteidigen, wie ich es für nötig halte.«

Vorsitzender: »Sind Sie bei der KPD angestellt?«

Drewnitzki: »Das geht niemand was an.«

Vorsitzender: »Von wem haben Sie Höhlers Photographie bekommen?«

Drewnitzki: »Das ist meine Angelegenheit.«

Der Angeklagte gibt dann zu, daß ihm Höhler übergeben worden sei. Er habe ihn über die Grenze gebracht und ihn an Freunde abgegeben. Er habe aber nie gewußt, wer Höhler sei und um was es sich handelte. Als Kommunist werde er jeden politisch Verfolgten jederzeit den Klauen der bürgerlichen Klassenjustiz entreißen.

Vorsitzender: »Als eifriger Kommunist und Parteisekretär werden Sie doch wohl den Fall Wessel genau gekannt haben, und es wird Ihnen doch noch bekannt gewesen sein, was man in diesem Fall der kommunistischen Partei in die Schuhe schob.«

Drewnitzki: »Ich habe mich um die Sache gar nicht gekümmert.«

Vorsitzender: »Von wem erhielten sie die 200 Mark für Ali?«

Drewnitzki: »Das ist meine Sache.«

Vorsitzender: »Dann werden Sie auch nicht sagen wollen, was Sie mit den 200 Mark gemacht haben?«

Drewnitzki: »Gewiß, das Geld habe ich für die Unkosten und für die Rückfahrt verwendet. Im übrigen habe ich keine Lust mehr zu antworten.«

Als letzter der achtzehn Angeklagten wird der Arbeiter Rudowski vernommen, in dessen Wohnung Ali Höhler verhaftet wurde. Er will auch nicht gewußt haben, was der richtige Name »Alis« ist. Später aber gibt er zu, daß er vor der Tat mit Ali Höhler öfter in einer Kneipe beisammengesessen ist und Karten mit ihm gespielt hat. Er gibt weiter zu, von dem Mord an Wessel gelesen zu haben.

Staatsanwalt: »Hat Höhler mit Ihnen über die Tat gesprochen?«

Rudowski: »Ja, er hat mir den Fall Wessel geschildert.«

Mit der Vernehmung des Hauptangeklagten Höhler hat der Wessel-Prozeß seinen Höhepunkt erreicht. Von dem »Eifersuchtsdrama« spricht kein Mensch mehr. Das heißt, Fräulein Erna Jänicke wird sich über ihre Beziehung zu Horst Wessel noch äußern müssen.

Aber Ali Höhler? Wenn er mit Wessel etwas abzurechnen gehabt hätte, brauchte er dazu ein Dutzend Menschen der Sturmabteilung der RFB in Bewegung setzen?! Er hätte das allein oder mit Hilfe seines Freundes Erwin Rückert zustande gebracht. Ins Rollen kam der Stein durch das Verhalten der Frau Salm, ihr Weg zu dem Kommunisten-Lokal »Bär« und weiterhin auch noch der verhängnisvolle Zeitungsbericht der *Roten Fahne*. Man hat nur nicht geglaubt, daß die proletarische Abreibung, die man Wessel zugedacht hatte, mit einem Verfahren wegen Totschlags vor dem Moabiter Schwurgericht enden wird. Sicher weiß der Angeklagte, Josef »Piepel« Kandulski heute noch nicht, wie er zu der ganzen Sache kam, ebenso wenig der Genosse Schmidt von der »Roten Hilfe«, der um 4 Uhr früh voll betrunken nach Hause gekommen war.

Eine Tatsache bleibt bestehen: Höhler hat wie Rückert seit seiner Schulentlassung mehr Fürsorge, Gefängnis und Zuchthaus gesehen als Freiheit; dennoch stehen die beiden solide zur Partei. Obwohl sie die kommunistische Presse als Zuhälter und Verbrecher abschütteln will; obwohl Höhler in Prag hungern mußte; und obwohl er sogar beseitigt werden sollte.

Und die Funktionäre der KPD Kupferstein und Drewnitzki?

»Plötzlich erfaßt ihn – seiner theoretischen Bildung nach ist er sehr schwach, in seiner Ambition aber etwas stark – der Schwindel. Er will sich auf Kosten der Kommunisten als der große Mann gerieren. Er will nicht nur platterdings freikommen, sondern auch die Lorbeeren des Prozesses persönlich ausbeuten.«

Diese Worte wurden 1852 geschrieben. Und zwar von Karl Marx, nach dem Kölner Kommunisten-Prozeß eines Genossen. Diese Worte passen auf Kupferstein und Drewnitzki vortrefflich. Es ist ihr kapitaler Fehler. Zur selben Zeit ringen sechs Millionen Arbeitslose ums Überleben, suchen einen Ausweg aus Not und Elend. Wer kann sie befreien? Die Kommunisten? Die Nationalsozialisten? Und das republikanische Gericht ist ohnmächtig. Richter, Verteidiger und Staatsanwälte tun resignierend ihre Pflicht.

21. Vierter Prozeßtag (Erna Jänicke)

Am vierten Verhandlungstag ist das Interesse des Publikums unvermindert stark. Das Hauptinteresse konzentriert sich auf Erna Jänicke, die Freundin des Horst Wessel. Sie geht an zwei Krücken, da sie sich das rechte Bein gebrochen hat.

Sie ist ein großgewachsenes Mädchen mit etwas gedunsenem Gesicht und dunklen Augen. Als Beruf gibt sie Schneiderin an. Sie spricht klug, beherrscht und entschieden. Niemand würde auf den Gedanken kommen, daß sie einmal jenen gewissen Beruf ausgeübt hat.

Sie gibt eine genaue Schilderung des Feuerüberfalls auf Wessel und widerspricht der Darstellung des Angeklagten Höhler in mehreren wesentlichen Punkten.

»Alles«, so erzählt sie, »spielte sich in wenigen Sekunden ab. Höhler riß die Tür auf und schoß sogleich. Von dem Ruf ›Hände hoch!‹ habe ich nichts gehört, auch sah ich nicht, daß Wessel an die Gesäßtasche griff, um eine Waffe herauszuholen. Ich gebe zu, daß ich eine Waffe in der Hand hatte, die habe ich später gefunden. Ich habe aber nicht Frau Salm, wie sie behauptet, damit bedroht, ich wollte den Täter erschießen, wenn ich ihn erwischt hätte.«

Vorsitzender: »War die Pistole geladen?«

Jänicke: »Das weiß ich nicht. Ich schickte dann Frau Salm um einen Arzt.«

Vorsitzender: »Das Wort ›Arzt‹ war alles, was Wessel sagen konnte?«

Jänicke: »Ja, er schrie: ›Bitte, Aschenbachkrankenhaus.‹ Der Wunsch wurde aber nicht erfüllt.«

Staatsanwalt: »Wie verhielt sich Höhler nach der Tat?«

Jänicke: »Höhler riß die Tür auf, schoß, trat ins Zimmer und sagte zu dem am Boden liegenden Wessel: ›Du weißt ja, wofür Du das bekommen hast!‹ Zu mir sagte er: ›Halt die Schnauze, sonst kriegst Du auch was ab!‹«

Rechtsanwalt Apfel: »Sagen Sie einmal, woher kennen Sie eigentlich Höhler?«

Jänicke: »Den habe ich in einem gewissen Lokal kennengelernt.«

Rechtsanwalt Löwenthal: »War das zu jener Zeit, als Sie einem gewissen Beruf nachgingen? Es ist mir peinlich, davon zu reden. Aber ich kann es im Interesse der Angeklagten nicht vermeiden.«

Jänicke: »Mir ist es gar nicht peinlich. Ich bin bereit, auf jede Frage zu antworten. Jawohl, ich habe diesen Beruf ausgeübt. Jawohl, daher, das heißt von der Straße, kenne ich den Mann, der Horst Wessel erschossen hat. Flüchtig, wie man eben jemand kennt von daher. Als ich zu Horst Wessel in Beziehung trat, gab ich diesen gewissen Beruf auf. Heute bin ich Schneiderin.«

Rechtsanwalt Löwenthal: »Sie sollen aber noch nicht vor allzu langer Zeit mit einem gewissen Herrn R. in einem Hotel gewesen sein.«

Jänicke: »Das ist nicht wahr.«

Löwenthal: »Können Sie das beeiden?«

Jänicke: »Jawohl, das kann ich.«

Vorsitzender: »Wir wollen aber diese wenig angenehmen Dinge hier unerörtert lassen.«

Jänicke: »Als ich mit Horst Wessel in Beziehung trat, gab ich jenen gewissen Beruf auf. Wir waren ernsthaft und öffentlich verlobt, wir wollten heiraten. Horst Wessel ist für den Kampf mit geistigen Waffen eingetreten, er hat Gewalttätigkeiten verabscheut. Ich habe seine nationalsozialistische Gesinnung geteilt, bin aber selbst nicht organisiert gewesen. Mit den Wirtsleuten Salm, mit Herrn Salm, als er noch lebte, habe ich oft und gerne über politische Fragen diskutiert, in aller Freundschaft. Eine der beiden Pistolen in Wessels Schrank gehörte mir. Es war eine Erinnerung an Wessels verstorbenen Bruder Werner. Die andere hat Horst Wessel von zu Hause mitgebracht, zu seinem Schutz, aber er hat sie nie bei sich geführt. Horst Wessel studierte Jura. Als wir zusammenzogen, nahm er eine Arbeit bei der Untergrundbahn an, damit wir unseren Lebensunterhalt bestreiten konnten. Seiner Mutter gefiel das nicht. Sie drang darauf, daß er eine mehr standesgemäße Beschäftigung suche, und dann sollte er das Studium wieder aufnehmen. Wir hatten die Wohnung von Frau Salm für 200 Mark gekauft. Wir ließen renovieren und richteten uns häuslich ein. Frau Salm kam von einer Reise zurück und verlangte unerwartet die Wohnung zurück. Es wurde eine neue Abmachung getroffen: die Renovation wollte Wessel ihr schenken, die Kaufsumme aber abwohnen. Es hätte bis in den Sommer gereicht. Frau Salm trat mit einer neuen Forderung heran: das gelte für ihn, aber nicht für seine Braut. Für sie müsse Miete gezahlt werden: 13 Mark monatlich. Um des lieben Friedens willen ging Horst Wessel darauf ein. Inzwischen suchten wir eine neue Wohnung. Zu Weihnachten wurde Horst Wessel krank. Sein Bruder Werner war im Riesengebirge tödlich verunglückt, er hatte die Leiche heimgeholt. Nach der Beerdigung packte ihn ein Nervenfieber. Er konnte nicht arbeiten, er konnte auch die 13 Mark nicht bezahlen. Da ging Frau Salm ohne unser Wissen zur Polizei und meldete mich ab. Ich weigerte mich, auszuziehen. Und die Mietstreitigkeiten, wie Frau Salm es bezeichnet, begannen.«

Nun springt Frau Salm auf und ruft erregt: »Sie können sich doch nicht wundern, daß auf Wessel geschossen wurde. Als einmal ein Kommunist von Nazis getötet wurde, sagte die Jänicke lachend zu mir: ›Das ist gut so, das freut mich wirklich riesig.‹«

Jänicke: »Das ist nicht wahr, was reden Sie da?!«

Salm: »Das ist wahr!«

Vorsitzender: »Halten Sie den Mund, Frau Salm.«

Rechtsanwalt Fuchs: »Hat Ihnen ein anderer Parteigenosse zugerufen, Sie sollen ihm Wessels Papiere geben?«

Jänicke: »Die Kassette mit diesen Papieren hat Frau Salm schon vorher entwendet und die Papiere verkauft. Im übrigen waren darin nur die Namen der Leute der Sturmabteilung.«

Über diesen Punkt entstehen zwischen der Angeklagten Frau Salm und Fräulein Jänicke ein heftiger Wortwechsel, der nur mit Mühe vom Vorsitzenden beendet werden kann. Als Rechtsanwalt Fuchs erklärt, daß er an die Zeugin Jänicke noch einige Fragen zu richten hat, um ihre Glaubwürdigkeit zu prüfen, sagte Landgerichtsdirektor Dr. Tolk: »Die Aussagen von Fräulein Jänicke wären gar nicht nötig gewesen, für mich ist sie nicht da.«

Als Justizrat Broh dann einen Lokaltermin beantragt, wiederholt der Vorsitzende nochmals:

»Genügt Ihnen meine Erklärung nicht, daß ich die Aussage der Zeugin nicht brauche.«

Verteidiger Fuchs: »Das ist Ihre persönliche Ansicht, aber nicht die des Gerichts.«

Vorsitzender: »Sobald ich merke, daß das Gericht anderer Ansicht ist, werde ich Ihnen Mitteilung machen.«

Der Antrag wird daraufhin zurückgestellt und die Zeugin Jänicke wird vereidigt.

Nicht uninteressant ist in diesem Zusammenhang noch, daß die Verteidigung plötzlich auf die Vorladung des Kommissars Teichmann, der sowohl von der Angeklagten als auch von den Verteidigern aufs schwerste angegriffen und der Anfertigung falscher Protokolle beschuldigt worden war, verzichtet hat. Ein Rückzug, der immerhin zu denken gibt.

Der Prozeß gegen Höhler, der so gewaltiges Aufsehen erregt, ist damit zu einem gewissen Abschluß gekommen. Eins steht auf Grund der Angeklagtenaussagen und der Beweisaufnahme fest: Dieser Ali Höhler, den die kommunistische Presse aus »taktischen« Gründen als mordgierigen Zuhälter und gekauften Polizeispitzel beschimpft hat, ist auf seine Art bestimmt kein unredlicher Kerl. Er kann wohl einen Mitmenschen erschießen, aber er verrät seine Freunde nicht. Er hält sich auch heute noch für einen überzeugten Kommunisten und lehnt es ab, sich im Interesse einer skrupellosen Parteizentrale zum Lumpen degradieren zu lassen. Es ist kein schönes Bild, das sich hier dem Beobachter bietet. Die Treue, hier ist sie bestimmt ein leerer Wahn. Darüber hinaus kann man sagen, der Feuerüberfall auf Wessel war kein Komplott, sondern die spontane Ausschreitung einer Bewegung, bei der, genau wie bei den Nazis, die Gewalttätigkeit und das Recht der Faust ebenso wie das des Revolvers, in Fleisch und Blut übergegangen ist.

Insofern stellt sich die kriminelle Situation für die Angeklagten jetzt wesentlich günstiger dar als zu Beginn des Prozesses. Aber die Verbesserung der kriminellen Situation der Angeklagten wird zugleich zu einer schweren menschlichen Anklage gegen die Taktik der extremen Parteien. Der Revolver ist keine Weltanschauung. Aber hier ist er auf dem besten Weg, eine zu werden.

22. Fünfter Prozeßtag (Gutachten, Plädoyers)

Die beiden Sachverständigen Dr. Strauch und Medizinalrat Dr. v. Mohrenholz erklären in ihren Gutachten, daß der horizontal abgegebene Schuß eine markstückgroße Wunde in der Mundhöhle verursachte. Der Tod Wessels ist durch eine später hinzugekommene Blutvergiftung eingetreten. Damit ist die Beweisaufnahme geschlossen. Der Vorsitzende des Schwurgerichts, Dr. Tolk, erkläuterte dann eingehend, zu den Angeklagten sprechend, die rechtlichen Gesichtspunkte der Schuldfrage. Soweit es den Angeklagten möglich ist, mögen sie versuchen, Beweise für die Abwälzung der sie unter Umständen schwer treffenden Schuld beizubringen. Es könnte nämlich nicht nur vorsätzliche Tötung, ein Delikt, auf das eine Mindeststrafe von fünf Jahren Zuchthaus steht, in Frage kommen, sondern in erster Linie auch Landfriedensbruch, der mit Zuchthaus bis zu zehn Jahren bestraft wird. Weiter käme in Betracht eine Bestrafung wegen gemeinschaftlicher, gefährlicher Körperverletzung mit Todesfolge, die mit Zuchthaus oder Gefängnis nicht unter drei Jahren geahndet wird. Schließlich wird sich das Gericht darüber schlüssig werden müssen, ob es nicht auf Raub erkennt. Wenn der Räuber oder einer der Teilnehmer am Raube bei Begehung der Tat Waffen bei sich führte, ist auf Zuchthaus nicht unter fünf Jahren zu erkennen. Mit Zuchthaus nicht unter zehn Jahren oder gar mit lebenslänglichem Zuchthaus wird allerdings der bestraft, der bei dem Raube einen Menschen gemartert oder durch die gegen ihn verübte Gewalt eine schwere Körperverletzung oder den Tod verursacht hat.

Der Anwalt Ali Höhlers erklärt, daß er auf Notwehr bzw. auf fahrlässige Tötung plädieren wird. Unter Umständen kam auch nur Raufhändel in Frage. Wobei ihn der Vorsitzende unterbricht und feststellt, daß ein Raufhändel doch wohl nicht vorliege.

Dr. Fischer beantragte gegen Albrecht Höhler wegen gemeinschaftlichen Totschlags zehn Jahre Zuchthaus, wegen Nötigung drei Monate Gefängnis. Die Strafe soll auf insgesamt zehn Jahre und drei Monate zusammengezogen werden. Ferner beantragte die Staatsanwaltschaft dem Angeklagten die Ehrenrechte auf fünf Jahre abzusprechen. Gegen Erwin Rükkert wurden acht Jahre und ein Monat Zuchthaus, ebenfalls mit Ehrverlust, gegen Frau Salm wegen Beihilfe zwei Jahre Zuchthaus und fünf Jahre Ehrverlust, sowie gegen die übrigen Angeklagten wegen Begünstigung und Mittäterschaft Gefängnisstrafen von drei Jahren bis zu zwei Monaten beantragt. Für den Ehemann Schmidt beantragte der Ankläger Freispruch.

Zur Begründung seiner Zuchthausanträge führte der Staatsanwalt unter anderem aus, daß es geradezu erschütternd sei, wie leichtfertig man heutzutage mit dem Leben politischer Gegner umspringt. »Auf die Frage, wieviel auf der extremen Linken und Rechten das Leben eines politischen Gegners wert ist, haben wir die Antwort erhalten: Es ist nichts wert!« Die Angeklagten besaßen nicht den Mut, für ihre Tat voll einzustehen. Es handelt sich bei dem Anschlag auf Wessel nicht um ein privates Verbrechen, auch nicht um den Racheakt eines empörten Liebhabers, sondern um eine Bluttat, die an einem politischen Gegner verübt worden ist. Bewiesen ist, daß Frau Salm nach der Tat im Karl-Liebknecht-Haus gewesen ist. Bewiesen ist weiterhin, daß man Ali Höhler zur Flucht verholfen hat. Als Wessel am Boden lag, hat Höhler gerufen: »Du weißt ja, wofür Du das bekommen hast!«

»Die Unzahl der politischen Verbrechen ist hier wieder um eines vermehrt worden. Scharfes Durchgreifen gegen all die Leute, die glauben, mit Revolver und Faust Politik machen zu dürfen, ist dringend notwendig.«

Nach dem Staatsanwalt sprachen die Verteidiger. Bemerkenswert war das Plädoyer des Rechtsanwaltes Dr. Apfel, der ausführte, daß er keineswegs beabsichtige, die Tat Höhlers zu beschönigen, aber unbedingt eine gerechte Beurteilung seines Mandanten wünsche. Der Verteidiger ließ es dahingestellt, ob Höhlers Tat als Putativnotwehr zu betrachten sei und regte eine Art von »Kompromißlösung« an, nach der man Höhler wegen Körperverletzung mit Todesfolge bestrafen soll.

23. Das Urteil

Am Freitag nachmittag verkündet der Vorsitzende Dr. Tolk die Urteile im Wessel-Prozeß. Der Zuschauerraum ist überfüllt, starke Polizeieinheiten haben die Eingänge gesichert. Als sich das Gericht versammelt herrscht atemlose Stille im Saal. Das Schwurgericht Berlin verurteilt die Angeklagten Ali Höhler, Erwin Rückert, Josef Kandulski, Elisabeth Salm, Else Cohn, Walter Joneck, Max, Walter und Willi Jambrowski wegen gemeinschaftlichen Totschlags, und zwar:

Höhler und Rückert zu je sechs Jahren und einem Monat Zuchthaus sowie fünf Jahren Ehrverlust. Kandulski zu fünf Jahren und einem Monat Zuchthaus und fünf Jahren Ehrverlust, Frau Salm, Walter und Willi Jambrowski zu je einem Jahr sechs Monaten Gefängnis. Max Jambrowski zu zwei Jahren Gefängnis und Walter Joneck und Else Cohn zu je einem Jahr Gefängnis. Die Angeklagten Josef Kupferstein, Wilhelm Sander, Theodor Will und Drewnitzki wurden wegen Begünstigung zu je vier Monaten Gefängnis verurteilt, die übrigen Angeklagten freigesprochen.

In der Urteilsbegründung heißt es: »Das Schwurgericht war vor die schwierige Aufgabe gestellt, zu entscheiden, ob der tödliche Schuß mit Vorsatz abgegeben worden ist. Eine Fahrlässigkeit kam für das Schwurgericht nicht in Frage. Die Angeklagten sind zu der Wohnung gegangen, um, wie sie selbst zugegeben haben, Wessel eine ›proletarische Abreibung‹ zu geben. Es liegt daher vorsätzliche Tötung vor. Notwehr kam für das Schwurgericht ebenfalls nicht in Frage, da der Angriff nicht von Wessel erfolgt ist. Selbst, wenn Wessel in die Gesäßtasche nach einer Waffe gegriffen haben sollte, darüber mögen die Ansichten geteilt sein. Die Erfahrungen der letzten Zeit haben aber gelehrt, daß derartige Zusammenstöße von schweren Folgen begleitet sind. Das Schwurgericht ist der Überzeugung, daß alle Angeklagten damit rechneten, daß Wessel als Leiche zurückbleibt.«

24. Zusammenfassung

Das Schwurgericht hat sich von keinem der Angeklagten etwas vormachen lassen. Es hat dem Schützen Höhler nicht geglaubt, daß ihm der tödliche Schuß aus Versehen losgegangen sei. Es hat den Begünstigern nicht geglaubt, daß sie nicht gewußt haben, wem sie zur Flucht verhalfen. Das Gericht war überzeugt, daß alle Personen, die auf Bitten der Frau Salm ihr in die Wohnung gefolgt sind, die Absicht gehabt haben, Frau Salms Mieter, dem Studenten und Nationalsozialisten Wessel das zu verabreichen, was sie eine »proletarische Abreibung« nannten. Daß bei diesem Zusammenstoß mit dem politischen Gegner allerdings Blut fließen konnte, damit mußten sie gerechnet haben. Daher hat das Gericht die Tat als Totschlag angesehen.

Als Haupttäter gilt nicht nur Höhler, der den Schuß abgegeben hatte, sondern auch Rückert, der ebenfalls eine Waffe bei sich führte, und von dem die Urteilsbegründung sagt, daß er nur zufällig nicht als erster an die Tür geklopft und also zufällig nicht den Schuß abgegeben hatte.

Das Gericht hält ferner für bewiesen, daß nach der Tat Max Jambrowski erfuhr, was sich abgespielt hatte und den Sturmtruppenführer Kupferstein in Kenntnis setzte. Und nun lief alles so ab, wie es ablaufen mußte, um das zu erreichen, was beabsichtigt wurde: Nämlich die Haupttäter ihrer Strafe zu entziehen. Das Gericht hat auch in weitem Maße Milde geübt; hat vier Verurteilten Begünstigungsfrist zugebilligt und vier Angeklagte freigesprochen. Eine ist dabei zu gut weggekommen: Die Vermieterin Frau Salm! Sie hatte das Unheil angerichtet. Sie hatte die Wohnung an den Studenten Wessel vermietet – vielleicht sogar verkauft – und dafür die Summe von 200 Reichsmark erhalten. Dann wurde ihr das Geschäft leid, sie wollte es rückgängig machen und Wessel aus der Wohnung setzen. Sie versuchte es mit unberechtigten Forderungen und mit unerlaubten Maßnahmen. Und als ihr alles nicht half, wandte sie sich an diejenigen, von denen sie annehmen konnte, daß sie in ihnen willige Helfer finden würde: an die politischen Freunde ihres verstorbenen Mannes. Die politische Feindschaft, die sie bei jenen voraussetzen durfte, war bei ihr selbst nicht der Antrieb ihres Handelns. Vor Gericht berief sie sich darauf – zu ihrer Entlastung. Aber es belastet ihren Charakter. Sie stachelte den Zorn der anderen auch noch durch unwahre Angaben: Ihr werde die Miete widerrechtlich vorenthalten, und sie sei mit der Waffe bedroht worden. Vielleicht reichen anderthalb Jahre Gefängnis zur Sühne dessen aus, was sie angerichtet hatte. Aber sie hätte wenigstens aus dem Mund des Richters erfahren sollen, daß sie es ist, die moralisch die schwerste Verurteilung verdient!

25. Pressereaktionen

Die *Rote Fahne* am nächsten Tag: »Brutale Zuchthaus-Urteile im Wessel-Prozeß. 27 Jahre, 1 Monat Freiheitsstrafen.«

»Vor Beginn der Verhandlung wurden im Zuhöreraum vier Schupo-Beamte postiert, um sofort Protestkundgebungen (!) unterdrücken zu können. Da ahnte man schon, daß ein scharfes Urteil kommen würde. Um 14.14 Uhr betrat das Schwurgericht den Saal und Landesgerichtsdirektor Dr. Tolk verkündete das Urteil, das in seiner Brutalität (!) einzigartig dasteht. Das ungemein harte Urteil wurde von sämtlichen Angeklagten ruhig und gefaßt entgegengenommen. Das Urteil des Schwurgerichts gegen die Angeklagten Höhler und Genossen (!) ist unhaltbar (!).

Es ruft den schärfsten Protest hervor. Die Arbeiterschaft wird sich die Justiz dieser Art nicht gefallen lassen. Sie wird sich die Richter, die nicht nach rechtlichem (!) Empfinden, sondern nach dem Diktat (!) der bürgerlichen Klasse entscheiden, fest ins Gesicht prägen (!).«

Erstaunlich ist, wie die *Rote Fahne* plötzlich Ali Höhler und seine Mittäter in Schutz nimmt. »Brutale Zuchthausurteile ... gegen die Angeklagten Höhler und Genossen ... Das Urteil ist unhaltbar ...« Nicht nur, daß sie ihre Meinung gegenüber dem »Zuhälter und Polizeispitzel« Höhler total geändert hat – man nennt ihn schon wieder Genosse –, wird Richter und Gericht gedroht: »Die Arbeiterschaft wird sich die Richter fest ins Gedächtnis prägen.«

»Ungeheuerlich mildes Urteil im Horst-Wessel-Prozeß!« liest man im *Völkischen Beobachter.*

»Dieses Urteil ist so ungeheuerlich, daß man es auch von diesem System (!) nicht erwartet hat. Der niedrigste Meuchelmord, verbunden mit einer Feigheit sondergleichen, wird derartig milde bestraft, daß diese ›Sühne‹ das Untermenschentum zu weiteren Verbrechen geradezu herausfordern muß!«

Was für die kommunistische Presse »Brutale Zuchthausurteile« sind, sind für die nationalsozialistischen Zeitungen »Ungeheuerlich milde Urteile!«. Es ist ganz egal, ob man die Nazi-Presse oder die kommunistische Presse liest: Beide lieben es, über politische Gewalttätigkeiten genau nach demselben Schema zu berichten. Auf der einen Seite – nämlich der eigenen – unschuldige Lämmer, auf der anderen – der gegnerischen – blutdürstige Mordbuben. Was man dem Leser erzählt, glaubt man dann schließlich selbst. Die Folge davon: Jeder Raufbold, Gewalttäter fühlt sich als ein Held und Märtyrer seiner Partei!

Ali Höhler ist schuldig, aber schuldiger als er sind die Prediger des Faustrechtes. Das ist das Verbrechen: Menschen mit so schwerer Blutschuld zu belasten, indem man sie bewußt zur ewigen Mordbereitschaft erzieht!

Jeder Revolverschuß, der im politischen Kampf losgeht, ist ein Symptom für die politische Verrohung, für die diejenigen verantwortlich sind, die anstelle des Rechts die Gewalt setzen wollen.

V

DIE JAHRE VON 1933 – 1945

Der Sieg der NSDAP – Der Horst-Wessel-Mythos – Ein zweiter Prozess – Der Heros – Der Heros im Staub

26. Machtübernahme

Am 30. Januar 1933 werden wieder Reichtstagswahlen abgehalten. Die NSDAP geht als stärkste Partei aus diesen Wahlen hervor. Gegenüber 107 Abgeordnetensitzen von 1930 nehmen sie nunmehr 288 ein. Berlin geht in einem Siegesrausch unter: Fackelzüge, Aufmärsche, jubelnde Menschenmassen auf den Straßen.

»Mit dem Sieg der nationalsozialistischen Revolution, mit der Erringung der politischen Macht, mit der Eroberung des Staates hat die SA den ihr vom Führer gestellten Auftrag durchgeführt. Über 400 Tote, über 40 000 Schwerverletzte blieben auf diesem heldischen Marsch. Am 30. Januar 1933 ist dieser Antrag herrlich erfüllt, aber schon wartet ihrer ein anderer, nicht minder bedeutsamer. Bewußt des Ruhmes der Eroberung der roten Reichshauptstadt, seines roten Städtegürtels und seines marxistisch-reaktionären Hinterlandes, bewußt ihrer für die gesamte Reichs-SA vorbildlich gewordenen revolutionären Tatkraft, bewußt der erschütternden Reihen der Toten und der tausender Zusammengeschlagener, unterziehen sich die Männer der braunen Armee Berlin-Brandenburgs ihrer neuen Aufgabe. Revolution ist kein Gedankengebilde Stubengelehrter, keine Lehre entwurzelter Intellektueller, kein

Nervenkitzel dekadenter Bürgerlicher, kein Rauschgift proletarischer Massen, sondern Revolution ist das Blut, die Idee und die organisierte Kraft eines aufbrechenden Volkes!«

Kurz nach diesen sensationellen Wahlen, am 27. Februar 1933, brennt das Reichstagsgebäude nieder. Dieses Ereignis benutzten die Nazis, um das Parlament auszuschalten. Am 28. Februar wird die »Notverordnung zum Schutz von Volk und Staat« erlassen. Die Verhaftung sämtlicher kommunistischer Führer, einschließlich der Abgeordneten und des Zentralrates wird angeordnet. Sämtliche Kommune-Lokale in Groß-Berlin werden geschlossen. Die gesamte marxistische Presse wird verboten, und sämtliche marxistischen Plakate und Druckschriften werden beschlagnahmt. Die Sozialdemokraten und Kommunisten werden mit aller Brutalität in die Knie gezwungen.

Im Zuge der Zerschlagung der roten Organisationen sind von Männern des Horst-Wessel-Sturmes etwa vierzig Marxisten verhaftet worden. Um ihrer sicher zu sein, schaffte man sie nach Oranienburg in eine ehemalige Brauerei und spätere Elektrofabrik, die, schon seit Jahren stillgelegt, eigentlich zur Unterkunft erwerbs- und obdachloser SA-Männer vorgesehen war. So entsteht ganz »spontan« das Konzentrationslager Oranienburg. Es ist das erste im Dritten Reich und bald das bekannteste. Die Zahl der Häftlinge, die von überall her angeliefert werden, steigt in den nächsten Wochen auf über tausend an.

». . . das blanke Ehrenschild der SA-Führer und SA-Männer, die zur Sicherung der Braunen Revolution dieses Lager schufen, aus dem Nichts heraus schufen, nur getrieben und begeistert von der Idee des Führers.«

27. Horst Wessels 3. Todestag. Mythos

Das erste Konzentrationslager wird errichtet. Verhaftungen und Verhöre stehen auf der Tagesordnung und in diese Atmosphäre hinein findet die erste offizielle Gedenkfeier zum Todestag von Horst Wessel statt. SA-Leute der Standarte 5 »Horst Wessel« bilden Spalier zum Eingang des Friedhofes bis hinauf zum Grab. Den Grabstein bedeckt noch eine braune Leinenhülle. In einem großen länglichen Viereck stehen hier links die Abordnungen sämtlicher Berliner SA-, SS- und HJ-Formationen mit ihren Sturmfahnen. Es sind über 300 Fahnen. Vor dem Grab, in einem großen Halbkreis das Führerkorps der Bewegung Berlins und des Reiches versammelt. In zwei Reihen stehen Anordnungen der Korps Normannia und Alemannia. Adolf Hitler erscheint in Begleitung des Sturmes 5. Mutter und Schwester Horst Wessels werden von den Pfarrern der Nikolaigemeinde zum Grab geführt. Von dumpfem Trommelwirbel begleitet ertönt der SA-Totenmarsch, einer der beiden Pfarrer spricht. Er betont, daß das Opfer der höchste Sinn des Lebens sei. Es erklingt das Lied vom Guten Kameraden und die Hülle fällt vom Grabstein. Auf einem viereckigen Sockel liegt ein Lorbeerkranz, daneben erhebt sich eine Fahne aus Bronze. »Die Fahne hoch« steht am Sockel geschrieben. Hitler tritt ans Grab. Wenn ein Volk nach schweren Niederlagen sich wieder aufwärts zur Freiheit ringe, sagt er, entstehe immer ein Lied seiner Sehnsucht. So habe auch die größte deutsche Freiheitsbewegung ihren Liedersänger gefunden. Es entspreche der höheren Vernunft des Schicksals, daß dieser Sänger, dessen Lied heute der Sturmgesang von Millionen ist, zugleich zum Blutzeugen für die Bewegung werden mußte. »Heben Sie die Fahne auf, meine Kameraden, Horst Wessel ist nicht tot, er marschiert Tag für Tag unter Euch.« – Ein dreifaches »Sieg Heil« auf den Führer und die Partei braust auf. Und dann singt die Menge das Horst-Wessel-Lied. Endlose Reihen der Berliner SA, SS und HJ marschieren vorbei, die Arme erhoben zum Hitler-Gruß. Deutschlands Zeitungen überschlagen sich geradezu mit Meldungen über Horst-Wessel-Gedenkfeiern:

»Sänger und Held der Deutschen Revolution. Im Hause Kaiserstraße 37 in Bielefeld hat Horst Wessel, der ein Sänger und ein Held der Deutschen Revolution war, am 9. Oktober 1907 das Licht der Welt erblickt. Opferfreudige Bielefelder Bürger setzten einen Gedenkstein auf der Höhe des Ebberges. Diese Höhe, die bis heute namenlos war, wird nun den Namen ›Horst-Wessel-Höhe‹ tragen. Es ist nicht ausgeschlossen, daß Reichsminister Dr. Goebbels bei der Einweihung des Gedenksteines, zu der 50 000 Menschen erwartet werden, zugegen sein wird. Als Abschluß des Tages ist eine Festaufführung der Goebbelschen Bühnendichtung ›Der Wanderer‹ geplant.«

»Die Kaiserstraße und die Nebenstraße boten im Flaggen- und Girlandenschmuck ein überaus festliches Bild. Aus den Fenstern hingen Hakenkreuzfahnen und vor dem Hause flatterte und knatterte an einer Stange die Fahne der SA. Oberbürgermeister Vogel übernahm mit schlichten Worten die Gedenktafel in den Schutz der SA. ›Diese Gedenktafel ist uns heilig. Wir werden sie schützen und verteidigen wie unsere Fahne und Feldzeichen. Sie soll uns mahnen gleich unserem großen Helden Horst Wessel jederzeit, zu jeder Stunde bereit zu sein, für unseren Führer und unser deutsches Volk das Leben einzusetzen. Jeder SA-Mann wird in Zukunft diese Gedenktafel grüßen. In Ehrfurcht stehen wir vor der Mutter Horst Wessels, in der wir den Schmerz aller jener deutschen Mütter ehren, deren Söhne fielen im Kampf um das Dritte Reich. Das Sterben Horst Wessels und seiner Kameraden aber ist nicht umsonst gewesen. Hunderttausende von SA-Männern stehen bereit, dem großen Vorbild nachzueifern.

Wir bitten Dich, Mutter Wessel – uns als Deine Söhne zu betrachten!«

Nachdem der Oberbürgermeister Frau Wessel und Tochter, die in diesen Tagen übrigens Gast des Barons v. Spiegel waren, im Geburtszimmer begrüßt und den Damen ein Album überreicht hatte, fuhren diese, herzlichst begrüßt, weiter, um den Blumenkorso der NSDAP anzusehen. Am Nachmittag fuhr das NSRR hundertdreißig Schwerkriegsbeschädigte zum Gedenkstein, darunter einen Kriegsverletzten, der seit etwa neun Jahren bettlägrig ist und dessen einziger Wunsch es war, die große Stunde zu erleben.

»Deutsche Revolution.

Nach deutscher Notzeit, nach deutscher Nacht ist ein neuer Morgen, ein heller, leuchtender Tag angebrochen. Ohne Horst Wessel und den Geist, der sich in ihm versinnbildlicht, war dieser Wandel undenkbar. Wie können wir ihm am besten danken? Dadurch, daß wir ihm nacheifern, dadurch, daß jeder sich bemüht, selbst ein Horst Wessel zu sein. – Er ist zum Symbol des neuen Deutschlands und der nationalistischen Weltanschauung geworden. Hier, an seiner Geburtsstätte, grüßen wir dankbaren Herzens die Mutter des Freiheitshelden, die gegenwärtig im Geburtszimmer des Sohnes eine Stunde der Erinnerung erlebt. Was bedeutet uns Horst Wessel? Er ist das Vorbild des politischen Soldaten, Ideal der nationalistischen Bewegung als Überwindung des Klassenkampfes. Horst Wessel war es, der uns die Anerkennung der schaffenden Menschen ohne Ansehen ihres Standes und ihrer Berufstätigkeit vorlebte. Horst Wessel marschierte an der Spitze derer, die zum Leitspruch ihres Lebens das Wort ›Deutschland muß leben, auch wenn wir sterben‹, gemacht haben.

Als das Horst-Wessel-Lied erklang, und jedem an dieser Stätte die Unvergeßlichkeit des Mannes, der dies Lied gedichtet hat, zur Gewißheit wurde, enthüllte sich die Gedenktafel am Hause, der sich grüßend und gelobend tausend Hände entgegenstreckten.

Und mit den dichten Reihen der Revolutionskämpfer marschiert in Reih und Glied, oder in zwanglosen Gruppen ganz

Bielefeld zu der Höhe, die nun den Namen seines besten Sohnes trägt, zu jenem Felsenmonument, Horst Wessel geweiht aere perennium! Sie alle sind sich des Tages und seiner Bedeutung bewußt.

Frau Wessel und Tochter kommen vom Kreiskulturwart begleitet. Alles steht bewegt still, die Hände zum deutschen Gruß gereckt. Die Menge spürt es: Hier naht die Mutter eines Helden!

Es ist 4 Uhr, die Weihestunde beginnt, als die obersten Führer erschienen, die Frau Wessel und Tochter, die in der ersten Reihe der Ehrengäste Platz genommen hatten, begrüßten. Pg. Brünske leitete die Feier mit einem wirkungsvollen Vortrag eines Prologes ›Ikarus‹ ein. Bürgermeister Budde nahm dann das Wort zur Begrüßungsansprache, in der er ausführte: Bielefeld gedenkt seines größten Sohnes, der im Kampf um Deutschland besondere Bedeutung erlangt hat: Horst Ludwig Wessel. Ihm zu Ehren sind wir auf diese einzigartige Höhe heraufgeführt worden und Bielefeld freut sich, daß dem Ruf so zahlreich Folge geleistet wurde. Wir werden uns an dieser geheiligten Stätte in Zukunft stets an diesem Tage versammeln, um Horst Wessel zu gedenken und Umschau, Ausschau und Einkehr zu halten.

Dieser Stein sei ein Mahnmal an eine Zeit, in der in Deutschland die Feigheit herrschte, das Bürgertum sich verkroch, die rote Pest durch die Straßen zog. Das Bürgertum fand nicht die Kraft zur Gegenwehr, aber es fanden sich deutsche Männer und Horst Wessel, Du warst einer der Ersten, die den Heroismus auf ihre Fahnen schrieben, Tapferkeit und Mannesmut aufs Panier. Der Kampf wurde gesegnet. Horst Wessel hatte einen der schwersten Kämpfe im roten Berlin zu führen, Arbeiter der Stirn und der Faust hatten in Berlin den roten Terror niedergeworfen. Der Stein soll ein Mahnmal sein für eine Zeit, wo Eigennutz über Volksnutz stand. Deutschland ist alles, das Ich gar nichts. Mit Blut ist dies bezeugt worden.

Der Stein sei ein Mahnmal, daß es eine Zeit gab, in der der Klassenkampf das deutsche Volk zerriß. Unser Volk war in viele Teile, Parteien usw. zerrissen, gespalten. Du, Horst Wessel gabst das lebendige Beispiel, daß der deutsche Sozialismus keine Phrase ist, sondern lebenswahr. Du als Student fandest den Weg zu den Herzen der Volksgenossen, keiner, wie Du, hat die Seele des deutschen Arbeiters begriffen. Du hast das in Lieder und Töne gebracht, die heute von jung und alt gesungen werden. Du warst lebendiges Beispiel, daß sich Arbeiter der Stirn und Faust zusammengefunden haben, daß aus diesem Bund die Auferstehung Deutschlands erfolgen kann.

Dieser Stein ragt weit in deutsches Land, er wecke Deinen Heldengeist in der deutschen Jugend. Es müssen in jeder Generation sich Hunderttausende vom Geist Horst Wessel finden. Hundertausende aus den sogenannten gebildeten Ständen müssen den Weg zum Arbeiter finden, dann ist die Revolution gesichert und das Werk des Führers, die deutsche Einheit gesichert und vor allem gelungen.

Ich übergebe diesen Stein der Obhut der Stadt Bielefeld und taufe ihn auf den schönsten Namen, den es in der SA gibt: Horst Wessel, und ich taufe diese Höhe, die jetzt einen ganz besonderen Sinn hat, als: Horst-Wessel-Höhe.«

»›Horst-Wessel-National-Denkmal.‹ Einer Mitteilung des Leiters des freiwilligen Arbeitsdienstes für Niedersachsen zufolge, sind für den Bau eines Horst-Wessel-National-Denkmals im Süntal 6000 Tagwerke des Freiwilligen Arbeitsdienstes bewilligt worden. Der Denkmalausschuß fordert schon jetzt alle Volksgenossen auf, durch Spenden zu diesem großen Werk beizutragen. Die Gesamtkosten des Denkmals werden wahrscheinlich bis zu einer Million Mark betragen.«

»›Horst-Wessel-Denkmal‹ in Hindenburg. In der Arbeitergroßstadt an der blutenden Grenze, einst eine Hochburg der Kommunisten, wurde am Sonntag in feierlicher Weise die Weihe eines Ehrenmals für den Sänger und Kämpfer der nationalsozialistischen Bewegung Horst Wessel vorgenommen. Das Denkmal für Horst Wessel besteht aus einem riesigen Findlingsblock, der seit Jahrtausenden am Stadtrand von Hindenburg ruhte. Der Findling aus nordischem Granit von rötlicher Färbung hat ein Gewicht von etwa 600 Zentnern. Schon in der Aufstandszeit sollte der Findling zu einem Selbstschutzdenkmal gemacht werden. Später wollten die Kommunisten aus ihm ein Lenin-Denkmal schaffen. Die Plakette mit dem Kopf Horst Wessels hat gleichfalls eine bemerkenswerte Geschichte. Die Bronze zu dem Bildnis stammt von französischen Geschützen aus dem Krieg 1870.«

»Am 9. Oktober findet im ›Horst-Wessel-Krankenhaus‹ eine Horst-Wessel-Gedenkfeier statt, bei welchem das Sterbezimmer als historische Stätte der nationalsozialistischen Bewegung der Öffentlichkeit übergeben wird. Reichsminister Dr. Goebbels wird die Gedenkrede halten. Zum Abschluß der Feier findet ein Fackelzug zum Grabe Horst Wessels statt. Die Feier selbst wird durch Lautsprecher in Berlin übertragen. Ferner findet am Montag im ›Horst-Wessel-Heim‹ in Neubabelsberg die Weihe eines Ehrenmals statt, das neben dem Namen Horst Wessels auch die Namen seiner im Freiheitskampf gefallenen 38 Kameraden der SA, Gruppe Berlin-Brandenburg, tragen wird.«

Unter dem Titel »Horst Wessel« wurde ein Film am 3. Oktober im Capitol Cinema geladenen Gästen, unter ihnen Hermann Göring, Wilhelm Furtwängler, Erich Kleiber, Mitgliedern der SA, einigen Schauspielern und Schauspielerinnen, ausgewählten Diplomaten und einigen Zeitungsleuten vorgeführt.

Aber am Tage seiner vorgesehenen, offiziellen Premiere, dem 9. Oktober, wurde der Film plötzlich verboten. Die offiziellen Stellen erklärten: »Den Grund fassen wir in einem Satz zusammen: die heroische Figur des Horst Wessel und auch die nationalsozialistische Bewegung wird im ganzen Film verniedlicht, verkleinert und unqualifiziert dargestellt und entspricht nicht den Gegebenheiten.«

Der Film wurde zur Umschreibung zurückgeschickt. Eine Passage des Horst-Wessel-Liedes sowie andere kurze Schnitte wurden gemacht. Unter dem neuen Titel »Hans Westmar. Einer von vielen. Ein deutsches Schicksal aus dem Jahre 1929.« Der Film ging am 23. November abermals zum Zensor und wurde dann am 13. Dezember aufgeführt.

Der Film zeigt einen Studenten als er gerade von einer Reise aus dem großartigen, walzerverliebten Wien zurück in die objektive, internationale Stadt Berlin kommt. Er befindet sich in einer Bar, dort spielt eine Negro-Jazzband Klänge von »Die Wacht am Rhein«. Kräftige Kommunisten sind zu sehen, sie sprechen von Rußland und von Moskau. Hans Westmar sieht und hört das alles und noch viel mehr. Er wird aktiv. Sein Organisationstalent ist außergewöhnlich – aber er glaubt, daß die Partei in der Masse verankert sein muß. Er gibt sein Studium auf und tritt der Arbeiter-Partei bei. Er geht nach Ost-Berlin. Es ist der strengste Kommunistenbezirk. Dort sind sie alle gegen ihn. Sie planen gegen ihn und bekämpfen seine erfolgreiche Art. Sie haben Angst, daß er ihnen zu viele Mitglieder abgewinnt. Er wird erschossen, und nach ein paar Tagen – seine Verwundung ist entsetzlich – stirbt er.

Die Berliner Korrespondentin der *New York Times,* Claire Trask, schreibt für ihre Leser die Filmkritik: »Der Film besteht hauptsächlich aus Massenszenen. Der vermeintlich historische Straßenkampf vor dem Karl-Liebknecht-Haus, dem Hauptquartier der Kommunisten, während der Beerdigungszug passiert, ist brutal und überzeugend. Dem Film fehlt eine Kontinuität und setzt ein zu großes Wissen des Buches als selbstverständlich voraus. Deswegen auch der Ärger über zu viele Nahaufnahmen. Die Absicht des Films ist umzukehren, umzustürzen. Die Geschichte von Horst Westmar enthält lediglich den Background einer wirkungsvollen Dokumentation einer nationalen Bewegung. Es ist ärgerlich, wie schlecht manches in diesem Film gemacht wurde. Er ist aber einer der besten Propagandafilme des Dritten Reiches. Die Begräbnisszene ist so realistisch, daß viele glaubten, es wäre eine Wochenschau. Die Pöbelszenen sind geschickt gemacht.

Zusammengefaßt ist der Film weiter entfernt von einem russischen Modell als jeder deutschen Film, der je zuvor auf einer Leinwand gesehen wurde. Hans Westmar ist ein Film, der von allen gesehen werden sollte (!), die an Massenpropaganda interessiert sind und es ist vereinzelt interessant, ihn mit dem Ewers-Buch zu kombinieren, welches fair (!) ist und heute leicht zu erhalten ist.«

Trotz dieser eher freundlichen Aufnahme durch den *New York Times*-Kritiker entschließt sich Goebbels den Film zu verbieten: »Das Ministerium ist der Auffassung, daß der Film der ›Volksdeutschen Filmgesellschaft‹ nicht die künstlerischen Qualitäten besitzt, die von einer Darstellung des Lebens des nationalsozialistischen Vorkämpfers Horst Wessel und des gewaltigen Ereignisses des deutschen Freiheitskampfes verlangt werden müssen . . . Der erste Horst-Wessel-Film ist die Arbeit einer ziemlich obskuren, ad hoc gegründeten Filmgesellschaft, die in dem als Konjunktur erkannten Rennen (!) um den nationalsozialistischen Stoff einen guten Platz zu belegen hoffte. Daß dabei Geldinteresse eine erhebliche Rolle spielten, kann man ruhig unterstellen. Maßgebender Manuskriptverfasser ist: Hans Heinz Ewers.«

Derselbe Hans Heinz Ewers – Schriftsteller, geboren 1871, gestorben in Berlin 1943. Unter Einfluß von E. A. Poe – Erzähler grotesker Schauerromane schrieb er 1932 ein Buch über Horst Wessel.

»Adolf Hitler; er war es, der mir vor Jahresfrist im ›Braunen Haus‹ die Anregung gab, der mich bestimmte, den ›Kampf um die Straße‹ zu schildern.« Das Buch ist 1933 erschienen, zwei Jahre später jedoch Hans Heinz Ewers in Ungnade gefallen.

Nun schreitet Goebbels wieder ein. Diesmal geht es um das Horst-Wessel-Lied.

»Wie der amtliche Preussische Pressedienst mitteilt, hat der preußische Minister des Inneren auf Anregung des Reichsministers für Volksaufklärung und Propaganda für das Land Preußen durch Polizeiverordnung bestimmt, daß das Singen und Spielen des Horst-Wessel-Liedes in Vergnügungs- und Gaststätten aller Art verboten ist. . . Hierzu wird ergänzend noch folgendes bemerkt: Die Polizeiverordnung soll verhindern, daß das Horst-Wessel-Lied in ihrem Charakter als vaterländisches Weihelied durch zu häufiges Absingen auch bei unpassenden Gelegenheiten Einbuße erleidet. Der Würde dieses Liedes entspricht es, daß es nur bei solchen Gelegenheiten gesungen werde, bei denen der Rahmen, der Ernst, und die Größe der Veranstaltung zum Singen und Spielen des genannten Liedes eine besondere Veranlassung gäbe!«

Während die Nazipropaganda mit Erlassen und Verboten versucht, den Horst-Wessel-Mythos aufzubauen und dabei auf Wahrheit und Wirklichkeit verzichten: Auf die Braut Erna Jänicke. Man findet keinen einzigen offiziellen Hinweis dafür, was aus ihr geworden ist. Ist sie nun endlich Schneiderin geworden? Wurde sie zum Schweigen gebracht? Hat sie jemals das Grab ihres »Verlobten« besucht, Blumen gebracht? Hat sie dabei die Wache des Sturm 5 – der Sturm ihres Geliebten – verjagt?!

Dafür werden aber Mutter und Schwester kräftig eingespannt. Und sie machen mit. Schwarz gekleidet reisen sie herum und mit »Würde« nehmen sie Huldigungen entgegen. Was für eine Rolle für die Pastorenwitwe!

28. Ilja Ehrenburg und Bertolt Brecht über Horst Wessel

Wenn man nichts näheres weiß oder wissen will, dann stellt man Spekulationen auf. So wie zwei weltberühmte Schriftsteller, beide Kommunisten, es getan haben: Ilja Ehrenburg und Bertolt Brecht.

Beide gehen mit Wahrheit nicht zimperlich um. So wie Nazis und Kommunisten: Dasselbe Vokabular, dieselben Haßgefühle gegenüber politischen Gegnern. Keine Spur von Verständnis, Einsicht, Liebe. Dabei wollen sie eine neue, bessere Gesellschaftsordnung schaffen. Ob das mit Haß und Gewalt zu erreichen ist?! Haben alle ihre politischen Schriften so viel Wahrheitsgehalt wie die Folgenden, dann steht es mit ihrer Glaubwürdigkeit sehr schlecht.

»Sie waren Schüler in farbigen Mützen . . . sie schrien ›pfui‹, als man Kriegsgefangene durch die Straße führte. Sie brüllten: ›Gott strafe England!‹ Sie sagen: ›Jeder Stoß – ein Franzos'.‹ Sie traten mit Militärmusik und Knallerbsen ins Leben ein.

Als der Krieg zu Ende war, waren sie schwächliche und erbitterte Jünglinge. Zu Weimar versuchten die Sozialdemokraten, ihre Bierseidel zum Himmel zu erheben. Aber ihre Stimmen waren heiser und keiner wollte sie hören. Die Arbeiter wollten leben und essen. Da kommandierten die Sozialdemokraten: ›Gebt Feuer!‹ Sie setzten die Verfassung, die sie angenommen hatten, in die Tat um. Sie wollten die Macht nicht den Generälen überlassen. Sie übernahmen also selbst die Rolle der deutschen Cavaignacs und Gallifets.

Die Jünglinge wurden zu jungen Männern. Sie fuhren fort, sich zu langweilen. Sie wollten leben, aber im Leben war kein Platz für sie. Sie waren Söhne pensionierter Beamter, zugrundegegangener Kaufleute, bei Verdun gefallener Leutnants, durch Entbehrungen ausgedörrter Pastoren. Mit leeren Magen trieben sie sich in Tanzlokalen herum, in Erwartung irgendeiner sagenhaften Amerikanerin, sie sahen im Kino die Militärparaden Friedrichs des Großen, nassauerten bei allzu vertrauensseligen Mädchen und träumten von einem neuen Krieg.

Sie wollten mit Knallerbsen spielen und wunderbare Abenteuer erleben.

Das Leben wurde immer schwerer. Erwerbslose gingen ins Wasser, erhängten sich, drehten den Gashahn auf. Die Leute brachen vor Hunger auf der Straße zusammen. Man konnte nicht mehr leben. Flammenzeichen, rote Feuerzungen entbrannten auf den Plätzen.

Da versammelte Herr Hugenberg alle Könige Deutschlands: die Kohlenkönige, die Könige des Eisens, der Elektrizität, des Stickstoffs ... Und so wurde Adolf Hitler geboren, ein armer Schlucker, dem es beschieden war, Kanzler des Reiches zu werden. Es gibt in Berlin einen großen häßlichen Platz, er heißt Alexanderplatz ... Dort ergehen sich Zuhälter und Taschendiebe, die Polizisten und Kupplerinnen, Spitzel, Rauschgifthändler, Hehler und alle möglichen Gauner. Die Jungen, die sich damals mit farbigen Mützen auf den Straßen herumtrieben, nisteten sich hier ein. Die Stammgäste der Kaschemmen des Scheunenviertels kannte Horst Wessel gut. Er genoß dreifachen Ruhm als Liebender, als Patriot und als Dichter. Horst Wessel war der Geliebte einer Prostituierten. Sie hieß nach den einen Lutzi, nach den anderen Mitzi. Solche Mädchen haben ebensoviele Namen wie Lächeln. Diese arbeitete gut und sie liebte den tapferen Horst. Sie liebte ihn nicht nur wegen seiner leidenschaftlichen Umarmung und wegen seines zärtlichen Herzens; denn Horst verteidigte sie gegen seine Nebenbuhler, die anderen Zuhälter und auch gegen die Polizei. Wessel besaß eine Pistole und er wußte damit umzugehen. Er rühmte sich, manche Kommunisten damit umgelegt zu haben. Er war Führer eines SA-Sturmes. Die Polizisten warfen ihm von Zeit zu Zeit einen freundlichen Blick zu und das Mädchen Lutzi (Mitzi) fühlte sich unter seinem Schutz so sicher wie hinter einer steinernen Mauer.

Aber vor allem war Wessel Dichter: er dichtete Kampflieder voller tiefster Poesie. Sein Lieblingswerk begann mit den Worten: ›Wenn's Judenblut vom Messer spritzt, dann geht's noch mal so gut . . .‹

Dieses Lied haben die Hitlerjungen überall gesungen. Es wurde zum ›Horst-Wessel-Lied‹.

Früher hatte Horst Wessel eine bunte Pennälermütze getragen. Auch er hatte Hurra geschrien. Er kam aus einer ausgezeichneten Familie; sein Vater war Pastor gewesen. Er teilte die Langeweile seiner Generation. Er wollte kein Alltagsleben. Er wollte Gefahren und Erfolge. Und er hatte die Perspektive einer Buchhalter- oder Verkäuferstelle mit Lutzi und seinem Revolver vertauscht; er war unrettbar ein Dichter.

Eines Tages, als Horst Wessel bei seiner Geliebten war, kam Ali Heger in das Zimmer. Ali Heger war ein richtiger Zuhälter. Er hatte für Dilettanten nichts übrig. Lutzi (oder Mitzi) hatte früher ihm gehört. Wessel hatte den Berufskodex verletzt. Heger legte ihn kaltschnäuzig um.

Heger war Mitglied des Ringvereins ›Immertreu‹. In diesem Verein wimmelte es von Nazi, die auf doppelte Art ihren Lebensunterhalt verdienten: von den Hitlerleuten für jeden ermordeten Arbeiter, von den Mädchen für jeden Mann, mit dem sie gingen.

Nachdem Heger Wessel umgebracht hatte, erklärten die Nazis, daß dieser SA-Mann, Barde und Zuhälter, als Opfer eines verbrecherischen Anschlags durch die Hand eines Kommunisten gefallen sei.

Geld, Maschinengewehre, Fahnen und Kampflieder hatten sie schon. Es fehlte ihnen nun ein richtiger, eigener Heiliger. In einer stickigen Kaschemme, im Zigarrenrauch, unter Gebrüll und Gerülpse sprachen sie feierlich Horst Wessel heilig. Und man legte auf sein Grab nicht die Strumpfbänder der Lutzi, sondern hakenkreuzgeschmückte Kränze . . .

Die Freunde Horst Wessels sind Sieger geblieben. Die Sozialdemokraten hätten gerne ein Hoch zu Ehren des großen Vaterlandes ausgebracht, aber man hat sie gleich davongejagt. Sie haben angefangen zu flennen, an vergangene Verdienste zu erinnern. Hat nicht Noske viele Kommunisten erschießen lassen? Sie sind empört. Man kann sie doch nicht neben diese verbrecherischen Kommunisten ins Gefängnis werfen. Man muß ihnen Ruhegehälter und die Möglichkeit geben, noch Klage vor dem Reichsgericht zu erheben.

Unterdessen lassen es sich die Freunde Horst Wessels gut gehen. Der Reichsminister Göring spaziert in Reithosen durch die Stadt. Er geht nie ohne Reitpeitsche. Aus den jüdischen Läden rauben Schlauköpfe die marxistischen Schuhe und internationale Würste. Alle diese finsteren und verwilderten Kerle, die sich früher in den engen Straßen wie in Höhlen verborgen hielten, sind jetzt frech an die Oberfläche gekommen. Alle Sadisten, Morphinisten, Paranoiker, Mörder.

Es gibt eine Zeichnung von Grosz, die einen solchen Wahnsinnigen darstellt; er hat eben eine Frau umgebracht und wäscht sich gewissenhaft die Hände in einem kleinen Waschbecken. Wer weiß, ob er heute nicht Polizeikommissar ist? Früher betrachteten sie gierig die Leinwand, auf der die famosen Doktoren Mabuse oder Caligari agierten. Die Zuschauer hatten scharfkantige, rasierte Schädel. Sie seufzten matt. Sie erwarteten die Stunde, da ihnen gestattet würde, noch warmes Menschenfleisch zu zerreißen. Sie warteten. Sie haben nicht umsonst gewartet. Sind sie es nicht, die man mit dem ›Verhör‹ verhafteter Arbeiter beauftragt? Warum hat man den Düsseldorfer Frauenmörder eigentlich hingerichtet? Er hätte auch helfen können, Deutschland vorm Marxismus zu retten. In Berlin stand das Karl-Liebknecht-Haus, benannt nach dem Helden, dem nichts, nicht das Gefängnis, nicht der Tod Halt gebieten konnte. Er war arm, mutig und großmütig. Selbst die Feinde verneigten sich vor seinem Andenken.

Aber diese? . . . Sie haben das Karl-Liebknecht-Haus umbenannt. Sie nennen es ›Horst-Wessel-Haus‹. Das ist ihr Held, ein Zuhälter, ein schlechter Reimschmied, ein Mörder, der im Dunkeln meuchelt.

Weiß Gott, jeder hat die Helden, die er verdient . . .

Ilja Ehrenburg.«

»Bei der Suche nach einem Helden, der wirklich paßt, so daß man, an ihn denkend, sogleich an die Bewegung, und an die Bewegung denkend, sogleich an ihn denken mußte, entschied sich die nationalistische Bewegung, sicher nach langem Schwanken, für einen Zuhälter.

Es ist natürlich nicht so, daß man fragte: Wo ist ein Zuhälter? Man fragte: Wo ist Sex-Appeal, Redegewandtheit, Mangel an Kenntnissen, Brutalität? Darauf meldete sich der Zuhälter. Daß der Besitzer so verwendbarer Eigenschaften Zuhälter war, machte ihn sogar fast unverwendbar. Der Beruf des Zuhälters ist kein schöner Beruf. In den untersten Tiefen der großen Städte, da wo die Menschen den Hunden die Knochen wegschnappen, auf jenen Märkten, wo Liebesakte gegen eine heiße Wurst eingetauscht werden, ist er der Unternehmer. Er läßt jene für sich arbeiten, die auf keine andere Weise, als indem sie sich verkaufen, ihr Leben machen können, und er preßt Profit für sich heraus bei dieser Arbeit. Natürlich ist er ein sehr kleiner Unternehmer, beileibe kein Krupp. Es war für Joseph Goebbels also nicht tragbar, daß sein Held, oder das, was sein Held werden sollte, der Lehmkloß, dem er seinen Geist einatmen wollte, ein Zuhälter gewesen war, das heißt, daß er selber seine Tugenden auch schon entdeckt hatte, Sex-Appeal, Redegewandtheit, Mangel an Kenntnissen und Brutalität, und beschlossen hatte, Zuhälter zu werden. Die Große Frankfurter Straße wußte und jedermann konnte es von ihr erfahren, daß Wessel, der Student der Rechte, mit der Erna Jännicke in der Großen Frankfurter Straße 18 wohnte und was es bei ihr kostete . . .

Da die Kommunisten also niedrige und ungläubige Leute sind, im Grunde Verbrecher, was auch schon daraus hervorgeht, daß die höchsten Richter sie zum Tod und zu langen Gefängnisstrafen verurteilen, ist es besser, auf sie nicht zu hören und einfach zu glauben, daß der Wessel kein Zuhälter war. Aber was war er dann? Was war er, wenn er wirklich nur, um das Volk für den Nationalsozialismus zu werben, in die Große Frankfurter Straße zog? Wenn er nicht als mittelloser Student kam, sondern als Nationalsozialist?

Dann war er ein Zuhälter. Es gibt nämlich mehrere Sorten von Zuhältern. Es gibt den gewöhnlichen Zuhälter, der Prostituierte für sich Geld verdienen läßt, und es gibt den politischen Zuhälter.

So wie der gewöhnliche Zuhälter sich zwischen die arbeitenden Prostituierten und ihre Mieter einschaltet, den Geschäftsakt überwacht und Ordnung in das Geschäft bringt, schaltet sich der politische Zuhälter zwischen die Arbeiter und ihre Käufer ein, überwacht den Verkaufsakt der Ware Arbeitskraft und bringt Ordnung in das Geschäft.

Tatsächlich gibt es kaum eine bessere Schule für den Nationalsozialismus als das Zuhältertum. Er ist politisches Zuhältertum. Er lebt davon, daß er der ausbeutenden Klasse die auszubeutende zutreibt. Der Vereinigung von Kapital und Arbeit, jener schrecklichen Vergewaltigung, verleiht er die Legalität und, totaler Staat, sorgt er dafür, daß die Legalität eben nichts enthält, was nicht dieser Vergewaltigung dient. Ausnutzend den nackten Hunger der besitzlosen Klasse und ausnutzend die Gier der besitzenden Klasse nach Profit, erhebt sich der große Parasit anscheinend über beide Klassen, allerdings dabei ganz und gar dem Geschäft der besitzenden Klasse dienend . . .

Das ist der Zuhälter, und jedermann kann mit Leichtigkeit alle diese Züge im Verhalten des Nationalsozialismus entdekken, des politischen Zuhälters, der das Proletariat als Prostituierte des Kapitals behandelt.

Und jedermann wird einsehen, daß es zwar nicht müßig, aber doch verhältnismäßig unwichtig ist, zu untersuchen, ob der Wessel ein gewöhnlicher Zuhälter war, denn ganz bestimmt war er ein politischer Zuhälter, und das ist weit schlimmer. ›Rettete‹ er die Erna Jännicke oder ›rettete‹ er Deutschland? Lebte er auf Kosten der Jännicke oder auf Kosten Deutschlands? Wen von beiden schickte er auf den Strich?

Bertolt Brecht, 1935«

29. Zweiter Horst-Wessel-Prozess 1934

Ein Streit zwischen einem betrunkenen Ehemann und dessen Frau, der zunächst in der Wohnung begonnen hat, nimmt dann auf der Straße immer heftigere Formen an, wobei die Frau ihrem Mann zuruft: »Du willst es wohl mit mir so machen, wie damals mit dem Wessel!?«

Diese Auseinandersetzung hatte verhängnisvolle Folgen: am 13. Juni 1934 melden die schon gleichgeschalteten deutschen Zeitungen: »Die Bluthelfer Ali Höhlers vor Gericht!« Die Anklage richtet sich gegen den 31 Jahre alten Peter Stoll, den 27jährigen Sally Epstein und den dreizehn Mal vorbestraften, 32 Jahre alten Hans Ziegler.

»Die Aufdeckung der Mittäterschaft dieser drei Kommunisten an der verabscheuungswürdigen Mordtat glückte dadurch, daß einer von ihnen bei einem heftigen Streit auf der Straße von seiner Frau verraten wurde. Für die Beweisaufnahme, die etwa zwei Tage in Anspruch nehmen dürfte, sind von der Staatsanwaltschaft 20 (!) Zeugen und ein Sachverständiger benannt worden.«

Nach Eintritt in die Verhandlung stellte der Vorsitzende zunächst die Personalien der Angeklagten fest, und man hörte, daß Stoll einmal wegen Sittlichkeitsverbrechens, Ziegler dreizehnmal wegen Betruges und Diebstahls vorbestraft ist.

Vorsitzender: »Angeklagter Stoll, wollen Sie sich auf die Anklage erklären?«

Stoll: »Ich kam 1925 nach Berlin. Durch einen Zufall geriet ich eines Tages in das kommunistische Lokal von ›Bär‹ in der Dragonerstraße.

Ich trat in die dort verkehrende Sturmabteilung Mitte – eine getarnte Fortsetzung des Rotfrontkämpfer-Bundes – ein. Am 14. Januar 1930, dem Tag der Tat, habe ich an einer Versammlung teilgenommen, die im Vereinszimmer von ›Bär‹ abgehalten wurde, kam der Kommunist Joneck herein und sagte zu Max Jambrowski: ›Komm mal raus, eine Frau will mir dir sprechen.‹ Ich hörte, daß die Frau – es handelte sich um Frau Salm, die Wirtin Horst Wessels –, von Jambrowski verlangte, daß ein Nazi-Mann aus ihrer Wohnung geworfen werden sollte. Zusammen mit Joneck ging ich aus Dummheit und Neugier in ein anderes Lokal mit und hörte, wie Joneck nach ›Ali Höhler‹ fragte. Was Joneck dort verabredet hatte, konnte ich nicht hören, weil ich mich abseits hielt.«

Vorsitzender: »Ich denke, Sie sind gerade aus Neugierde mitgegangen? Glaubwürdig ist das nicht.«

Stoll: »Plötzlich verließen alle das Lokal und ich ging aus Dummheit mit. An einer Straßenecke bekam ich die Anweisung, stehen zu bleiben. Max Jambrowski sagte zu mir: ›Hier paßt du auf. Wenn Polizei kommt, pfeifst du!‹ Die anderen gingen weiter, ich wußte aber nicht, wohin.«

Vorsitzender: »Lügen Sie doch nicht so unverschämt. Sie sind doch nicht so dumm, wie Sie sich anstellen!«

Der Angeklagte Stoll bleibt dabei, daß er keine Ahnung von dem Mordplan hatte. Er habe auf einmal einen Schuß gehört, aber immer noch nicht gewußt, um was es sich handelte. Die anderen Kommunisten kamen plötzlich angelaufen und gemeinsam gingen sie in das Lokal von ›Bär‹ zurück. Dort sagte Jambrowski: ›Alle müssen den Mund halten, und wenn einer was verrät, geht es ihm genauso wie Horst Wessel!‹«

Der Angeklagte Stoll erklärte bei seiner Vernehmung: »Ich kannte Horst Wessel gar nicht. Ich bin durch meine Dummheit in die Sache hineingekommen. Es tut mir leid, daß ich heute hier stehe.«

Vorsitzender: »Wenn Sie so unschuldig sind, warum haben Sie denn im August vorigen Jahres nach Ihrer Verhaftung einen Selbstmordversuch unternommen?«

Stoll: »Es tut mir leid, daß ich in die Sache verwickelt wurde, ich habe mich geschämt, daß ich wegen einer so lumpigen Sache . . .«

Vorsitzender (sehr erregt): »Erlauben Sie einmal. Das nennen Sie eine lumpige Sache. Sie sind hier als Mörder angeklagt. Machen Sie sich das einmal klar. Es ist ja unglaublich!«

Stoll: »Ich habe das nicht so gemeint.«

Vorsitzender: »Warum haben Sie bei der Polizei jede Beteiligung abgestritten, wenn Sie doch unschuldig waren?«

Stoll: »Ich habe kein Interesse irgendetwas zu verheimlichen.«

Epstein, der ebenfalls in dem kommunistischen Lokal von »Bär« verkehrt und Mitglied der Sturmabteilung Mitte war, erklärt, er habe am 14. Januar ein geheimes Gespräch zwischen Joneck und dem Genossen Jambrowski gehört. Eine Reihe von Leuten hätten das Lokal plötzlich verlassen und er sei mitgekommen, aber nicht nach dem Hause Horst Wessels, sondern zu einem Freund, der in der Weberstraße wohnte.

Vorsitzender: »Diese Aussage haben Sie schon vor der Polizei gemacht und es hat sich herausgestellt, daß sie nicht stimmt. Denn Ihr Freund saß zu dieser Zeit in Tegel!«

Der Angeklagte bleibt aber bei seiner Behauptung und stellt auch seine Bekundung in der Voruntersuchung in Abrede, daß er von dem am Mord beteiligten Rückert angefordert worden sei, zu pfeifen, wenn Gefahr im Verzug wäre.

Der Angeklagte Ziegler, der dann vernommen wird, war im Lokal von »Bär« angestellt. Am 14. Januar 1930, so erklärt er, sei Frau Salm in das Lokal gekommen, um ein Mitglied der Sturmabteilung Mitte zu sprechen. Er habe sich aber nicht weiter dafür interessiert und sei fortgegangen. Als er wieder das Lokal betrat, sei Ali Höhler dagewesen, der mit einer Anzahl weiterer Genossen nach kurzer Zeit wegging. Er hörte nur, daß jemand gewaltsam aus der Wohnung entfernt werden sollte; und sei aus »Neugierde« mitgegangen. Als er mit den anderen in die Große Frankfurter Straße kam, seien fünfzehn bis zwanzig Kommunisten versammelt gewesen und er habe nur gehört, daß eine größere Aktion geplant sei. Er habe Angst bekommen, sei nur zum Schein in das Haus mitgegangen und sei bei der ersten sich bietenden Gelegenheit fortgelaufen. Wiederum aus »Neugierde« will aber Ziegler in das Lokal »Bär« zurückgegangen sein, um zu hören, was vorgefallen wäre. Als er das Lokal betrat, habe Jambrowski gerade die bekannte Äußerung getan: »Wer etwas verrät, dem geht es wie Horst Wessel!«

Als Ziegler behauptet, er habe in diesem Augenblick zum ersten Mal den Namen Horst Wessel gehört, macht ihn der Vorsitzende auf das Unglaubwürdige dieser Aussage aufmerksam, denn Horst Wessel sei als Sturmführer in Kommunistenkreisen bekannt gewesen. Der Angeklagte bleibt jedoch bei seiner Darstellung und will am nächsten Tag aus der Zeitung von dem Mord erfahren und nun erst die Zusammenhänge geahnt haben.

Damit ist die Vernehmung der Angeklagten beendet. Es wird dann in die Beweisaufnahme eingetreten und zunächst als Zeuge der Kriminalassistent gehört, der die erste Vernehmungen durchgeführt hat. Er bekundet, daß Stoll vor der Polizei erheblich mehr ausgesagt hätte, als er dies jetzt in der Verhandlung tut.

In der Nachmittagsverhandlung wird die Vermieterin des Zimmers, die Witwe Elisabeth Salm, aus der Schutzhaft als Zeugin vorgeführt. Frau Salm hat die seinerzeit im ersten Horst-Wessel-Prozeß gegen sie verhängte Gefängnisstrafe von

$1^1/_2$ Jahren in der Zwischenzeit verbüßt. In ihren Aussagen ist sie außerordentlich zurückhaltend.

Am zweiten Verhandlungstag des Prozesses gegen die Helfershelfer der Horst-Wessel-Mörder, wird die Beweisaufnahme fortgesetzt.

Zu Beginn der Verhandlung, die unter starkem Publikumsandrang steht, erstattet der medizinische Sachverständige, Freiherr von Mohrenholz, sein Gutachten. Aus den Ausführungen des Sachverständigen, der die Leiche Horst Wessels obduziert hat, ergibt sich, welch schwere Leiden der von den kommunistischen Mordbuben überfallene Sturmführer auf dem Krankenbett hat erdulden müssen.

Erschütternd wirkt die Feststellung des Sachverständigen, daß Horst Wessel buchstäblich fast verhungert ist, weil er infolge der Schußverletzung im Mund keine Nahrung zu sich nehmen konnte. Trotz einer sofort vorgenommenen Operation, die an sich glücklich verlief, sei es nicht gelungen, eine schon eingetretene Blutvergiftung zu verhindern, die dann auch zum Tode geführt hat.

Aus der Schutzhaft vorgeführt wird dann einer der im ersten Horst-Wessel-Prozeß bestraften Mittäter, der 27 Jahre alte Walter Joneck. Der Zeuge, der zu einem Jahr Gefängnis verurteilt worden ist, weil er zu dem Kommunistentrupp gehörte, der die eigentlichen Mordschützen decken sollte, hat nach seiner Bekundung ebenso wie die Angeklagten der Sturmabteilung Mitte angehört. Am Tag der Tat hat Joneck, nachdem Frau Salm im Lokal von ›Bär‹ die dort anwesenden Kommunisten aufgehetzt hatte, noch Verstärkung aus einem anderen Kommunistenlokal geholt, darunter auch Ali Höhler und Rückert. In der weiteren Vernehmung des Zeugen Joneck kommt es zu sehr erregten Auseinandersetzungen zwischen dem Vorsitzenden und Joneck.

Vorsitzender: »Wenn Sie bestreiten, den bekannten Sturmführer Horst Wessel nicht gekannt zu haben, obwohl Sie als aktiver Kommunist tätig waren, dann lügen Sie uns frech ins Gesicht. Sie mußten den Mann kennen, der die Schalmeienkapelle organisierte, mit ihr auf den Bülowplatz zog und damals den Kommunisten zeigte, daß es Nationalsozialisten gab, den Mann, der in Versammlungen auftrat und für die nationalistische Idee bis aufs letzte kämpfte.«

Joneck bleibt dagegen bei seinen Behauptungen und erklärt weiter, er erinnere sich, daß der Angeklagte Sally Epstein am Mordtage vor dem Hause Wessels aufgestellt wurde. Er selbst sei auf der gegenüberliegenden Straßenseite stehengeblieben, will aber natürlich nicht gewußt haben, was dieses Aufstellen von Posten bedeuten sollte.

Vorsitzender: »Wir wissen ja aus zahllosen anderen Prozessen, daß die Kommune immer um die eigentlichen Mordschützen herum eine dichte Postenkette als Sicherung für die Haupttäter zog. Das war bei ihnen einfach exerziermäßig ausgebildet und Sie brauchten daher für diesen Fall keine besonderen Instruktionen. Das wußten Sie schon ganz allein.«

Sehr interessant ist übrigens Jonecks Bekundung über eine Unterhaltung mit Walter Jambrowski, während der Strafverbüßung in Plötzensee. Jambrowski hat dem Zeugen gegenüber erklärt: »Epstein hat Schwein gehabt, daß er in die Sache nicht verwickelt worden ist. Er ist ein ganz ausgekochter Bursche und hat es verstanden, sich aus der Schlinge zu ziehen.« Als der Zeuge fragte, was für eine Rolle Epstein gespielt habe, entgegnete Jambrowski: »Dieselbe Rolle wie wir auch. Er hat aufgepaßt, daß nichts passiert.«

Vorsitzender: »Hat Frau Salm am 14. Januar noch eine Lage Bier ausgegeben, um den Tätern Mut einzuflößen?«

Joneck: »Sie hat für mich und einen anderen Genossen ein Glas Bier spendiert. Mehr habe ich nicht gesehen.«

Als nächster Zeuge wird der 32 Jahre alte Erwin Rückert aus dem Zuchthaus vorgeführt, wo er bis zum Jahre 1936 eine Strafe von sechs Jahren und einen Monat zu verbüßen hat.

Der Zeuge Rückert kommt dann auf die Tat selbst zu sprechen. Er bekundet, daß der ganze Kommunistentrupp zunächst das Haus habe wieder verlassen wollen, weil man vergeblich nach Horst Wessel suchte. »In diesem Augenblick kam die Kommunistin Else Cohn die Treppe herunter, und teilte mit, der Gesuchte wohne im Vorderhaus, 4. Treppe. Die Tür stehe schon offen. Nunmehr gingen wir alle, so erklärte der Zeuge, in die Wohnung der Frau Salm, sie stand in der Küche und mahnte mit den Worten: ›Seht Euch vor, der schießt gleich!‹ zur Vorsicht. Ich machte den Vorschlag, bis zum anderen Morgen zu warten, wenn Horst Wessel sich Wasser aus der Küche holen wollte. Ali Höhler ließ sich jedoch nicht zurückhalten und fragte Frau Salm: ›Wo ist das Zimmer von dem Kerl?‹ Frau Salm zeigte auf die verschlossene Tür. Sie lief zur Flurtür, setzte die Klingel in Bewegung, um Besuch vorzutäuschen, und Ali Höhler klopfte an Horst Wessels Tür. Als sich diese einen Spalt breit öffnete, rief Höhler: ›Hände hoch!‹ und gleich darauf fiel ein Schuß. Der Zeuge erklärte weiter, man sei in das Zimmer eingedrungen und habe es nach Waffen durchsucht. Kandulski habe eine Pistole und einen Gummiknüppel Horst Wessels mitgenommen. Ali Höhler stieß den am Boden liegenden Wessel mit dem Fuß an und rief: ›Na, du weißt doch, wofür du das bekommen hast!‹«

Weiter werden einige SA- und SS-Männer vernommen. Der Scharfschütze Zanke vom Horst-Wessel-Sturm erklärt als Zeuge, ihm seien die Angeklagten Ziegler und Epstein bekannt. Namentlich letzterer habe sich in Diskussionen vor dem Arbeitsamt hervorgetan. Wieder bekundet der Zeuge, daß ein Kommunist namens Schlageter schon Ende 1929 wiederholt gedroht habe, Horst Wessel würde erschossen werden. Als im September 1929 im »Fischer-Kitz« eine nationalsozialistische Versammlung abgehalten wurde, »...hat dieser Kommunist geäußert: ›Euren Studenten werden wir auch umlegen!‹ Nach der Versammlung wurde von der Kommune ein Schnellfeuer eröffnet, glücklicherweise war aber Horst Wessel nicht mehr zugegen.«

Ein SS-Mann, Bruno Walter, der bei den Kommunisten den Spitznamen »Totengräber« trug, entwickelte ebenfalls ein lebendiges Bild von der Tätigkeit Horst Wessels und schildert, wie oft er selbst von Kommunisten bedroht worden sei.

Dann wurden die bereits verurteilten Horst-Wessel-Mörder, Erwin Rückert, die Brüder Jambrowski, Joneck und Kandulski noch einmal vorgeführt und sämtliche einander gegenübergestellt. Die SA- und SS-Männer bestätigten, daß diese sechs Kommunisten zu denen gehörten, die ständig an den Überfällen von Nationalsozialisten beteiligt waren.

Am Schluß seines Plädoyers beantragte der Staatsanwalt wegen gemeinschaftlichen Mordes gegen die Angeklagten Sally Epstein und Hans Ziegler die Todesstrafe und Aberkennung der bürgerlichen Ehrenrechte auf Lebenszeit. Wegen Beihilfe zum Mord gegen den Angeklagten Peter Stoll 13 Jahre Zuchthaus und zehn Jahre Ehrverlust.

In eindrucksvollen Ausführungen erklärte der Anklagevertreter u. a.: »Dieser Prozeß ist keine Sensation. Schon haben sich dunkle Kräfte ans Werk gemacht, ihm eine Tendenz unterzuschieben. ›Racheprozeß‹ so schreit es in den Zeitungen internationaler Literaten. Nicht die Rachefurie rast durch den Saal, sondern nur der gerechte und harte Wille der Sühne für ein gemeinsames Verbrechen beherrscht unser Wollen. Wir verabscheuen es, das Gedächtnis eines großen Toten in den Schmutz zu ziehen durch fanatische Haßgesänge.

Aber auch hier soll und muß uns begleiten ein leidenschaftlicher durchglühter Wille, der eine Aufgabe darin sieht, das Urteil zu suchen zu engster Verbundenheit mit dem geläuterten deutschen Gerechtigkeitssinn.«

Er ging dann auf die Schilderung der Organisation der berüchtigten »Sturmabteilung Mitte« und die Tat selbst über, und bezeichnete es bei der Schilderung der Tat als besonders schaurig und ungeheuerlich, daß dem wehrlos am Boden liegenden Horst Wessel noch ein Fußtritt ins Gesicht versetzt wurde, daß Horst Wessel sechs Wochen qualvoll mit dem Tode ringen mußte und daß dann die internationale Presse den Mord als private Auseinandersetzung zwischen Zuhältern darzustellen versuchte.

Der Anklagevertreter faßte zusammen: »Die Ermordung Horst Wessels war ein wohlorganisierter Plan, die Beteiligung aller drei Angeklagten ist einwandfrei erwiesen. Sie werden immer zu einem Urteil kommen müssen«, so wandte sich der Staatsanwalt an das Gericht, das mit dem des Jahres 1930 nichts gemein hat. »Schuld daran ist, daß unsere vergangene Justiz, sich einer ihr nicht zu Ehre gereichenden Knochenerweichung liberalistischer Denkungsart hingegeben hat. Schuld daran ist, daß jene Strafrechtsorgane, die 1930 an dieser Stelle urteilten, einer Humanitätsduselei Konzessionen machte, die schließlich in dem Satz gipfelte: ›Nicht der Mörder, sondern der Ermordete ist schuld.‹ Schuld daran ist weiter die Einstellung mancher amtlicher Behörden, daß Nationalsozialisten und Kommunisten sich ruhig totschlagen könnten, damit nur das System vor ihnen Ruhe habe.

Diese Angeklagten sind mitschuldig an dem Tod eines großen Freiheitskämpfers, haben mitgewirkt an der bestialischen Ermordung eines aufrechten Streiters für das Dritte Reich durch einen gemeinen Zuhälter, an der Ermordung eines Mannes, der nur deshalb ihr Todfeind war, weil er für Deutschland kämpfte. Ich weiß, daß böswillige Kritiker wie die Raben über den Fraß über mich herfallen, wenn ich an das Wort erinnere: ›Sei nicht zu allgerecht, denn niemand ist so edel zu sehen, wie schön dein Fehler ist.‹ Seien Sie hart, meine Herren Richter, so hart wie der verbrecherische Mordgeist, dem die Angeklagten sich verschrieben hatten.«

Die Zeitung *Der Angriff* schreibt: »Späte Sühne für den Mord an Wessel. Die wegen gemeinschaftlichen Mordes am

Sturmführer Horst Wessel angeklagten Kommunisten Hans Ziegler und Sally Epstein wurden wegen Mordes zum Tode verurteilt. Peter Stoll wegen Beihilfe sieben Jahre sechs Monate Zuchthaus und zehn Jahre Ehrverlust.

Die bestialische Mordtat an Horst Wessel ist gesühnt. Zwei Handlanger, die sich des scheußlichen Verbrechens schuldig gemacht haben, Hans Ziegler und der Jude Sally Epstein, sind zum Tode verurteilt worden. Ein dritter, der ›Schmieresteher‹ Peter Stoll erhielt wegen Beihilfe eine hohe Zuchthausstrafe, um ein Jahr höher als die der Mordbuben, die sich als Hauptbeteiligte vor dem Forum einer liberalistischen Systemjustiz zu verantworten hatten. Zwar war auch der Regierung damals, als die Schüsse knallten, der Schreck in die Knochen gefahren. Sie löste den RFB auf, aber sie konnte es nicht über sich bringen, nun auch die letzten Konsequenzen zu ziehen und unter das verabscheuungswürdige Verbrechen den Schlußstrich zu ziehen, wie ihn das Volk erwartete.

Staatsanwalt und Richter waren sich in diesem Prozeß darüber einig: Das Urteil eines Gerichtes aus dem Jahre 1930 mußte für die Würdigung der Sachlage unberücksichtigt bleiben. Es war so zu befinden, wie es die Verhandlung auf Grund der Beweisaufnahme ergab.

Unzweifelhaft hatten diese Mitglieder der Mordmeute vom »Fischer-Kietz« damit rechnen müssen, daß der wegen seines Draufgehens in der Gegend bekannte nationalsozialistische Sturmführer Horst Wessel auf der Strecke bleiben konnte. Sie machten sich an ihn in der Dunkelheit heran, wie man einem vogelfreien Wild nachspürt und quälten ihn zu Tode. Für Mord kennt das deutsche Gericht nur eine Strafe: die Todesstrafe. Sie ist jetzt von dem Gericht verhängt worden, das mit ungetrübtem Blick und einem aus der Volksseele kommenden Rechtsempfinden das Urteil gefunden, wie es nicht anders sein konnte.«

Kaum war das Urteil gesprochen, kamen den Generalstaatsanwälten beim Kammergericht und beim Landgericht Berlin Bedenken. Sie empfahlen dem Reichs- und Preußischen Justizminister in einem Schreiben, dem sich das Schwurgericht in seiner Gesamtheit anschloß, die Begnadigung der Verurteilten – Umwandlung der Todesstrafe in lebenslängliche Zuchthausstrafe. Aus Paris schrieb der emigrierte Verteidiger Höhlers ein Gnadengesuch für Epstein und Ziegler an Hermann Göring. Er wies, wie auch die Generalstaatsanwälte, auf das Mißverhältnis zwischen der Strafe für den Haupttäter und der für die Nebentäter hin. Hermann Göring schrieb an den Rand dieses Schreibens die Bemerkung: »Ausgleich ist durch Tod Ali Höhlers erfolgt.«

Am 20. September 1933, im Jahre der Machtergreifung durch Hitler, wurde Ali Höhler von der Gestapo aus dem Zuchthaus Wohlau nach Berlin gebracht und der Berliner SA-Führung ausgeliefert. Ein Förster fand seine schaurig zugerichtete Leiche in einem Waldstück, östlich von Berlin.

Bischof Galen intervenierte ebenfalls. Auch er vergeblich. Am 25. März 1935 teilte der Staatssekretär und Chef der Präsidialkanzlei, Dr. Meissner, dem Justizminister mit: »Der Führer und Reichskanzler hat auf Vortrag nach Ihrem Antrag dahin entschieden, daß er von seinem Begnadigungsrecht keinen Gebrauch machen, sondern der Gerechtigkeit freien Lauf lassen will.«

Am Morgen des 10. April versammelten sich auf dem Hofe des Gefängnisses III in Plötzensee sieben dunkelgekleidete Herren. Es waren dies: Landgerichtsrat Dr. Schmidt, Landgerichtsrat Dr. Welz, Oberstaatsanwalt Ranker, Justizoberinspektor Gülow, Gerichtsassessor von Waldheim, der Strafanstaltspfarrer Tombers und Rechtsanwalt Kramer. Hinter dem C-Flügel stand der Richtblock mit der Bank und daneben ein mit einem schwarzen Tuch bedeckter Tisch, auf dem bei der zweiten Hinrichtung ein Kruzifix stehen sollte.

Scharfrichter Gröpler meldete sich ordnungsgemäß beim

Oberstaatsanwalt und erhielt den Auftrag, den Maler Sally Epstein, geb. am 3. 2. 1907 in Jastrow, und den Friseur Hans Ziegler, geb. am 15. 6. 1901 in Köslin, durch das Beil vom Leben zum Tode zu bringen.

Danach nahm er mit seinen drei Gehilfen vor dem Richtblock Aufstellung.

Punkt sechs Uhr öffnete sich die Tür des Strafgefängnisses, und das Armesünderglöckchen begann zu läuten. Es läutete unbarmherzig, als der bleiche achtundzwanzigjährige Sally Epstein – die Hände auf dem Rücken gefesselt – zwischen zwei Strafanstaltsoberwachtmeister auf den Richtplatz stolperte. Es läutete, während Dr. Ranker das Urteil und die Ablehnung des Gnadengesuches verlas. Zweimal während der Verlesung empörte sich der Verurteilte, er wollte schreien, aber nur ein heiseres Flüstern kam aus seinem Mund: »Ich bin unschuldig.« Die Stimme des Oberstaatsanwaltes schwankte nicht einen Augenblick bei diesem Ausbruch einer gequälten Seele. Das Armesünderglöckchen klingelte unbarmherzig weiter. Und als der Oberstaatsanwalt zu Ende gelesen hatte, traten die Gehilfen des Scharfrichters an die Stelle der Strafanstaltsoberwachtmeister.

Mit rauhen Griffen packten sie den Verurteilten. Aber es hätte ihrer Kraft nicht mehr bedurft, denn das, was sie da zum Richtblock schleiften, war nur noch die äußere Hülle des Sally Epstein. Der Wille zum Leben, die Kraft des Widerstandes waren längst in ihm gebrochen. Ohne Widerstreben duldete er, daß man ihm die Schultern entblößte, und dann legte er sich auf die Richtbank. Auf dem Gesicht den Ausdruck der Ergebung in ein gottgewolltes Schicksal. Kaum, daß er lag, faßte Gröbler sein Beil fester und mit einem einzigen Schlag trennte er den Kopf vom Rumpf.

Die Gehilfen des Scharfrichters warfen Kopf und Rumpf des Gerichteten achtlos in den bis dahin verborgen gehaltenen Sarg und begannen, den Richtblock vom Blut zu säubern. Justizoberinspektor Gülow machte sich einige Notizen, die sich später in den Akten folgendermaßen lasen: »Die ganze Handlung dauerte a) vom Zeitpunkt der Vorführung bis zur vollendeten Verkündung 55 Sekunden, b) von der Übergabe an den Scharfrichter bis zur Vollstreckung 10 Sekunden.«

Fünf Minuten nach sechs begann das Armesünderglöckchen, das während der Reinigung des Richtblocks geschwiegen hatte, von neuem zu läuten, und diesmal erschien in der Tür des Strafgefängnisses der Verurteilte Ziegler. Die Zeremonie wiederholte sich, doch machte Ziegler keinen Versuch, seine Unschuld zu beteuern. Als der Staatsanwalt geendet hatte, rief er nur: »Heil, mein Führer!« Denn man schrieb das Jahr 1935. Ob dieser Ausruf Ironie, ob er die letzte Demütigung eines um Gnade Bittenden war, wird heute keiner mehr sagen können. Wieder notierte der Justizoberinspektor in seinem Buch: »Die Vollstreckungshandlung dauerte a) vom Zeitpunkt der Vorführung bis zur vollendeten Verkündung 57 Sekungen, b) von der Übergabe an den Scharfrichter bis zur vollendeten Vollstreckung 9 Sekunden. Der gesamte Vollstreckungsakt war um 6 Uhr 6 Minuten und 6 Sekunden beendet.«

Als der Verteidiger von Sally Epstein, Dr. Gerhard Kramer, in Begleitung des Rabbiners Dr. Joseph das Gefängnis verläßt, schließt sich ihnen der Assessor von Waldheim an. Seine Worte zu Dr. Kramer: »So ist das also, wenn man einen doppelten Justizmord erlebt.«

Am 11. April 1935 meldet die Zeitung *Angriff:* »Mord an Horst Wessel gesühnt. Am Mittwoch früh um 6 Uhr sind – wie die Justizpressestelle Berlin mitteilt, im Strafgefängnis Berlin-Plötzensee der am 3. Februar 1907 geborene Sally Epstein und der am 15. Juni 1901 geborene Hans Ziegler hingerichtet worden. Sie wurden vom Schwurgericht Berlin als Mittäter bei der Ermordung des SA-Führers Horst Wessel zum Tode und dauerndem Verlust der bürgerlichen Ehrenrechte verurteilt.

Für den Führer und Reichskanzler bestand kein Anlaß, von

seinem Begnadigungsrecht Gebrauch zu machen und die wohlverdienten Strafen im Gnadenwege zu mildern.«

30. Horst-Wessel-Kult. 10. Todestag in Berlin 1940

»Graue Nebelschleier ziehen um die Höhe dort oben im Teutoburger Wald. Ein seltsames Leben und Treiben herrscht dort oben, schemenhaft wachsen die Gestalten aus dem Dunst hervor, tauchen wieder unter. Undeutliches Gemurmel dringt herüber. Hin und wieder tönt ein Kommandowort. – Marschierende Kolonnen, endlos lange Reihen von SA-Männern, wenige Fackeln leuchten an der Spitze des Zuges.

Der Nebel nimmt die Klänge des Liedes vom Guten Kameraden auf seine Schwingen und trägt sie hinunter ins Tal, wo tausende Menschen den Zug vordem geschaut hatten, wo die Fahnen mit dem Hakenkreuz auf Halbmast hängen . . . Und wieder steigt das Lied zum Nachthimmel empor – das Lied von der Fahne – das Lied der SA.

SA-Mann Bahle trägt dann mit Pathos die Verse von Heinrich Lersch vor:

›Wanderer steh!
Ich sage Dir, wenn Du Dich heute abend
zum Schlafen legst,
und nicht nach den toten Soldaten fragst:
‚Wer starb heut' für mich?'
Wenn Du nicht den letzten Gedanken mir schenkst,
sondern nur an Deine Freude denkst,
dann steh ich auf – und lauf zu Dir
und küsse Dich mit meinem zerschossenen Munde
und zeige Dir meine blutende Wunde.‹«

Die Zeitungen sind voll mit Berichten über Horst-Wessel-Huldigungen ähnlicher Art.

»Ein Horst-Wessel-Hof« im Kreise Hameln-Pyrmont. In

Dehrenberg unweit des Bückebergs wurde jetzt der »Wessel-Hof«, der einst von dem Urgroßvater Horst Wessels errichtet worden war, mit Unterstützung des Kreises Hameln-Pyrmont von Grund auf erneuert. Ein Raum im Erdgeschoß wird mit altem Hausrat aus dem Besitz der Familie Wessel und anderen Erinnerungsstücken zu einer schlichten Gedenkstätte an den Freiheitskämpfer Horst Wessel werden.

»Es mag eine Fügung des Schicksals sein, daß die Geburtsstunde des Nationalsozialismus und der Todestag seines großen Kämpfers, Horst Wessel, genau 10 Jahre trennen. Am 24. Februar 1920 wurde in München die Nationalsozialistische Deutsche Arbeiter-Partei gegründet. Am 23. Februar 1930 schloß Horst Wessel, der Sturmführer des fünften Sturmes der Berliner SA für immer seine Augen. Mit seinem Blute und mit seinem Leben hat der unverzagte Kämpfer die Treue zu seinem Führer und Vorbild, Adolf Hitler, besiegelt. Sein Opfertod wurde zum Wegbereiter des Sieges, der dem deutschen Volk endlich die Befreiung nach innen und nach außen brachte. Die Gestalt Horst Wessels, sein Leben und Sterben, sind als ein unauslöschliches Vermächtnis in das Bewußtsein des ganzen Volkes eingegangen.«

»Im zehnten Wiener Gemeindebezirk, Hasengasse 17, bestand bis zum Verbot der österreichischen NSDAP das ›Horst-Wessel-Heim‹. Dieses Heim wurde von den Nationalsozialisten in Österreich deshalb auf diesen Namen getauft, weil Horst Wessel bei seinem Aufenthalt in Wien dort mit der HJ gearbeitet hat. Jetzt wurde das polizeilich geschlossene Heim auf Wunsch der Regierung der Zionistischen Bezirksorganisation Favoriten (zehnter Gemeindebezirk) überlassen.

Das Horst-Wessel-Heim mußte es nun über sich ergehen lassen, vom jüdischen Oberrabbiner Feuchtwang für seinen neuen Zweck eingeweiht zu werden.«

»Berlin begeht in diesen Februartagen einen großen Gedenktag. Heute jährt sich zum fünften Male der Todestag

Horst Wessels, des Berliner Kämpfers, dessen Name Mythos geworden, dessen Lied, Fanal der Bewegung, zu den Unsterblichen des Dritten Reiches gehört. Er ruht auf dem Nikolai-Friedhof, im Herzen der Stadt, um die er unter Einsatz seines Lebens gekämpft hatte.«

»Der erste Verleger des Horst-Wessel-Liedes.« Im Alter von 59 Jahren starb am 14. 5. 1936 der Komponist und Musikverleger Hermann Sildwedel. In der Kampfzeit der Bewegung besaß er den Mut, unbekümmert um den Boykott der Gegner des Nationalsozialismus, Horst Wessels Lied »Die Fahne hoch« als erster zu verlegen. In zwei Nächten stellte Hermann Sildwedel und sein Sohn eine Auflage von 20 000 Stück des Liedes her.

»Das neue Segelschiff der Kriegsmarine ›Horst Wessel‹ ist am Donnerstagmorgen, dem 17. September 1936, in Dienst gestellt worden. Bei der Flaggenparade wurden Kriegsflagge und Wimpel gesetzt. In der Nacht zum Sonnabend wird das Schiff den Hamburger Hafen verlassen und durch den Nord-ostseekanal nach Kiel fahren.

Der Stabschef der SA hat an den Kommandanten des Segelschulschiffes ›Horst Wessel‹, Fregattenkapitän Thiele, Hamburg, folgendes Telegramm geschickt: ›Zur In-Dienst-Stellung des zweiten Segelschulschiffes der Reichskriegsmarine, das unter dem stolzen Namen ›Horst Wessel‹ der Welt Kunde geben wird, von der Aufbauarbeit und dem Friedenswillen des neuen Deutschlands, meine und der gesamten SA herzlichste Glückwünsche. Segelschulschiff ›Horst Wessel‹ allzeit glückhafte Fahrt! Lutze.‹«

»Im Landratsamt des Kreises Hameln-Pyrmont in Hameln, ist mit Rücksicht darauf, daß die Familie Horst Wessels aus dem Weserbergland stammt, ein Horst-Wessel-Archiv eingerichtet worden. Das Archiv enthält außer dem gesamten Schrifttum über Horst Wessel auch zahlreiche persönliche Erinnerungsstücke, die seine Mutter zur Verfügung gestellt hat.

Schließlich widmet das Archiv sich der Weiterführung der Baupläne für ein Horst-Wessel-Reichsehrenmal, als dessen Platz der Führer den Süntel im Weserbergland bestimmt hat. In Form eines mächtigen Hakenkreuzes befindet sich hier vorläufig ein Ehrenmal, das schon jetzt jährlich am Geburtstag und am Todestag Horst Wessels der Schauplatz von Feierstunden ist. Das Archiv, das also in erster Linie der Sammlung aller Erinnerungen dient, die Horst Wessel mit Niedersachsen verbindet, wird laufend durch alle Veröffentlichungen über Horst Wessel in Buchform und in der Presse ergänzt.«

»Der Sturm 6 hißt auf dem Karl-Liebknecht-Haus – dem ehemaligen Hauptquartier der Kommunistischen Partei Deutschlands – am Bülowplatz die Hakenkreuzfahne und weiht es als ›Horst-Wessel-Haus‹. (Seit 22. Januar 1937 Sitz der SA-Gruppe Berlin-Brandenburg.) Der Bülowplatz wird in ›Horst-Wessel-Platz‹ umgetauft.«

»Anläßlich der zehnjährigen Wiederkehr des Todestages Horst Wessels fanden in der Reichshauptstadt würdige Gedenkfeiern statt. Kurz vor zehn Uhr erschien an der Grabstätte des Freiheitshelden am Nikolai-Friedhof, Stabschef Lutze in Begleitung höherer SA-Führer, darunter SA-Gruppenführer Prinz August Wilhelm. Mit dem Gelöbnis, jederzeit bereit zu sein, fürs Vaterland das Leben zu wagen, legte Stabschef Lutze hierauf einen riesigen Kranz des Führers an der letzten Ruhestätte Horst Wessels nieder. Die Lieder der Nation bildeten den Beschluß der Totenehrung, von der aus die Ehrenabordnung der Standarte 5 und des Traditionssturmes zur Dr.-Goebbels-Heimstätte am Friedrichshain marschierten, wo die feierliche Einweihung eines vom Bildhauer Hinkeldey geschaffenen Horst-Wessel-Standbildes stattfand.«

»Der Führer der SA-Gruppe Berlin-Brandenburg, von Jagow, suchte nach den Feierlichkeiten das Zimmer des Hauses Große Frankfurter Straße 62 auf, in dem Horst Wessel vor zehn Jahren von Mörderhand niedergestreckt wurde.«

»Der Staatspreisträger Ernst Paul Hinkeldey, der das Bielefelder Horst-Wessel-Denkmal schuf (1939), hat ein gleiches jetzt für die Stadt Berlin errichtet, das heute in der Dr.-Goebbels-Heimstätte, der Siedlung für alte verdiente SA-Kämpfer, enthüllt wird.«

»Horst Wessel! – Hier!

Im ungeheuren Langrund der Deutschlandhalle sind die Berliner Hitlerjugend angetreten – inmitten von mehr als 20 000 Berliner Parteigenossen, inmitten der Männer der Berliner Sturmabteilungen und Schutzstaffeln, der SA und SS Berlins ehrt die Toten der Bewegung. Unter Trommelwirbel marschieren die siegreichen Fahnen ein. Tiefes Schweigen liegt über dem großen Raum. ›Stillgestanden!‹ – Die Fahnen senken sich. Zwischen Lorbeerbäumen und herbstlichen Blüten steht da SA-Brigadeführer Solbrig und ruft – während die Klänge des Liedes vom Guten Kameraden durch den Raum schwingen – feierlich mahnend die Namen der treuen Toten, und der Rundfunk trägt sie weiter auf den dicht mit Menschen angefüllten Platz vor der gewaltigen Halle, und weiter über die Riesenstadt hin an das Ohr der Millionen. – Verklungen sind die Namen der 16 Blutzeugen des 9. November 1923, die in München vor der Feldherrnhalle ihr Leben lassen mußten – da: der erste Berliner SA-Mann der für die Bewegung starb, ›Harry Anderssen!‹ Und ernst, ergriffen, doch fest und klar antwortet die Berliner Hitlerjugend: ›Hier!‹ – Das wiederholt sich immer von neuem. Und dann kommt der Name, bei dem die Stimmen kräftiger, die Augen größer, die Leiber straffer werden, der Name dessen, der der Bewegung ihr unsterbliches Kampflied gesungen. – ›Die Fahne hoch, die Reihen dicht geschlossen!‹ – ›Horst Wessel!‹ Und alle rufen: ›Hier!‹ Und alle wissen es, und alle spüren es: ›Jawohl, SA marschiert mit ruhig festem Schritt!‹ – 47 mal rufen sie ihr klares ›Hier!‹. 47 begeisterte und opferwillige Getreue des Führers haben der Bewegung in Berlin unter Hingabe ihres Lebens Bahn gebrochen. Und diesen

47 Helden wird hier von der Berliner Jugend des Führers feierlich bestätigt: ›Ihr seid nicht tot! Ihr lebt! Noch immer, und für immer seid ihr hier, hier unter uns. Ihr schreitet uns auch weiterhin voran – den Zielen zu, die uns der Führer weist!‹«

31. Der Heros im Staub

Auf die Frage: »Horst Wessel?!« haben hunderttausende Männer mit dem Wort »Hier!« geantwortet. Lauthals, stolz und das jahrelang – bis 1945. Mehr als 250 000 Familien schrieben an die NSDAP und an die Witwe Wessel: »Wir bitten Dich, Mutter Wessel – uns als Deine Söhne zu betrachten!« Zweihundertfünfzigtausend Buben haben den Namen »Horst« dafür bekommen.

Tausende Straßen, Plätze, Schulen, Häuser, Spitäler, Altersheime, Bibliotheken, Berge und Täler, Bäume und Steine, Schiffe und Flugzeuge, SS-Divisionen und Singvereine haben den Namen »Horst Wessel« getragen. Stolz getragen. Bis die Ziele, »die uns der Führer weist« erreicht wurden.

6,89 Millionen Tote – deutsche Männer, Frauen und Kinder. 5,98 Millionen umgebrachter Juden. Insgesamt 55,3 Millionen Tote forderte der Zweite Weltkrieg. Das »tausendjährige« Dritte Reich ist zusammengebrochen. Die NSDAP wurde verboten, KPD und SPD neu gegründet und Berlin-Ost – das »Kampfgebiet« Horst Wessels – ist wieder rot. Und genauso eifrig, wie der Heros gehuldigt wurde, genauso eifrig wurde alles, was an Horst Wessel erinnert, beseitigt. Denkmäler, Steine, Bäume wurden in die Luft gesprengt. Die Schilder von den Straßen, Plätzen, Häusern in Eile abmontiert. Das stolze Segelschiff dient der amerikanischen Marine. – Und Bielefeld, die kleine Stadt im Teutoburger Wald, weiß plötzlich von seinem »Sohn« nichts mehr.

Der Heros ist in den Staub geraten.

Nur die zweihundertfünfzigtausend Männer, welche den Namen »Horst« tragen, müssen weiterleben. Vielleicht machen sie sich Gedanken darüber, wie sie eigentlich zu diesem Namen gekommen sind. Oder vielleicht auch nicht.

DANK DES AUTORS

Ohne die Unterstützung, die ich während der letzten 15 Jahre durch zahlreiche Institutionen und Einzelpersonen in vielen Ländern der Welt erhalten habe, hätte dieses Buch nicht entstehen können. Ich möchte hier vor allem den folgenden Bibliotheken und Archiven danken, in denen mir sehr geholfen wurde:

Archive der Jugendbewegung, Ludwigstein; Staatsbibliothek Preußischer Kulturbesitz, Berlin; Deutsches Institut für Zeitungswissenschaften, Berlin; Institut für Zeitgeschichte, München; Institut für Publizistik an der FU, Berlin; Library of Congress, Washington; New York Public Library, New York; Österreichisches Institut für Zeitgeschichte, Wien; Stadtarchiv und Landesgeschichtliche Bibliothek, Bielefeld.

Besonders möchte ich der Hoover Institution on War, Revolution and Peace, Stanford (USA) danken, die mir die Mikrofilme des NSDAP-Hauptarchivs zur Verfügung stellte.

Nicht vergessen möchte ich Dr. Gerhard Kramer (†), Dr. Fritz Bolle, Dr. Gerhard Jagschitz und Dr. Zentner, die mir viele wertvolle Hinweise gegeben haben. Ebenso danke ich Tony Defries für seine großzügige Unterstützung sowie Dr. Hümmelchen vom Arbeitskreis für Wehrforschung, Stuttgart, für die sorgfältige Prüfung des Manuskripts und Hans-Eckart Keller, Ditzingen, für seine Hilfe bei der Auswertung der Mikrofilme.

Schließlich gilt mein Dank noch den Freunden, die mich immer wieder bei meiner Arbeit ermutigt haben: Hans Janitschek, Pamela Illot, Gustl Breuer, Laszlo Kovács, Dr. Theodor Gil, Tomas Bany und, nicht zuletzt, Walter Schweden, der mich 1962 in München auf Horst Wessel aufmerksam gemacht hat.

LITERATUR UND QUELLENHINWEISE

Die im Ersten Teil des Buches aufgenommenen wörtlichen Reden entsprechen den Aussagen der Prozeßteilnehmer im ersten Horst-Wessel-Prozeß.

Aufsätze (chronologisch geordnet)

Ehrenberg, Ilja: Horst Wessel. Barde des Nationalsozialismus. Berlin 1933
Lewalter, I.: Das Horst-Wessel-Lied. Frankfurt 1933
Lingelstein, Alex von: Ahnenreihe Horst Wessels. Frankfurt 1934
Müller-Blatau, J.: Das Horst-Wessel-Lied. Wolfenbüttel 1934
Scholz, K.: Horst Wessel. Neumarkt 1934
Wessel, Ingeborg: Corpsstudent Horst Wessel. Berlin 1934
Brecht, Bertolt: Horst-Wessel-Legende. Berlin 1935
Sabath, R.: Horst Wessel. Berlin 1935
Schnass, F.: Horst-Wessel-Gedenkfeier. Frankfurt 1935
Bade, W.: Horst Wessel 1907–1930. Berlin 1936
Bade, W.: Horst Wessel. Kämpfer für Deutschlands Wiedergeburt. Berlin 1936
Dreyer, J.: Horst Wessel's Kampfstätten. Frankfurt 1936
Mieth, W.: Horst Wessel. Zum Gedächtnis. Berlin 1936
Breuer, H.: Gedenkstunde zu Ehren Horst Wessels. Donauwörth 1938
Hanke, H. D.: Horst Wessel. In memoriam. Tübingen 1938
Kästner: Arbeitsmänner schreiben: Horst Wessel. Berlin 1938
Wessel, G.: Land zwischen Solling und Reinhardswald. Die Heimat von Horst Wessel's Vorfahren. Göttingen 1938
Fiedler, R.: Ewiges Vorbild. Leipzig 1939
Klenk, F.: Opfertod und Unsterblichkeit. Zum Gedenken Horst Wessels. Berlin 1939
Horst Wessel und sein Lied (Völkische Wacht). Dortmund 1940
Kamerad Horst Wessel zum Gedächtnis (Der Altherrenbund). Großenhain 1940
Suske: Horst Wessel zum Gedächtnis. Darmstadt 1940
Horst Wessel zum 10. Todestag (Wochenblatt für die Karpatenländer – Deutsche Stimmen). Preßburg 1941
Kasche, S.: Horst Wessel. Hamburg 1941
Horst Wessel (Wochenblatt für die Karpatenländer – Deutsche Stimmen). Preßburg 1942
Mussehl: Horst Wessel (Der Altherrenbund). Großenhain 1942
Kramer, Gerhard: Der Staatsanwalt des Harlanprozesses über Horst Wessel. Berlin 1952
Frey, Helmut: Justizmord für einen Mythos. Berlin 1952
Weinmann, Dr.: Diagnose: Mord. München 1963

Zeitungen

Der Angriff; Arbeiter-Zeitung, Wien; Augsburger Post; Berliner Börsen-Zeitung; Berliner Tagblatt; Bielefelder General-Anzeiger; Frankfurter Zeitung; Illustrierter Beobachter; Kreuz-Zeitung; Münchner Illustrierte Presse; Neue Illustrierte Zeitung; Neues Wiener Journal; New York Times; Quick; Die Rote Fahne; Stern; Völkischer Beobachter; Volkswacht; Vorwärts; Vossische Zeitung; Die Welt am Montag; Westfälische Neueste Nachrichten; Westfälische Zeitung.

Bücher

Albert, Wilhelm: Horst Wessel. Donauwörth 1933
Avemarie, Freiherr: Horst Wessel. Langenfels 1933
Bade, Wilfried: Die SA erobert Berlin. München 1933
Balk, Ernst: Horst Wessel. Berlin 1933
Berl, Heinrich: Der Kampf gegen das rote Berlin oder Berlin, eine Unterwelts-Residenz. Karlsruhe 1932
Bramsted, Ernest K.: Goebbels und die nationalsozialistische Propaganda 1925–45. London 1965
Buchner, Hans: Horst-Wessel-Marschalbum. Lieder der NSDAP. Lorch 1933
Czech-Jochberg, Erich: Das Jugendbuch von Horst Wessel. Stuttgart 1933
Daum, Fritz: SA-Sturmführer Horst Wessel. Reutlingen 1933
Deutsches Ahnenerbe: Kämpfer für Deutschlands Wiedergeburt. Leipzig 1935
Dickmann, Ernst: Horst Wessel. Leben und Schicksal eines deutschen Kämpfers. Halle 1933
Erhart, Karl: Horst Wessel. Leben und Sterben eines Freiheitskämpfers. Trossingen 1933
Ewers, Hans Heinz: Horst Wessel. Ein deutsches Schicksal. Stuttgart 1933
Ewers, Hans Heinz und Beyer, Paul: Stürmer! Ein deutsches Schicksal. Stuttgart 1934
Feder, Ernst: Heute sprach ich mit... Stuttgart 1971
Goebbels, Joseph: Das erwachende Berlin. München 1934
Grimmelshausen, Hans Jakob Christoffel von: Der abenteuerliche Simplicissimus. München 1923
Grote, Hans Henning Freiherr: Deutschlands Erwachen. Essen 1933
Hermel, Hans Peter: Jagdgeschwader Horst Wessel. München 1938
Hiemisch, Max: Der nationalsozialistische Kampf um Bielefeld. Bielefeld 1933
Hitler, Adolf: Mein Kampf. München 1925–27
Hoegner, Wilhelm: Der politische Radikalismus in Deutschland 1919–33. München 1966
Horst Wessel. Sein Lebensweg nach Lichtbildern zusammengestellt. Geleit-

wort seines Corpsbruders. München 1933
Kelter, Will: Horst Wessel. Bochum 1933
Klaehn, Friedrich Joachim: Sturm 138. Leipzig 1934
Kullak, Max: Horst Wessel. Durch Sturm und Kampf zu Unsterblichkeit. Berlin 1934
Lindemann, Frido: Horst Wessel und sein Lied. Berlin 1934
Lorant, Stefan: »Sieg Heil!« New York 1974
Malitius, Erich: Horst Wessel – Eines deutschen Helden Leben und Sterben. Breslau 1933
Malzacher, Werner W.: Berliner Gaunergeschichten. Berlin 1970
Münchmajer, Ludwig: Kampf um deutsches Erwachen. Dortmund 1934
Neuberg, A.: Lehrbuch des Bürgerkrieges. Berlin 1929
Niekisch, Ernst: Das Reich der niederen Dämonen. Hamburg 1953
Praeger, Willy: Stätten der Berliner Prostitution. Berlin 1930
Reitmann, Erwin: Horst Wessel. Leben und Sterben. Berlin 1934
Roegels, Fritz Carl: Der Marsch auf Berlin. Berlin 1932
Rosten, Curt: Das ABC des Nationalsozialismus. Berlin 1933
SA kämpft im Berliner Westen. Chronik der Standarte 17. Berlin 1937
Schlageter, Albert: Horst Wessel. Wiesbaden 1933
Schlesinger, Paul: Richter und Gerichtete. Berlin 1929
Schoenknecht, W.: Horst Wessel. Berlin 1933
Sponholz, Hans: SA marschiert! Mühlhaufen 1932
Stiehler, Annemarie: Horst Wessel. Frankfurt 1941
Stiehler, Annemarie: Horst Wessel. Eine Geschichte aus der Kampfzeit. Frankfurt 1937
Tätigkeitsbericht der Berliner Gefangenen-Fürsorge (BGF). Berlin 1930–31
Viera, Josef: Horst Wessel. Kinder und Kämpfer des 3. Reichs. Reutlingen 1933
Wessel, Ingeborg: Horst Wessel. Sein Lebensweg. München 1933
Wessel, Ingeborg: Mein Bruder Horst. Ein Vermächtnis. München 1937
Wessel, Ludwig: Kriegsnot und Gottesnähe. Evangel. Feldpredigten. Berlin 1916
Wessel, Ludwig: Werde deines Gottes froh! Predigten. Mülheim 1912
Wessel, Ludwig: Von der Maas bis an die Memel. Bielefeld 1934
Ziemann, Ernst: Adolf Hitler gewinnt Berlin: Leipzig 1941

FOTONACHWEIS

Bitter, Berlin (1); Burda Verlag, Offenburg (1); Archiv Gerstenberg, Frankfurt (5); M. Maegraith, Stuttgart (24); Österreichisches Institut für Zeitgeschichte, Wien (10); Bildarchiv Preußischer Kulturbesitz, Berlin (31); Quick, München (1); Photo Scherl (1); Spiegel, Hamburg (1); Dr. Zentner, Wien (2).

ABBILDUNGSTEIL

Nummer 15 1. Beilage — **Die Rote Fahne** — Sonnabend, 18. Januar 1930

Ende des 15-Pfennig-Tarifs auf der Stadtbahn!

Wucherchronik des „Gemeindesozialismus" — Alles für den Young-Plan!

Einen Sack voll Versprechungen vor dem 17. November

15. Dezember: Tariferhöhungen werden beschlossen

„Sie können beschließen, was sie wollen, wir zahlen keinen Pfennig!"

Schlag auf Schlag gegen Arbeiterinteressen

„Hungerhaushalt 1930"

Mieterhöhung ab 1. Februar

Nazistudent Wessel war ein Zuhälter

Der Ueberfall auf Wessel ein Eifersuchtsattentat — Eine durchsichtige Lügenhetze der Polizeipresse

Hungertod auf der Stempelstelle

Arbeitslose demonstrieren zur Wohlfahrtsstelle

Arbeitslosen werden 13 Lauben gepfändet

Wieder Mordüberfall der Nazis

Ein Postschaffner schwer verletzt

Die Reaktion der *Roten Fahne* auf die Meldung über Horst Wessels Tod im *Völkischen Beobachter* ist unglaublich: »Nazistudent Wessel war ein Zuhälter. Der Überfall auf Wessel ein Eifersuchtsattentat.«

Am folgenden Tag meldet das Zentralorgan der Nazipartei, der *Völkische Beobachter* aus München: »Zuhälter und Mörder als Fahnenträger der Rotfront.«

Der Angriff

Herausgeber: Dr. Goebbels

Einzelpreis 20 Pf.
In Danzig: 25 Dzg. Pf.

Für die Unterdrückten / Erscheint jeden Donnerstag und Sonntag / Gegen die Ausbeuter

Nummer 11 — Donnerstag, den 6. Februar 1930 — 4. Jahrgang

Sklaven-Ausfuhr aus Deutschland

Frankreich braucht Deutsche neben Negern als Arbeitstiere — Die Folgen des Youngplanes

Berlin, den 5. Februar

Wieder ist ein krasser Fall des sogenannten Menschenexports zu verzeichnen, wie ihn der außenpolitische Druck und die grauenvolle wirtschaftliche Notlage mit sich bringt. Vor ungefähr 14 Tagen wurden die Arbeitslosen in Neusalz an der Oder (Niederschlesien), als sie ihre Unterstützungen abholten, von den Beamten der Arbeitsvermittlungsstelle einzeln gefragt, ob sie vielleicht auch

Arbeiten in Frankreich

annehmen würden. Selbstverständlich wurde dieses unerhörte Ansinnen durchweg abgelehnt, obwohl die Not der Arbeiterschaft dort besonders groß ist. Eine im Ort befindliche große Nähgarnfabrik hat in letzter Zeit ihren Betrieb sehr stark einschränken und viele Arbeiter entlassen müssen und ein Eisenhüttenwerk, das durch die jüngsten Schwierigkeiten des bekannten Berliner Bankhauses F. W. Krause in Mitleidenschaft gezogen worden ist, muß wahrscheinlich stillgelegt werden und hat deshalb schon seine Arbeitskräfte stark abgebaut. Selbst unter den sozialdemokratischen und den kommunistischen Arbeitslosen ist die Entrüstung über die Absicht, sie nach Frankreich als Kulis exportieren zu wollen, sehr groß. Bezeichnenderweise haben aber die örtlichen Zeitungen über den skandalösen Vorfall nicht eine Zeile veröffentlicht.

•

Man erinnert sich, welch' ein künstlich entfachter Entrüstungssturm durch die gesamten Linkskreise ging, als zum ersten Male von nationalsozialistischer Seite auf die Gefahr des Menschenexports hingewiesen wurde, die die

Annahme des Youngplanes

mit seiner wirtschaftlichen Knebelung des gesamten deutschen Volkes nach sich ziehen werde. Inzwischen haben sich schon vereinzelt entsprechende Fälle nachweisen lassen. Der Vorfall in Neusalz ist abermals ein Glied in dieser Sklavenkette, die sich um die deutsche Arbeitskraft schlingt. Wir werden noch mehr in dieser Art erleben, wenn nicht endlich der marxistisch verhetzte deutsche Arbeiter erkennt, daß er der internationalen Versklavung einen unerschütterlichen und heißen nationalen Widerstand aller schaffenden Glieder des deutschen Volkes entgegensetzen muß.

„Ali" festgenommen!

Berlin, 4. Februar.

Nachdem vor kurzem einer der Mittäter bei dem Mordanschlag auf unseren Sturmführer Horst Wessel, der Kohlenarbeiter Ernst Lange, verhaftet worden ist, gelang es nun, auch den Haupttäter Albrecht Höhler, genannt „Ali" dingfest zu machen.

Sein Kumpan Lange hatte ihn verraten und alle Schuld auf ihn geschoben. Kriminalbeamte spürten nun Höhler in einer Spelunke an der Ackerstraße auf und nahmen ihn mit solcher Raschheit und Gewandtheit fest, daß der gewiegte Verbrecher vollkommen verblüfft war und in seiner Bestürzung sofort zugab, die Schüsse auf Wessel abgefeuert zu haben.

Nach seinem Geständnis, in dem er zugab, aus politischen Motiven gehandelt zu haben, brach Höhler vollständig zusammen, so daß die Vernehmung vorerst abgebrochen werden mußte.

Der Dritte an dem Ueberfall beteiligte Kommunist wird noch gesucht.

Im Befinden Pg. Wessels ist eine weitere, leichte Besserung zu verzeichnen, doch ist er noch immer nicht vernehmungsfähig.

Ein neuer Metternich

Heran! Wir sind auch mit Becker fertig geworden!

Ungenutzte Waffen

Vor 15 Jahren, am 27. Januar 1915, schrieb die „New-Yorker Staatszeitung", das demokratische Hauptorgan der

Deutschen in Amerika,

unter der Ueberschrift „England am Pranger":

„England muß nunmehr selbst seine Infamie zugestehen. In einer amtlichen Mitteilung des britischen Auswärtigen Amtes wird, endlich, das Vorhandensein der von den Deutschen in Brüssel aufgefundenen Dokumente über die militärischen Verhandlungen zwischen England und Belgien lange vor dem Ausbruch des Krieges zugegeben. Allerdings wird dieses Zugeständnis mit allerlei Nebensächlichkeiten und Einschränkungen verklausuliert. Aber die Hauptsache bleibt bestehen: England und Belgien haben den Neutralitätsvertrag lange schon gebrochen gehabt, bevor die deutschen Truppen in Belgien eingerückt sind.

Die Behauptung, die deutsche Vertragsverletzung habe Englands Beschluß, in den Krieg einzutreten, verursacht, liegt nunmehr vor der ganzen Welt als Heuchelei offen dar, und keine Deutung und keine Einschränkung können an dieser Tatsache rütteln."

Alle Drangsalierungen und finanziellen Aussaugungen, die Deutschland heute erdulden muß, gehen letztlich darauf zurück, daß von unseren Feinden behauptet wird, Deutschland habe den Krieg mutwillig vom Zaun gebrochen und habe daher bestraft werden müssen. Die Auslassung der „New-Yorker Staatszeitung" zeigt, welche Waffen

gegen diese Kriegsschuldlüge,

von unserer Regierung bei allen bisherigen Tributverhandlungen ungenutzt gelassen werden. Niemand hat einen Anspruch auf deutsche Tribute, so wie sie der Youngplan auf Generationen Deutschland auferlegen will. Am allerwenigsten das heuchlerische England.

Teurer Betrieb. Bekanntlich hat die Stadt Berlin eine Reihe von Unternehmungen gegründet, die den Steuerzahler belasten, weil sie zu teuer wirtschaften und deren einziger, unausgesprochener Zweck darin besteht, ein paar roten Bonzen fette Pfründe zu verschaffen. Hierzu gehört ein Teil des Städtischen Fuhrparks, der vollkommen überflüssig ist. In der letzten Sitzung der Tiefbaudeputation kam zur Sprache, daß der Fuhrpark für Lastautotransporte im Tag 70.— Mark fordere, während Angebote privater Firmen mit 40.— Mark vorliegen. So wird „gewirtschaftet"!

Was die Journaille verschweigt

Der verantwortliche Redakteur des „Berliner Tageblattes", Paul Steinborn, der den Reichstagsabgeordneten Straßer als „Demagogen" beschimpft hatte und von diesem verklagt worden war, wurde freigesprochen, da der Ausdruck „Demagoge" im politischen Kampfe keine Beleidigung enthalte! Natürlich, der Beschimpfte ist ja ein Nationalsozialist und die Justiz eine „Dirne der Politiker". Wir werden uns dieses Urteil aber gut merken. Der Vorsitzende dieses Gerichts war Amtsgerichtsrat Segall.

•

Die Wohlfahrtsämter stellen ab 1. Februar die kostenlose Wohlfahrtsspeisung ein und verabfolgen Essenscheine künftig nur noch gegen Zahlung von 25 Pfennig für die Mahlzeit. So wird die Erfüllungspolitik auf die Schultern der Aermsten der Armen abgeladen.

•

An anderer Stelle (vergleiche Beilage S. 2) bringen wir eine Aufstellung des thüringer nationalsozialistischen Organs „Der Nationalsozialist" über die Ministergehälter in Deutschland. Danach erhält der sozialdemokratische Reichskanzler Hermann Müller 63 000 Mark. Die Gesamteinnahmen dieses „Sozialisten" sind aber noch viel höher. Sie betragen: 45 000 Mark Gehalt, 18 000 Mark Aufwandsentschädigung, 3 600 Mark Wohnungsgeld, 1 350 Mark Ortszulage, 2 000 Mark Diäten, 40 000 Mark Repräsentationsgelder, 10 000 Mark für besondere Ausgaben. Zusammen also in einem Jahr 126 950 Mark. Alles auf Kosten der Steuerzahler. Es lebe die Sozialdemokratie!

•

„Coburg, das erste antisemitische Theater Deutschlands!" entrüstet sich das jüdisch-demokratische „8-Uhr-Blatt" in Nürnberg, weil in Coburg jüdische Schauspieler keine Anstellung finden. Dazu erklärt der Lokalverband der Genossenschaft deutscher Bühnenangehöriger, daß in Berlin und in anderen Städten gerade „Künstler jüdischer Konfession" stark bevorzugt werden, daß es also nur ein Akt ausgleichender Gerechtigkeit ist, wenn Coburg den gegenteiligen Weg beschritte.

Mitteilung

Der unaufhaltsame Vormarsch unserer Bewegung macht die Schaffung einer nationalsozialistischen Tageszeitung auch für Groß-Berlin zur dringenden Notwendigkeit. Zu diesem Zweck hat die Druckerei des „Völkischen Beobachter" eine Reihe von modernsten Setz- und Rotationsmaschinen gekauft, mit denen in Berlin selbst eine eigene Druckerei eingerichtet werden soll. Das

Zentralorgan der Bewegung

soll danach auch in Berlin im Laufe von einigen Monaten als eine in jeder Beziehung konkurrenzfähige Tageszeitung erscheinen. Auf ausdrücklichen Wunsch Adolf Hitlers wird auch nach Erscheinen des „Völkischen Beobachters" als Tageszeitung in Berlin der „Angriff" weiterhin erscheinen, und zwar in Ergänzung der Tageszeitung als aktuelles Montagsblatt, das Sonntag abends mit neuesten Nachrichten gedruckt wird und im Straßenhandel in Berlin zu kaufen ist.

Ein umfangreicher Mitarbeiterstab in Berlin selbst, schnellste und präziseste Berichterstattung, Klarheit und eindeutige politische Haltung sollen beiden Blättern ihr Gesicht geben. Wir wollen dabei den Ehrgeiz haben, mit vereinten Kräften und in organischem Wachstum etwas wirklich Mustergültiges und Vorbildliches zu schaffen. Dafür jedoch müssen wir uns noch eine kleine Vorbereitungszeit ausbedingen. Vor allem ist es notwendig, auf die Fertigstellung der Maschinen, die schon seit Dezember im Bau sind, zu warten.

Bis zur Einrichtung unserer Druckerei, die mit allen Mitteln beschleunigt werden soll, wird der „Völkische Beobachter" und zwar ab 1. März eine abends in München zum Druck gelangende und morgens in Berlin erscheinende tägliche

Berliner Ausgabe

bringen, um damit jetzt schon den Tageskampf unserer Berliner Bewegung nach Kräften zu unterstützen. Daneben erscheint bis zu dem Zeitpunkt, da unsere Tageszeitung endgültig in Berlin selbst gedruckt wird, der „Angriff" noch weiterhin an jedem Donnerstag und Sonntag. Wir fordern alle Freunde und Parteigenossen in Groß-Berlin auf, sich jetzt schon tatkräftig durch Abonnement und Werbung für diesen neuen Feldzug einzusetzen.

Berlin, den 1. Februar 1930

im Auftrage Adolf Hitlers
Dr. Goebbels
Gauleiter von Groß-Berlin.

Was macht die Tageszeitung?

Die Vorberatungen und Verhandlungen für eine nationalsozialistische Tageszeitung in Berlin, die seit November vorigen Jahres von allen in Betracht kommenden Stellen der Partei mit Eifer, Umsicht und Verantwortungsgefühl betrieben worden sind, gelangen nunmehr zu einem gewissen Abschluß, so daß wir in der Lage sind, der Oeffentlichkeit von ihrem Ergebnis Kenntnis zu geben. Vorweg sei betont, daß diese Verhandlungen, wie das ja in unserer Bewegung selbstverständlich ist, allseits mit Loyalität und einer Gründlichkeit betrieben worden sind, die jede Voreingenommenheit an sich und grundsätzlich ausschlossen, daß alle beteiligten Faktoren sich der großen Tragweite des in Angriff genommenen Projekts klar und deshalb meilenweit davon entfernt waren, übereilte Entschlüsse zu fassen, aber

Goebbels hat sich entschlossen, aus dem Schicksal Horst Wessels politisches Kapital zu schlagen. Seine Zeitung, *Der Angriff,* meldet die Festnahme »Ali« Höhlers.

ɔoebbels: »Wollen wir die Partei intakt halten, dann müssen wir jetzt wieder an die ›rimitiven Masseninstinkte appellieren.« (Links: Gregor Strasser)

dieser Hinterhof-Druckerei im Berliner Osten, am Markgrafendamm, wurde die ımmer 1 des *Angriff* vom 1. Juli 1927 gedruckt.

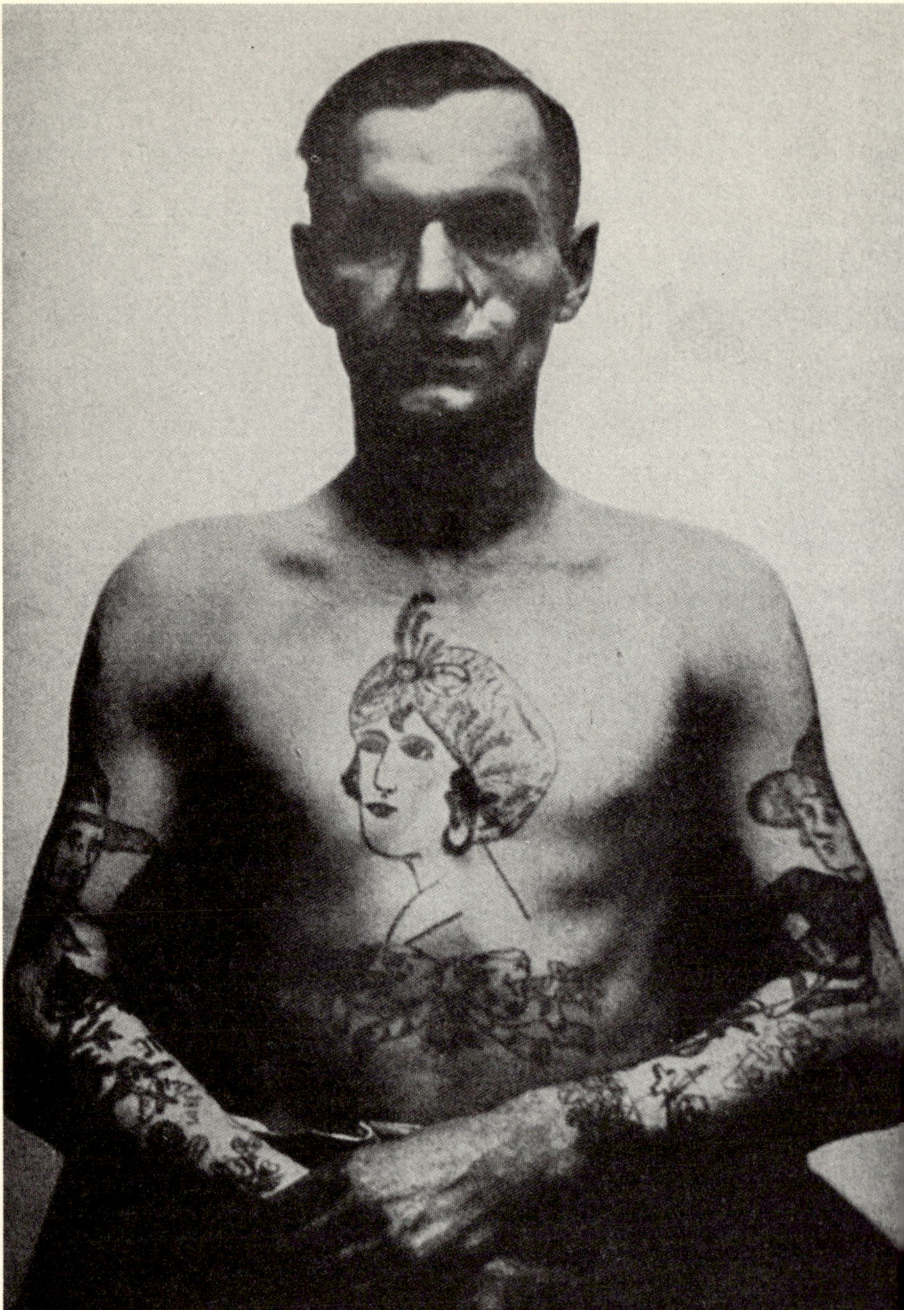

»Ali« Albert Höhler, der Horst Wessel niederschoß.

Iorst Wessel und seine Eltern, 1907.

Horst Wessel mit seinen Geschwistern.

Zeitfreiwilliger bei der Reichswehr.

Horst Wessel mit seinen Geschwistern Ingeborg und Werner.

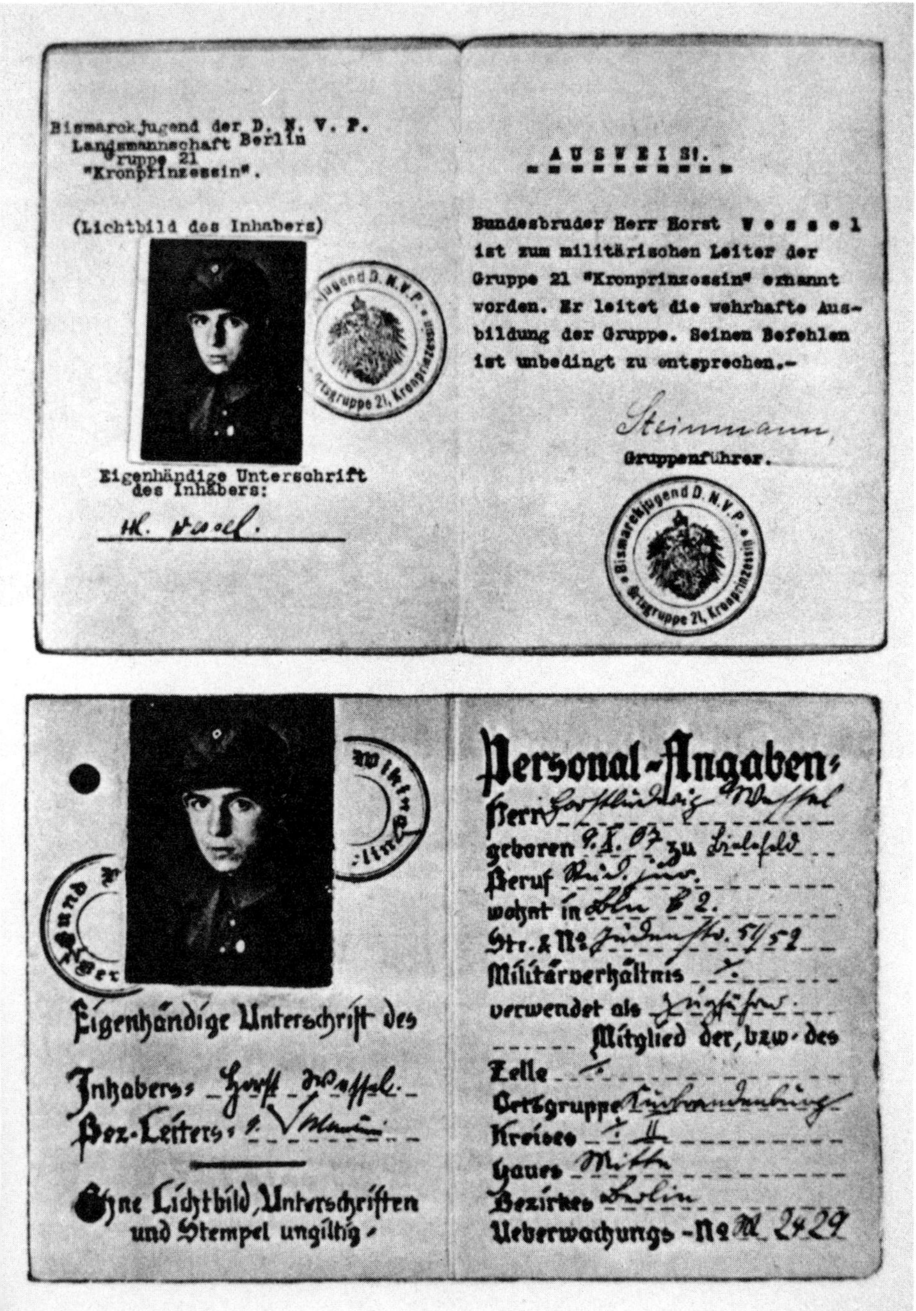
Bismarckjugend der D. N. V. P.
Landsmannschaft Berlin
Gruppe 21
"Kronprinzessin".

(Lichtbild des Inhabers)

Eigenhändige Unterschrift des Inhabers:

AUSWEIS!.

Bundesbruder Herr Horst Wessel ist zum militärischen Leiter der Gruppe 21 "Kronprinzessin" ernannt worden. Er leitet die wehrhafte Ausbildung der Gruppe. Seinen Befehlen ist unbedingt zu entsprechen.-

Steinmann,
Gruppenführer.

Bismarckjugend D. N. V. P. Ortsgruppe 21, Kronprinzessin

Personal-Angaben:
Herr Horst Ludwig Wessel
geboren 9. X. 07 zu Bielefeld
Beruf
wohnt in Bln. C 2.
Str. & No Jüdenstr. 51/52
Militärverhältnis
verwendet als
Mitglied der, bzw. des
Zelle
Ortsgruppe
Kreises
Gaues Mitte
Bezirkes Berlin
Ueberwachungs-No 2429

Eigenhändige Unterschrift des
Inhabers: Horst Wessel.
Bez.-Leiters:

Ohne Lichtbild, Unterschriften und Stempel ungiltig.

Wessel tritt Anfang 1924 in die Ortsgruppe 21 »Kronprinzessin« des Bismarck-Bundes ein.

Dr. Ludwig Wessel

Berlin C 2, 21. XI. 24.
Jüdenstraße 51-52
Fernsprecher: Zentrum 385

Sehr geehrter Herr Leutnant!

Leider muss ich Sie mit einem nicht gerade erfreulichen Schreiben belästigen. Ich darf die Bitte aussprechen, dies Schreiben privat aufzufassen. Es handelt sich kurz um folgendes: In der Kompagnie sind leider Zustände eingerissen, die sehr zu denken geben. ~~Sie, Herr Leutnant, fehlen überall.~~ Herr Leutnant Hennig ist beruflich oft am Erscheinen verhindert und dann gleicht der Dienstabend mehr einer Spielschule, als einer Ehrhardtkompagnie. Der erste Zug ist einem Betriebsrat nicht ganz unähnlich. Das Programm der Abende ist immer das gleiche: Marschübungen, Griffe. Unter diesen Umständen lässt auch der Eifer der Leute sehr nach. Feldwebel Lehrmann muss sich Unbotmässigkeiten sagen lassen, die sonst unmöglich sind. Seit einiger Zeit hat sich überhaupt die Disziplin stark gelockert. Die Leute vom zweiten Zug beklagen sich, dass sie den weiten Weg machen, um den laschen Betrieb hier mitmachen zu müssen. Die meisten von ihnen haben mich gebeten, sie so lange inaktiv zu schreiben, bis Sie, Herr Leutnant, wieder selbst die Abteilung führen. Ich bringe Ihnen das zur Kenntnis.

Die Beteiligung ist auch sehr schwach. Neulich erschienen zum Dienst 7 Unteroffiziere und 9 Mann! Es fehlt uns der Organisator. Mit der Hoffnung, dass Sie mir meinen Bericht nicht übel auslegen, möchte ich schliessen. Es ist wohl überflüssig zu versichern, dass ich mit meinen Leuten nach wie vor zur Fahne stehe.

Bei dieser Gelegenheit möchte ich um Urlaub bis 11.1.25. einkommen, da ich den Winter über verreisen will.

Mit vorzüglicher Hochachtung
verbleibe ich Ihr sehr ergebener

Horst Wessel.

Brief Horst Wessels an seinen Vorgesetzten.

Am 19. April 1926 läßt Horst Wessel sich an der Friedrich-Wilhelm-Universität in Berlin immatrikulieren und tritt in das Korps »Normannia« ein.

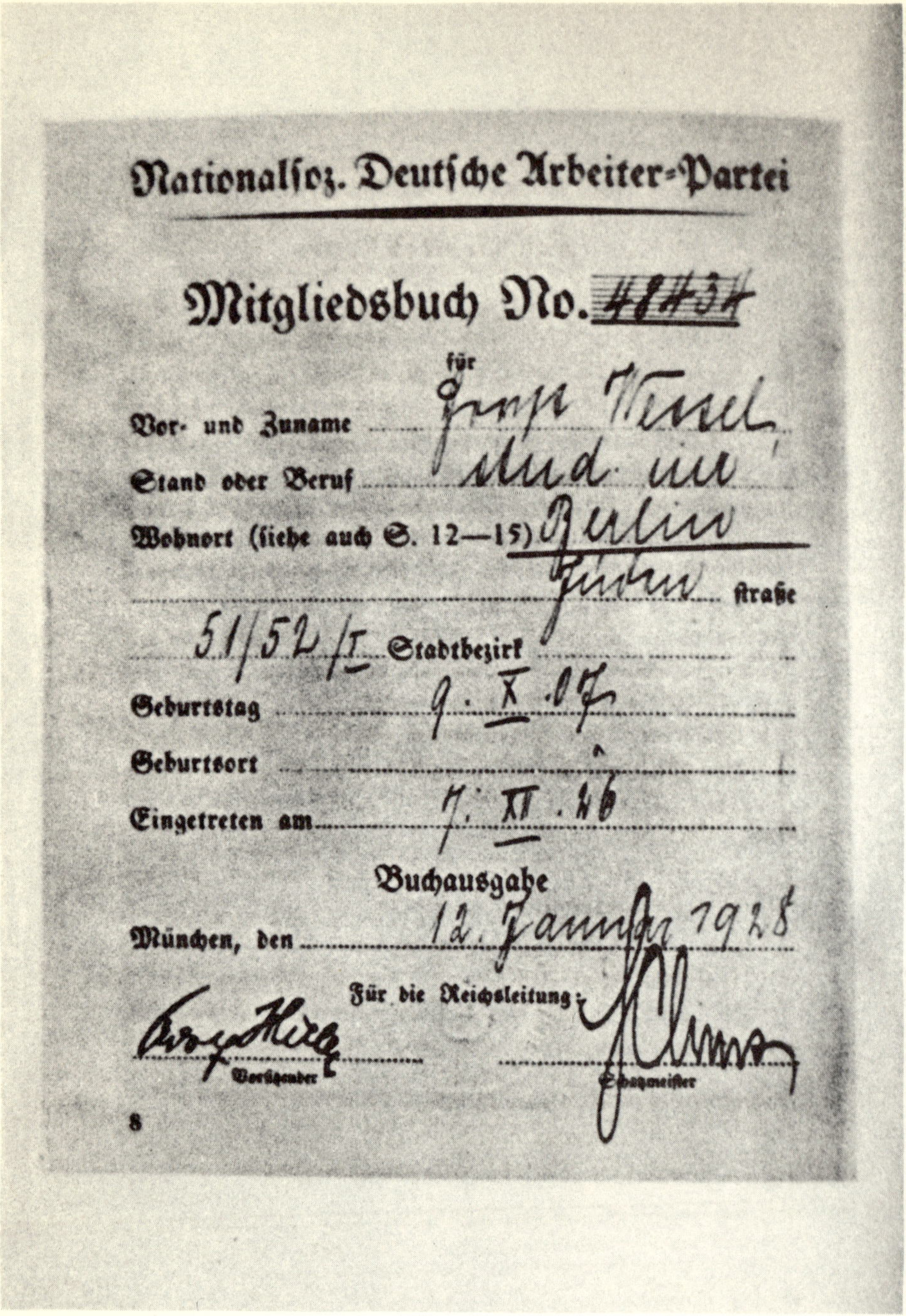

Nationalsoz. Deutsche Arbeiter-Partei

Mitgliedsbuch No.

für

Vor- und Zuname Horst Wessel

Stand oder Beruf stud. iur.

Wohnort (siehe auch S. 12—15) Berlin

Jüden straße

51/52/I Stadtbezirk

Geburtstag 9. X. 07

Geburtsort

Eingetreten am 7. XII. 26

Buchausgabe

München, den 12. Januar 1928

Für die Reichsleitung:

Vorsitzender

Schatzmeister

8

Am 7. Dezember 1926 wird Horst Wessel Mitglied der Nationalsozialistischen Deutschen Arbeiter-Partei.

Aus den ersten Sturmtagen der Berliner SA.

Die erste Hakenkreuzfahne, am Tegernsee bei München, 1920.

Eines der frühesten Fotos von Adolf Hitler, das ihn mit Freikorpsoffizieren in Hof zeigt, 15. 9. 1923.

Übungsmarsch von SA- und Freikorpseinheiten auf dem Oberwiesenfeld in München am 1. Mai 1923.

Adolf Hitler in München, etwa 1925. Links: Rosenberg.

Parteitag der NS-Bewegung in Weimar, 1926. Hitler nimmt den Vorbeimarsch seiner Anhänger ab. In der vordersten Reihe von links: Strasser, Rosenberg, rechts Streicher.

Bei den »Alemannen« in Wien. Horst Wessel nahm gerne und oft an den Ballfreuden in Wien teil, 1928.

Nationalsozialistisches Geschäft in Wien.

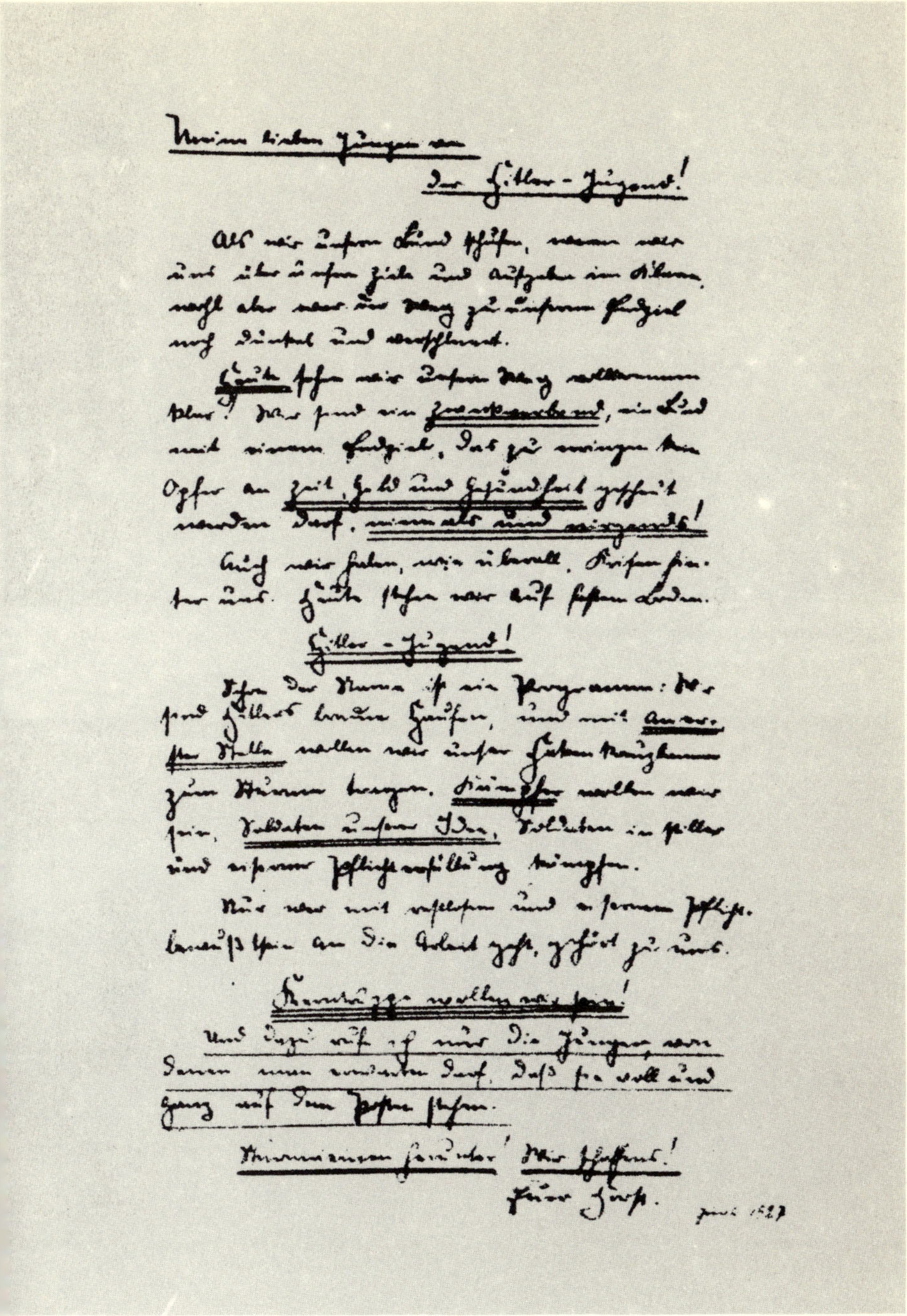

Brief Horst Wessels an die Hitler-Jugend, 1927 (siehe Seite 78–79).

Horst Wessel mit Mitgliedern des Trupps 34 (Friedrichshain), 1929.

Es gelingt Horst Wessel, Kommunisten, die in Schalmeienkapellen mitgewirkt haben, für seinen Sturm zu gewinnen.

Links: Schalmeienkapelle der Kommunisten. Rechts: Mitglieder des Sturms 5 der SA.

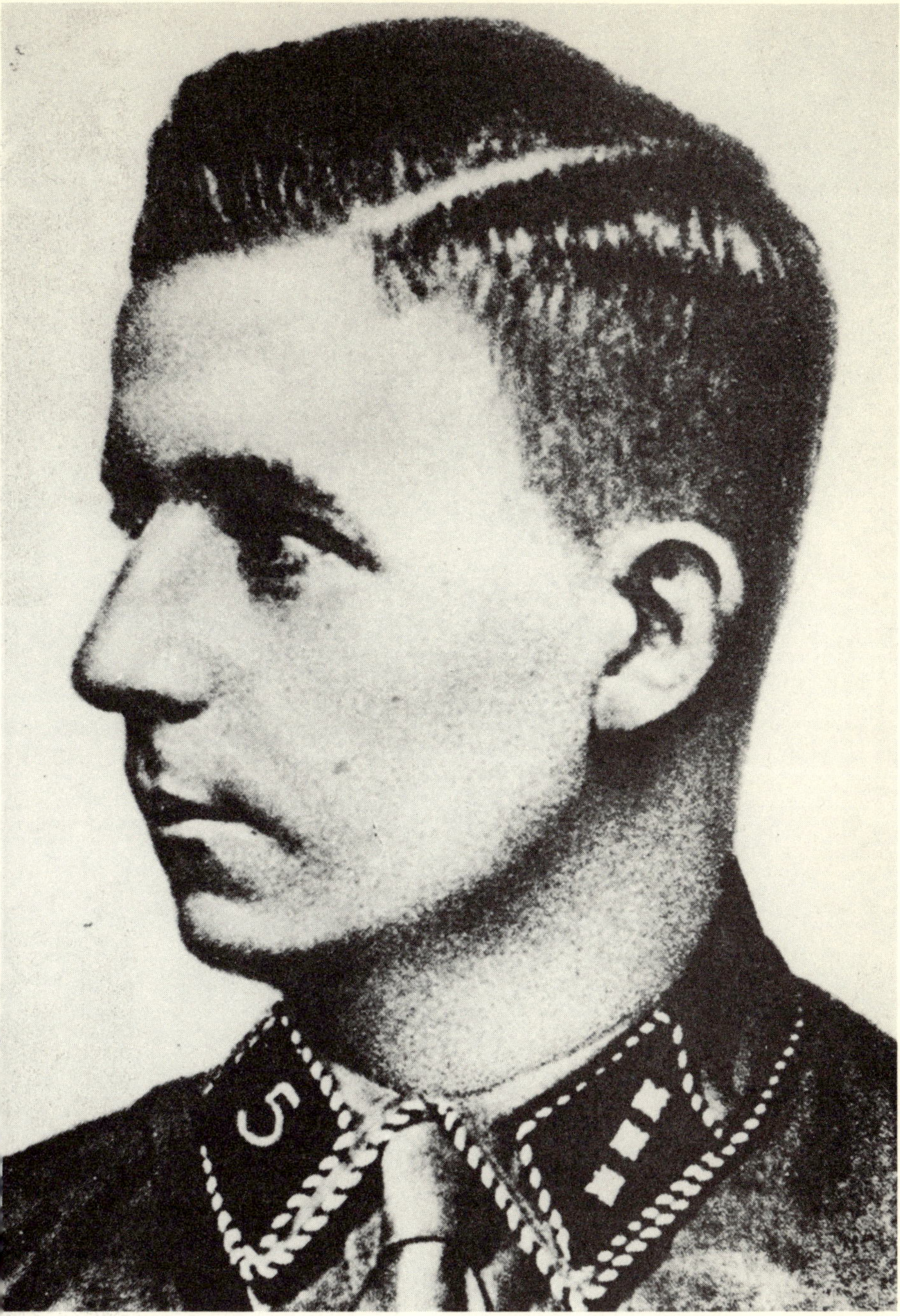

Horst Wessel wird Chef des Sturms 5 in Berlin: »Wir tragen an unserem braunem Kleid, die Sturmnummer 5 am Kragen...«, 1929.

Horst Wessel in Nürnberg, 1929. »Einer ist da, die Hand am Gurt, den Sturmriemen unterm Kinn, der marschiert mit, ein junges Lachen auf den roten Lippen und im helleuchtenden Auge…« (Goebbels).

SA-Kundgebung im Berliner Sportpalast. Die Teilnehmer tragen die Kleidung der Ersatzorganisation »Frontbanner«.

Horst Wessel an der Spitze seines SA-Sturmes auf dem NS-Parteitag 1929 in Nürnberg.

Horst Wessels erbitterte Gegenspieler: Rotfront. »Schlagt die Faschisten, wo ihr sie trefft.«

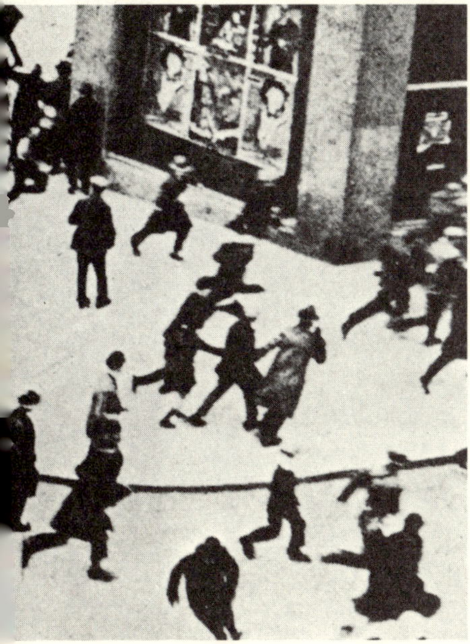

Es läßt sich kaum feststellen, wer wen öfter überfällt: die Nazis die Rotfrontler oder umgekehrt. Straßenschlachten waren in Berlin auf der Tagesordnung.

Hitler, der Nationalmarxist. Karikatur von Karl Arnold. (*Simplicissimus,* 10. 11. 1930).

Die Testamentsvollstrecker. Karikatur von Karl Arnold. (*Simplicissimus,* 14. 7. 1930).

Berlin stellt sich um. In der ärztlichen Praxis. Karikatur von Olaf Gulbransson. (*Simplicissimus,* 8. 12. 1930).

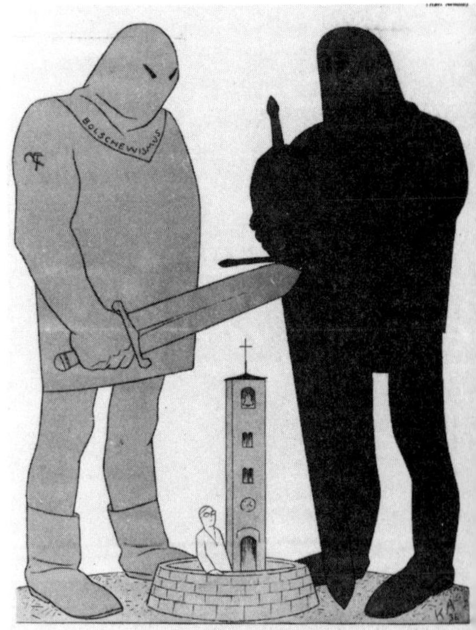

»Höhere« Mächte. Karikatur von Karl Arnold. (*Simplicissimus,* 22. 6. 1931).

er blutige politische Kampf wird auch ins Familienleben hineingetragen.
A-Männer werden begraben.

»Am vergangenen Freitag hat unser Dr. Goebbels im Sportpalast … erklärt, so jung wir seien, so überfielen ihn doch manchmal bange Zweifel, ob wir … noch das Dritte Reich erleben würden …« (Flugblatt, 1929).

iner der ersten Straßenhändler, die den *Angriff* am Potsdamer Platz verkauften, erlin 1930.

Nach H. Ewers bat Wessel den Gauleiter (Goebbels) dringend, den »Prinz« (Prinz August Wilhelm von Preußen) in die SA aufzunehmen.

Ein Propagandamarsch von SA-Angehörigen durch die Vororte des Berliner Osten.

Ein SA-Sturmlokal in Berlin-Schönholz.

Die SA betreibt zu der bevorstehenden Reichstagswahl auch auf dem kleinsten Bauernhof Mecklenburgs Wahlpropaganda.

Propagandafahrt der Berliner SA, Sturm 5, in die Provinz.

Berlin. Ein Nazistörer wird abgeführt.

Berlin. Das Alter spielt bei der NSDAP keine Rolle.

Der Bruder Horst Wessels, Werner, der am 2. September 1929 bei einem Skiausflug tödlich verunglückt.

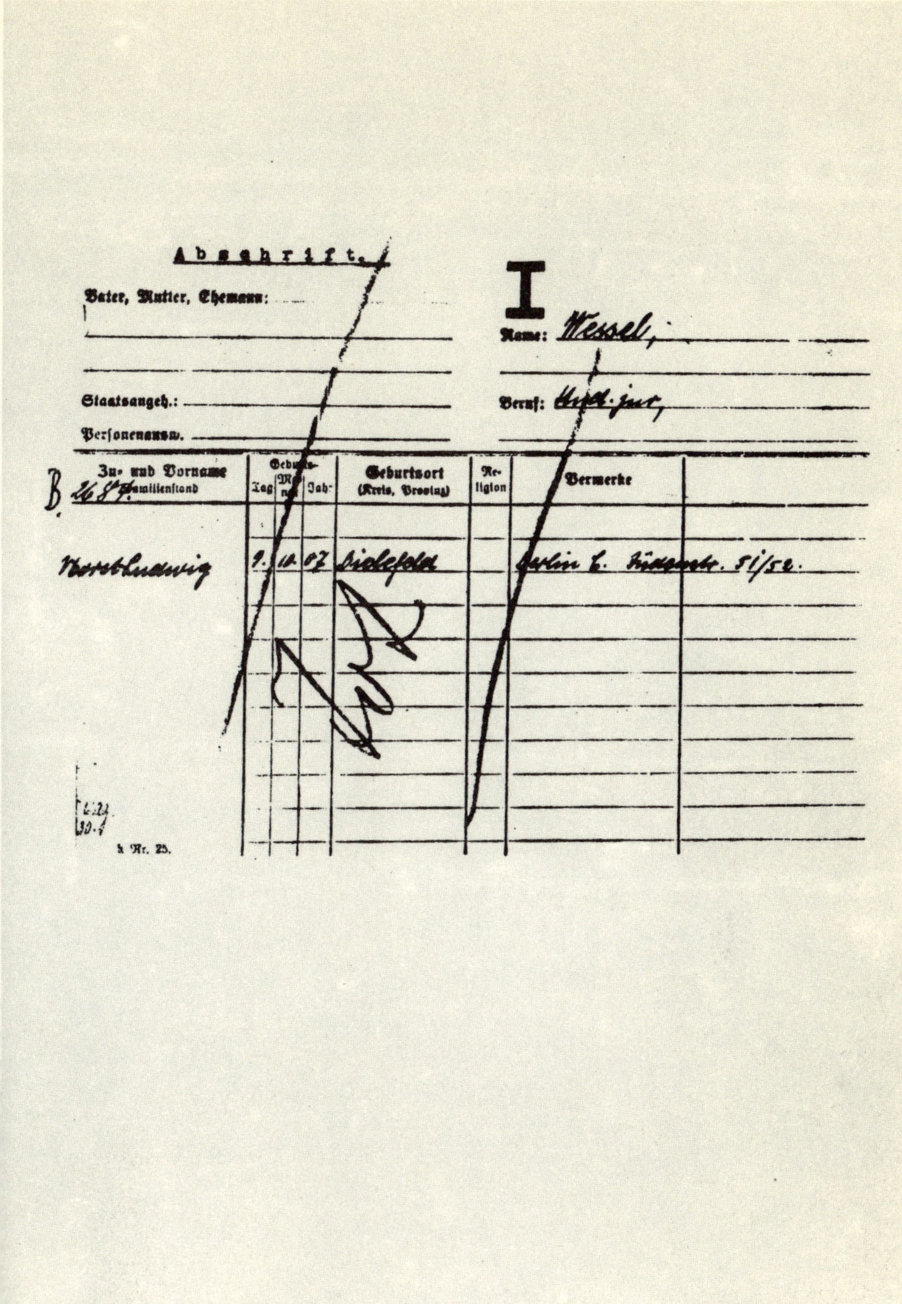

Abschrift.

Vater, Mutter, Ehemann:

I

Name: Wessel,

Staatsangeh.:

Beruf: stud. jur.

Personenausw.

Zu- und Vorname Familienstand	Geburts- Tag	Monat	Jahr	Geburtsort (Kreis, Provinz)	Religion	Vermerke
Horst Ludwig	9.	10.	07	Bielefeld		Berlin C. Jüdenstr. 51/52.

Nr. 25.

»Horst Wessel, den man schon schon gerettet glaubte, ist seinen schweren Verletzungen nun doch noch erlegen.« (*Völkischer Beobachter,* 24. 2. 1930) Aufnahmeschein Horst Wessels für das Krankenhaus.

Trauerappell einer HJ-Einheit in ihrem Ausbildungslager.

»Nach Kampf und Streit liegt hier stumm und regungslos das, was sterblich an ihm war.« (Berliner Gauleiter Dr. Goebbels). Horst Wessels Sterbezimmer.

Polizeischutz für den Leichenzug Horst Wessels durch den Berliner Osten, 1930.

Kommunistische Demonstranten durchbrechen die enge Kette der Polizei und versuchen, den Leichenwagen umzustürzen.

SA und Studentenverbindungen stehen Spalier, als der nun mit der Hakenkreuzfahne bedeckte Sarg Horst Wessels hinuntergelassen wird.

Das Grab Horst Wessels.

Horst-Wessel-Lied
Die Fahne hoch, die Reihen dicht geschlossen,
S.A. marschiert mit mutig festem Schritt,
|: Kam'raden, die Rot Front u. Reaktion erschossen,
Marschiern im Geist in unsern Reihen mit. :|
Die Straße frei den braunen Bataillonen!
Die Straße frei dem Sturmabteilungsmann!
|: Es schaun aufs Hakenkreuz voll Hoffnung schon Millionen,
Der Tag für Freiheit und für Brot bricht an. :|
Zum letzten Mal wird zum Appell geblasen,
Zum Kampfe stehn wir alle schon bereit.
|: Bald flattern Hitlerfahnen über alle Straßen
Die Knechtschaft dauert nur noch kurze Zeit. :|
Die Fahne hoch, die Reihen dicht geschlossen,
S.A. marschiert mit mutig festem Schritt,
|: Kam'raden, die Rot Front u. Reaktion erschossen,
Marschiern im Geist in unsern Reihen mit. :|
Die Fah-ne hoch / Die Reihen dicht geschlossen / S.A. mar-schiert mit mutig festem Schritt / |: Kam-ra-den die Rotfront u. Re-ak-tion er-schos-sen / mar-schiern im Geist in un-sern Rei-hen mit. :|

›... aus Millionen Kehlen klingt es auf, das Lied der deutschen Revolution: Die Fahne hoch!‹« (Goebbels, Februar 1930).

Erna Jänicke (gegenüberliegende Seite, mit Hut). Man findet seit dem Überfall keinen einzigen Hinweis darauf, was aus ihr geworden ist. Nur diese zwei Bilder von ihr existieren noch. Stehend: Frau Salm. Links: Eine Zeichnung, die in der *Roten Fahne* am 25. September 1930 erschien. Oben: Die Verhandlung leitet Landgerichtsdirektor Dr. Tolk.

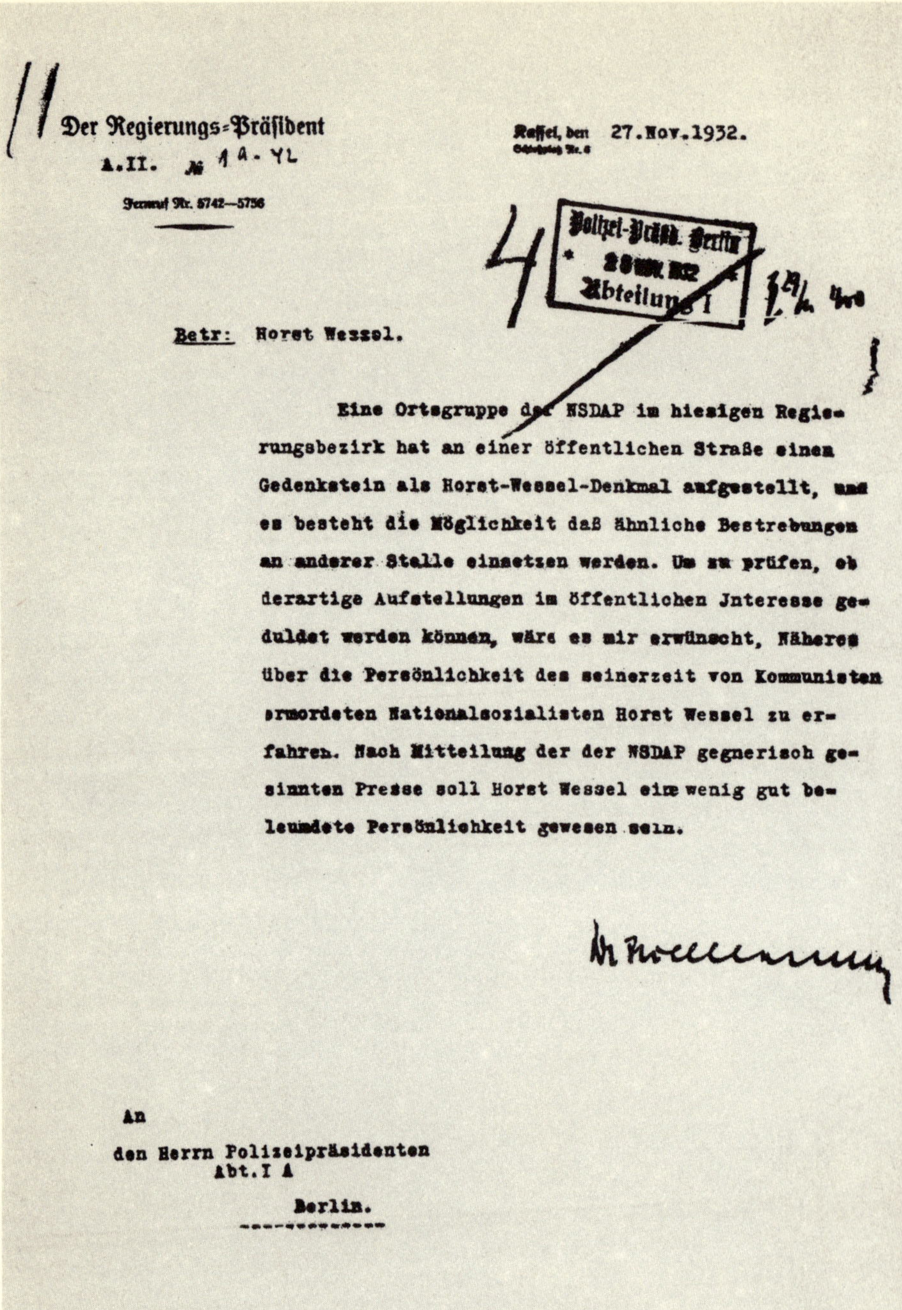

Der Regierungs-Präsident
A.II. № 1 a - 42

Fernruf Nr. 5742—5756

Kassel, den 27.Nov.1932.

Polizei-Präsid. Berlin
28 Nov. 1932
Abteilung I

Betr: Horst Wessel.

Eine Ortsgruppe der NSDAP im hiesigen Regierungsbezirk hat an einer öffentlichen Straße einen Gedenkstein als Horst-Wessel-Denkmal aufgestellt, und es besteht die Möglichkeit daß ähnliche Bestrebungen an anderer Stelle einsetzen werden. Um zu prüfen, ob derartige Aufstellungen im öffentlichen Jnteresse geduldet werden können, wäre es mir erwünscht, Näheres über die Persönlichkeit des seinerzeit von Kommunisten ermordeten Nationalsozialisten Horst Wessel zu erfahren. Nach Mitteilung der der NSDAP gegnerisch gesinnten Presse soll Horst Wessel eine wenig gut beleumdete Persönlichkeit gewesen sein.

An
den Herrn Polizeipräsidenten
Abt. I A
Berlin.

Brief aus Kassel an den Berliner Polizeipräsidenten vom 27. 11. 1932.

Ein neuer Grabstein für Horst Wessel, 1933.

Das erste Konzentrationslager wird im Jahre 1933 errichtet. Verhaftungen und Verhöre stehen auf der Tagesordnung und in dieser Atmosphäre findet die erste offizielle Gedenkfeier zum Todestag von Horst Wessel statt. Stahlhelmführer von Arnim (1), SA-Chef Röhm (2), Hitler-Adjutant Brückner (3), Hitler (4), SS-Adjutant Schaub (5), Berlins Gauleiter Dr. Goebbels (6), SS-Führer Himmler (7), Bayerischer Reichsstatthalter Ritter von Epp (8), Kraftfahr-Korps-Führer Hühnlein (9).

Hitler, Goebbels und Himmler am dritten Todestag Horst Wessels an dessen Grab.

1928 wohnte Horst Wessel im Hause Humboldtgasse 36 in Wien.

Zimmer Horst Wessels in Wien.

Gedenkstunde für Horst Wessel am 23. 2. 1939 im Festsaal des »Horst-Wessel-Heims« in der Pfeilgasse in Wien.

Der Horst-Wessel-Platz in Berlin, früher Bülowplatz.

Westfälische Zeitung

Die Westfälische Zeitung ist am 6. April 1811 als „Oeffentliche Anzeigen für die Grafschaft Ravensberg“ gegründet. Sie erscheint mit den Beilagen „Welt und Wissen“, „Literarische Rundschau“, „Die Welt der Frau“, „Aus dem Reiche der Technik“, „Schule und Haus“, „Landwirtschaft und Gartenbau“ an jedem Wochentag. Geschäftsstelle und Redaktion: Niedernstraße Nr. 27. Fernsprecher: 61, 62, 63, 64.

Gegr. 1811

BIELEFELDER TAGEBLATT

Bezugspreis monatlich 2.00 RM. Im Falle höherer Gewalt, bei Streiks oder Betriebsstörung hat der Bezieher keinen Anspruch auf Rückzahlung des Bezugspreises. Anzeigenpreis 15 Pfg. die einspaltige Millimeterzeile; Beilagen 10 RM. das Tausend, bei Teilauflagen 15 Mark. — Platzvorschriften mit erhöhtem Zeilenpreis. — Rabatt nach Tarif. — Bei verspäteter Zahlung und in Klagefällen kommt etwa gewährter Rabatt in Wegfall.

Nr 236 | Bielefeld, Montag, 9. Oktober 1933 | 123. Jahrgang

Der Horst-Wessel-Tag in Bielefeld

Ehrungen der Mutter des deutschen Freiheitshelden — Die Weihe der Gedenktafel am Geburtshause Kaiserstraße 37 — Der Horst-Wessel-Stein auf der Horst-Wessel-Höhe.

Bielefeld, 9. Oktober.

Der Horst-Wessel-Tag war ein einmütiges Bekenntnis Bielefelds zu dem Sänger und Helden der nationalsozialistischen Revolution, dessen Wiege in Bielefeld stand.

Die Gedenktafel an dem Geburtshause Kaiserstraße 37 und der herrliche Gedenkstein auf der Horst-Wessel-Höhe werden für uns eine ständige Mahnung sein, in seinem Geiste die Kräfte mit restloser Hingabe einzusetzen für den Aufbau des Dritten Reichs, für ein Deutschland der Freiheit und Einigkeit ...

Dem Bielefelder Horst-Wessel-Tag waren weder goldene Herbstsonne noch ein blauer Himmel beschieden. Der Tag ging vielmehr, um mit des Dichters Worten zu reden, sturmbewegt und regenschwer. Und das, was Bielefeld tapfer an Regen ertrug, war es nicht auch Sinnbild einer von Grund auf erneuerten Anschauungswelt?

Der Horst-Wessel-Tag war zudem ein Großkampftag und ein schöner Sieg der Organisation, für die in erster Linie Kulturwart Wilke und Standartenführer Detering verantwortlich zeichneten.

Bielefeld hat offenbar den Ehrgeiz, zu seinen übrigen Ehrentiteln den einer Stadt der Flaggen zu erringen. Es versank gestern förmlich in Fahnen, Flaggen, und Tannengrün. Aber nicht nur das: Auf der ganzen Linie setzt sich dabei der Wille zum Guten und zum erlesenen Geschmack durch.

Die Weihestunde am Geburtshause

Unvergeßlich wird die Weihestunde vor dem Geburtshause Horst Wessels an der Kaiserstraße bleiben.

Die Kaiserstraße und die Nebenstraßen boten im Flaggen- und Girlandenschmuck ein überaus festliches Bild.

Das Haus selbst aber hatte ein Festgewand angelegt, das seinen künstlerischen Geschmack verriet und bei dem jede Ueberladenheit vermieden wurde. Die architektonischen Linien waren mit Girlanden grün nachgezeichnet, ganze Flächen mit dunklen Tannengrün ausgefüllt. Aus den Fenstern hingen Hakenkreuzfahnen und vor dem Hause flatterte und knatterte

Frau Wessel und Tochter verlassen das Geburtshaus des deutschen Freiheitshelden.

trotzig an einer Stange die Fahne der deutschen Revolution in Großformat im Winde. Wie aus Erz gegossen aber stand die Ehrenwache der SA.

Reibungslos und schnell vollzog sich der Standartenaufmarsch und der der Ortsgruppe Kesselbrink sowie der übrigen Formationen. Unter den Ehrengästen sah man u. a. den Leiter der Landespropagandastelle Homann, Gauinspekteur Heidemann und den Kreisleiter der NSDAP Dr. Löhr.

Auftakt der Weihestunde war ein Vorspruch

Der Weiheakt auf der Horst-Wessel-Höhe.

von Dr. Rasbender, der mit dichterischer Kraft Horst Wessel als den Kämpfer um Deutschlands Freiheit und Einigkeit feiert.

Nach deutscher Notzeit, nach deutscher Nacht ist ein neuer Morgen, ein heller leuchtender Tag angebrochen. Ohne Horst Wessel und den Geist, der sich in ihm versinnbildlicht, war dieser Wandel undenkbar. Wie können wir ihm am besten danken? Dadurch, daß wir ihm nacheifern, dadurch, daß jeder sich bemüht, selbst ein Horst Wessel zu sein.

Stimmungsvoll sang dann der Beamtengesangverein das in Melodie und Rhythmus hinreißende Kampflied „Volk ans Gewehr“!

Dann trat Kreisleiter,

Bürgermeister Budde

an das Fenster des Stockwerks, in dem Horst Wessel das Licht der Welt erblickte. Horst Wessel sei zum Symbol des neuen Deutschlands und der nationalsozialistischen Weltanschauung geworden. Hier, an seiner Geburtsstätte, grüßen wir dankbaren Herzens die Mutter des Freiheitshelden, die gegenwärtig in dem Geburtszimmer eine Stunde der Erinnerung erlebe. In dieser Erinnerung sei eingeschlossen innige Freude, bange Sorge und bitterer Schmerz. Aber über allem Weh, das an ihr und unser Herz griff, als Horst Wessel im Kampfe um Deutschlands Erneuerung von Mörderhand fiel, stehe die tiefste Dankbarkeit gegen ihn, sein Wollen und Vollbringen. Was bedeutet uns Horst Wessel? fragt der Redner. Er ist das Vorbild des politischen Soldaten, Ideal der nationalsozialistischen Bewegung als Ueberwindung des Klassenkampfes. Horst Wessel war es, der uns die Anerkennung der schaffenden Menschen ohne Ansehen ihres Standes und ihrer Berufstätigkeit vorlebte. Horst Wessel marschierte an der Spitze derer, die zum Leitspruch ihres Lebens das Wort „Deutschland muß leben, auch wenn wir sterben“ gemacht haben. Der Redner [illegible] der Obhut der Ortsgruppe Kesselbrink und ebenso der der SA. und SS., die der Gedenktafel ständig ihren Schutz angedeihen lassen müssen.

In seiner Eigenschaft als Kreisleiter ordnete Bürgermeister Budde gleichzeitig an, daß der 9. Oktober jeden Jahres als Erinnerungstag an Horst Wessel gefeiert werden solle.

Treu dem Führer, Treue dem Vaterlande. Wie es für Horst Wessel Richtschnur seines Handelns war, so müssen auch wir uns diese Devise völlig zu eigen machen. Gleich ihm müssen wir, um die Bewegung innerlich lebendig zu erhalten, die höchsten Ideale sehen in Uneigennützigkeit, Kameradschaftlichkeit, Tapferkeit und Treue ...

Als das Horst-Wessel-Lied erklang, und jedem an dieser Stätte die Unvergeßlichkeit des Mannes, der dies Lied gedichtet hat, zu Gewißheit wurde, enthüllte sich die Gedenktafel am Hause, der sich

Wessels Geburtshaus im Festschmuck

Horst Wessels Geburtshaus, Kaiserstraße 37, im Festschmuck. Das X bezeichnet das Geburtszimmer, von dessen Fenstern aus die Ansprachen erfolgten.

Horst-Wessel-Film verboten

Einschreiten Dr. Goebbels wegen Minderwertigkeit des Films.

Essen, 8. Oktober.

Wie die „Nationalzeitung“ erfährt, wird das Propagandaministerium die für Montag, den 9. Oktober, dem Geburtstage Horst Wessels, angesetzte Uraufführung des Horst-Wessel-Filmes verhindern und außerdem dafür Sorge tragen, daß der Film in seiner gegenwärtigen Form nicht in der Oeffentlichkeit erscheint. Das Ministerium ist der Auffassung, daß der Film der „Volksdeutschen Filmgesellschaft“ nicht die künstlerischen Qualitäten besitzt, die von einer Darstellung des Lebens des nationalsozialistischen Vorkämpfers Horst Wessel und des gewaltigen Ereignisses des deutschen Freiheitskampfes verlangt werden müssen.

Zu dem beabsichtigten Verbot des Horst-Wessel-Films schreibt die Nationalzeitung weiter: „Nachdem bereits Mitte der Woche der Film geladenen Vertretern des diplomatischen Korps und der in- und ausländischen Presse gezeigt worden war — bei den Auslandsblättern hatte er aus begreiflichen Gründen Anklang gefunden — fand am Freitag abend im Propagandaministerium eine weitere Probevorführung im Beisein des Ministers Dr. Goebbels und seiner nächsten Mitarbeiter statt. Der Eindruck, den der Film auf dieses Gremium machte, war so wenig befriedigend, daß sich Dr. Goebbels zum Einschreiten entschloß. Die überraschende Maßnahme dürfte vor allem darauf zurückzuführen sein, daß zwar die Massenszenen auf dem ehemaligen Bülowplatz, am Brandenburger Tor usw. eine gute technische Leistung darstellen, daß aber die eigentliche Handlung des Films, ebenso wie die künstlerischen Leistungen der Hauptdarsteller absolut dürftig und unangemessen sind. Es steht zurzeit noch nicht fest, ob der Film noch geändert und verbessert werden kann oder ob er überhaupt in der Versenkung verschwindet.

So bedauerlich das Nichterscheinen des lang angekündigten und von vielen Volksgenossen wohl mit Spannung erwarteten Films sein mag, so begrüßenswert ist andererseits die klare Entscheidung des Ministers, der lieber gar keine als eine mittelmäßige Darstellung des Heldenlebens Horst Wessels sehen will. Es bedarf keiner Betonung, daß dieser Entschluß gerade von den alten Nationalsozialisten und SA-Männern ohne Einschränkung gutgeheißen wird.

Was nun? Die Antwort auf die Frage ergibt sich aus dem Sachverhalt, der im Endeffekt zu dem Verbot geführt hat. Der erste Horst-Wessel-Film ist die Arbeit einer ziemlich obskuren ad hoc gegründeten Filmgesellschaft, die in dem aus Konjunktur entbrannten Rennen um den nationalsozialistischen Stoff einen guten Platz zu belegen hoffte. Daß dabei Geldinteressen eine erhebliche Rolle gespielt haben, kann man ruhig unterstellen, wenn selbstverständlich auch den beteiligten Nationalsozialisten — das Propagandaministerium hat sich dankenswerterweise von vornherein abwartend verhalten — der gute Glaube und die gute Absicht nicht abzusprechen ist. Das jetzt vorliegende Ergebnis hat die Erwartungen enttäuscht. Der Film ist minderwertig, der mit unzureichenden Mitteln und unzureichenden Leuten — maßgebender Manuskriptverfasser war Hanns Heinz Ewers! — unternommene Versuch ist fehlgeschlagen. Das heißt selbstverständlich nicht, daß nun die Arbeit an der filmischen Gestaltung des Helden-Liedes der nationalsozialistischen Revolution, das in der Person des Sturmführers Horst Wessel seine glänzendste Verkörperung findet, aufgegeben werden darf. Wo der erste Angriff mißlungen ist, müssen Nationalsozialisten in die Bresche springen. Das Propagandaministerium hat eine Filmabteilung, die von hervorragenden Fachmännern geleitet wird. Was dem privaten Versuch versagt blieb, das filmische Monumentalwerk der deutschen Revolution zu schaffen, das die historischen Ereignisse der hinter uns liegenden Kämpfe und Siegesjahre für Jahrzehnte und Jahrhunderte festhält, das wäre eine Aufgabe, würdig des Ministeriums, das die kulturelle Führung des nationalsozialistischen Deutschlands in die Hand zu nehmen sich anschickt. Der Film des neuen Deutschlands muß geschaffen werden. Man darf hoffen, daß das Ministerium für Volksaufklärung und Propaganda bei diesem gewaltigen Werk nunmehr die Führung übernimmt.“

Die *Westfälische Zeitung* vom 9. 10. 1933 berichtet über das Haus in Bielefeld, in dem Horst Wessel geboren wurde. Bielefeld feiert seinen Helden. Am gleichen Tag verbietet Goebbels den Horst-Wessel-Film. Links unten: Wessels Mutter und Schwester.

Neue Illustrierte Zeitung, 14. September 1933.

Die Mutter Horst Wessels und Mussolini beim 15. Jahrestag der faschistischen Miliz in Rom.

Zum 8. Todestag Horst Wessels .

Am 23. Februar jährt sich zum 8. Male der Tag, an dem der junge Sturmführer Horst Wessel an den Folgen eines feigen roten Mordüberfalles in die Ewigkeit einging .

Der deutsche Freiheitskämpfer Horst W e s s e l.

22. 2. 38. Archivaufnahme-Sw - - - - -

Zum 8. Todestag Horst Wessels.

Aufmarsch der SA vor dem Karl-Liebknecht-Haus, dem Hauptquartier der Kommunistischen Partei, am Bülowplatz in Berlin. 1937 wird es in »Horst-Wessel-Haus« umbenannt und dient ab dann als Sitz der SA-Gruppe Berlin-Brandenburg.

Horst Wessels Mitkämpfer in Wien, Raaberbahngasse 10.

Horst-Wessel-Gedenktafel-Enthüllung in Wien, 1939. Kreisleiter Cerny und Ortsgruppenleiter Baurecht.

Der Obergruppenführer der SA, Gruppe Berlin–Brandenburg, von Jagow, am Grabe Horst Wessels an dessen 9. Todestag.

Kranzniederlegung am Grab Horst Wessels durch Vertreter der Wehrmacht und der faschistischen Miliz aus Italien anläßlich der 3. Reichswettkämpfe der SA, 1939.

Die Berliner SA veranstaltet im »Theater am Horst-Wessel-Platz« eine Gedenkstunde mit einem Sprechchor der SA.

Weihe der Horst-Wessel-Kampfbahn durch den Stabschef der SA, Lutze, in Halle, 1939.

Ernst Paul Hinkeldey, Berliner Bildhauer und Staatspreisträger, schuf das Bielefelder – fast 2½ m große – Horst-Wessel-Denkmal, 1939.

Die Ehrenabordnung der Standarte 5 und des Traditionssturmes marschierten zur Dr.-Goebbels-Heimstätte (»Siedlung für alte verdiente SA-Kämpfer«) am Friedrichshain, wo die Einweihung eines Horst-Wessel-Standbildes stattfand, 1940.

Bierkeller in Berlin-Ost, den Horst Wessel und sein SA-Sturm als Sturmlokal benutzten. Berlin, Bersarinstraße, 1946.